民办
非企业单位
转企改制合规指引

MINBAN
FEIQIYE DANWEI
ZHUANQI GAIZHI HEGUI ZHIYIN

叶剑平 / 著

法律出版社
LAW PRESS · CHINA
北京

图书在版编目(CIP)数据

民办非企业单位转企改制合规指引 / 叶剑平著. --
北京 : 法律出版社, 2024
ISBN 978 - 7 - 5197 - 9141 - 4

Ⅰ. ①民… Ⅱ. ①叶… Ⅲ. ①社会团体 - 体制改革 -
研究 - 中国 Ⅳ. ①C232

中国国家版本馆 CIP 数据核字(2024)第 095923 号

民办非企业单位转企改制合规指引
MINBAN FEIQIYE DANWEI ZHUANQI GAIZHI HEGUI ZHIYIN

叶剑平 著

责任编辑 董 昱 张红蕊
装帧设计 鲍龙卉

出版发行 法律出版社
编辑统筹 法规出版分社
责任校对 冯高琼
责任印制 耿润瑜
经　　销 新华书店

开本 710 毫米 × 1000 毫米 1/16
印张 18.5 **字数** 280 千
版本 2024 年 8 月第 1 版
印次 2024 年 8 月第 1 次印刷
印刷 固安华明印业有限公司

地址:北京市丰台区莲花池西里 7 号(100073)
网址:www.lawpress.com.cn
投稿邮箱:info@lawpress.com.cn
举报盗版邮箱:jbwq@lawpress.com.cn
销售电话:010 - 83938349
客服电话:010 - 83938350
咨询电话:010 - 63939796

书号:ISBN 978 - 7 - 5197 - 9141 - 4
定价:76.00 元
凡购买本社图书,如有印装错误,我社负责退换。电话:010 - 83938349

前言 Foreword

对于市场主体而言，法无禁止即可为；对于政府而言，法无授权不可为，法定职责必须为。

民办非企业单位（社会服务机构）是社会主义现代化建设的重要力量，在促进经济发展、繁荣社会事业、创新社会治理、扩大对外交往等方面发挥了积极作用。民办非企业单位在法律规范方面，目前存在立法层次偏低且较为滞后，制度不健全，职责不清晰等问题；在转企改制方面，缺乏“互联互通”机制，形成“法律空白”。这成为制约民办非企业单位行业发展壮大的一道无法逾越的“门槛”，以及市场经济发展和政府“放管服”的一个“堰塞湖”、一块短板，带来诸多潜在的法律和财务税收风险，并导致“谁投资、谁受益、谁拥有产权”的现代产权制度无法在该领域得以体现。

解决民办非企业单位转企改制的“困境”和“困局”，并保障其合法合规性，即为本书的目的及价值所在。

开篇“问题的提出”，缘于立法空白和现实困局

“问题的提出”作为本书的开篇，呈现了现实中面临的困局。企事业单位转企改制法律制度由来已久且已经实现了“有法可依”，而作为市场主体之一的民办医院、民办学校、民办福利院等民办非企业单位却因“无法可依”而遗憾“缺席”。立法上的缺失，导致民办非企业单位转企改制出现争议大、困惑多、审批难的现实困惑。

作者遵循现实困境—专业思考及经验—行业分析及比较研究—路径分析及探讨的逻辑思维和研究方法，立足实务，遂成本书。

题目及内容上，充分体现了原创性、可阐释性和可理解性

本书在民办非企业单位转企改制的概念、功能、分类，转企改制必要性和可行性，转企改制的主体选择与路径甄别，转企改制的原则、方案、程序，转企改制中特殊事项的处理和立法建议等方面，借鉴参考法规及文献的同时，突出了主要内容和观点的原创性；在民办非企业单位法律规制现状，转企改制的案例及其评析，法律、行政法规、部门规章及规范性文件汇编等方面，以专章编以尽其可阐释性、可理解性。

章节及体例上，旨在构建转企改制的法律制度并实现其适用性

本书从“问题的提出”，逐步引入概念、功能和分类，法律规制现状，必要性和可行性，主体选择与路径甄别，原则、方案和程序及转企改制过程中的必要条件、债权债务处理、职工安置、税务等特殊事项的处理，最后到立法建议，力图“构建”民办非企业单位转企改制的法律制度。

为实现其适用性，采取了全流程合规指引 + 案例分析 + 法规汇编体例，体现“合规指引”的应有要义。

价值取向上，民办非企业单位转企改制有其现实及深远意义

民办非企业单位转企改制，既是该类社会组织解决“堰塞湖”、摆脱发展“瓶颈”和“困境”的客观需求，也是保障其所承载的社会服务功能得到进一步发展的现实路径；是体现政府转变职能“放管服”，激发市场活力的战略要求，更是促进其与公司及其他企业“互联互通”、融合发展的趋势要求。

民办非企业单位转企改制机制的建立健全，既可以打通民办非企业单位与企业之间的机制转换，解决民办非企业单位面临的“困境”和“困局”；又可以探索及深化民办非企业单位体制机制的市场化改革，减少政府对该项资源的直接配置，推动民办非企业单位资源配置依据市场规则、市场价格、市场竞争实现效益最大化和效率最优化；还可以弥补民办非企业单位的市场失灵，保障机制转换的灵活性和公平竞争，以法律制度推动民办非企业单位的可持续发展。

民办非企业单位转企改制虽为立法之空白，但未为法律所禁止，并为市场经济之所需，也为现实案例所证成。为此，而成本书。

本书来源于现实困局，宗旨是机制的建立和实务的合规指引。简言之，实用为要。

民办非企业单位转企改制，不是单纯的法律问题，也不是单纯的财务或税收问题，而是涉及法律、财务会计、税收和主管部门监督管理的多领域多层面问题，是一个系统的复杂工程。作者是一个法律工作的践行者，也是一个终身学习法律、财务、税收、产业政策等综合知识的求知者。基于作者知识、技能和视野所限，书中不当之处在所难免，诚恳接受读者的批评和指正！

同时，向提出专业指导意见的致同会计师事务所郑军安先生、北京华亚正信资产评估有限公司秦海生先生、国投证券股份有限公司王亚辉先生致谢，向给予本书帮助和支持的杨青等同事，一并致谢。

“依法治国”需要每一个人的“呵护”和参与。作为法律人，以自己的微薄之力建言献策，积极投身于中国的法治建设，责无旁贷。

目录 Contents

第一编　实务篇

第二编　法规篇

CHAPTER 01

第一编　实务篇

第一章　问题的提出

第一节　题引——从一起案例开始

民办非企业单位之某民办医院，成立于2000年，最初是由10个自然人合伙出资450万元作为开办资金，并在民政、卫生行政主管部门分别办理了民办非企业单位（法人）登记证书、医疗机构执业许可证，持续经营至今。

该民办医院自成立以来，以创建一所集医疗、急救、预防、保健、教学为一体的综合医院为宗旨，并结合民办医院的特点，运用卓越的绩效管理模式，导入先进的文化理念，坚持自力更生，自筹资金、艰苦创业，开创了与当地公立医院比翼齐飞、相互促进的良好局面。经过20年的发展，截至2020年，该民办医院举办人变更成为1个集团公司和2个自然人，拥有医疗用地70余亩，其中门诊楼、病房楼、办公楼及其他房屋面积3.2万余平方米，投资规模达2.3亿元以上；该民办医院从事由医疗机构执业许可证、母婴保健执业许可证、放射诊疗许可证等核准的各项医疗、急救、保健、放射等业务；拥有在职职工500余人，其中卫生专业技术人员400余人；开设临床科室20余个，开放病床600余张，成为一家综合性的医院，年主营业务收入在2亿元以上。医院门诊楼、急诊楼、病房楼设计合理，整体装备有智能化消防系统、计算机网络系统、语音广播系统、24小时监控系统、污水处理系统。病房内装备有中心供氧、负压吸引、紧急呼叫、数字电视、全独立卫生间。楼顶全部铺设太阳能接收板，保证病房全天热水供应。医院配备进口的国际先进的磁共振、螺旋CT、四维彩超、大型C臂、CR、全自动生化、成人高压氧舱、中央监护、远程网上会诊等医疗设备500余件。该民办医院是当地新农合、职工医保、民政救助、光彩基金、工伤保险、生育保险、慢性病鉴定、孕产妇分娩补助、120急救等定点医院，也是当地离休干部、残疾人康复、围产期保健以及各保险公司指定的就诊医院，并通过了相关的质量管理体系认证，连年被省市有关部门授予荣誉称号，成为当地具有影响力的一家综合民办医院。

随着投资规模的加大、业务的扩展、收入的稳定增长，该民办医院作出了“加大对外投资，在外地并购或新建民办医院，进一步做大做强，以及三至五年上市”的发展规划。但是，一直以来，作为民办非企业单位的民办医院，按照《民办非企业单位登记管理暂行条例》等法规的规定，医院及举办人也面临着这样的困惑：一是医院经营期间，举办人不能通过利润分红获得投资回报，只能一味地单方“掏腰包”，资金来源难以为继。二是即使把非营利的民办医院清算注销了，之后再重新注册为营利性的民营医院有限公司，按照民办非企业单位管理法规的相关规定，对清算后的剩余财产，医院的举办人也不得进行分配。与此同时，一边注销民办非企业单位，一边重新注册成立民营医院公司，还会涉及土地、房产及其他资产等视同交易的增值税、土地增值税、契税等巨额税费，又人为割断了医院的连续经营业绩，付出的成本和代价其难以承受。因该民办医院的“非营利性”，其发展越好，经营规模越大，越想走得更远、更久，成为一个百年民办医院，医院及举办人陷入的困局就越深，越无法破解。

该民办医院面临的问题，不是个案，在民办非企业单位的发展中具有普遍的代表性，这也揭示了民办非企业单位发展的深层次机制问题。

第二节　民办非企业单位转企改制路径的提出

那么，该民办医院能否通过转企改制，即将民办非企业单位转企改制为医院有限公司，从“非营利性”向“营利性”转变，既保持医院经营时间及业绩的连续性，又实现资产（含债权、债务）、业务、人员等的承继性呢？

民办非企业单位的转企改制目前在法律法规上属于空白。是否可以建立一套民办非企业单位转企改制的机制——民办非企业单位转企改制为有限责任公司、股份有限公司或其他企业，解决民办非企业单位普遍面临的如上困局呢？

改革开放以来，国家遵循市场决定资源配置的市场经济一般规律，出台了一系列关于全面深化改革的法律法规和政策，在各领域普遍实施且成熟运作。例如关于经营性事业单位转企改制、企业公司制改制、企业股份制改制以及有限责任公司与股份有限公司之间相互转换改制等的法律法规和政策，这些法律法规和政策的发布和实施建立健全了转企改制、企业改制的法律制度，极大地释放了市场主体的活力，理顺了企业、政府与市场配置之间的关系，促进了经济社会的可持续发展，增强了我国企业在国际上的竞争力和影响力，增强了综合国力。

从法律法规层面看，例如，《中华人民共和国公司法》（2023 年 12 月 29 日修订）第十二条规定了有限责任公司与股份有限公司可以相互变更，变更应当符合该法规定的相应类别公司的条件，公司变更前的债权、债务由变更后的公司承继。《中华人民共和国企业国有资产法》（2008 年 10 月 28 日主席令第 5 号）第三十九条至第四十二条专节规定了企业改制，国有独资企业可以改为国有独资公司，国有资本控股公司可以改为非国有资本控股公司等。《促进个体工商户发展条例》（2022 年 10 月 1 日国务院令第 755 号）第十三条及《中华人民共和国市场主体登记管理条例实施细则》（2022 年 3 月 1 日国家市场监督管理总局令第 52 号）第三十七条规定了个体工商户可以申请转变为企业组织形式，个体工商户申请转变为企业组织形式应当按照拟变更的企业类型设立条件申请登记。

从政策层面看，在国有企业改制上，例如，《国务院办公厅转发国务院国有资产监督管理委员会关于规范国有企业改制工作意见的通知》（国办发〔2003〕96 号）、《国务院办公厅转发国资委关于进一步规范国有企业改制工作实施意见的通知》（国办发〔2005〕60 号）等政策要求，推进了国有企业改制工作。在事业单位转企改制上，例如，《中共中央、国务院关于分类推进事业单位改革的指导意见》、国务院办公厅关于印发分类推进事业单位改革配套文件的国办发〔2011〕37号文、2013年11月《中共中央关于全面深化改革若干重大问题的决定》等要求，必须毫不动摇鼓励、支持、引导非公有制经济发展，激发非公有制经济活力和创造力，支持非公有制经济健康发展；坚持权利平等、机会平等、规则平等，废除对非公有制经济各种形式的不合理规定，消除各种隐性壁垒，推进有条件的事业单位转为企业或社会组织。又如，2013年6月《文化部、中央组织部、中央宣传部、中央编办、国家发展改革委、财政部、人力资源社会保障部、国家税务总局、国家工商总局关于支持转企改制国有文艺院团改革发展的指导意见》（文政法发〔2013〕28号）及《文化部关于贯彻落实九部门〈关于支持转企改制国有文艺院团改革发展的指导意见〉的通知》等各部委和地方政府的规章及规范性文件要求，在文化、财政、应急管理、统计、出版等各个领域，实施事业单位及其他社会组织的转企改制工作。

由此及彼，民办非企业单位作为市场主体之一，在转企改制上不应当缺位也不能缺位，这是有其现实及深远意义的。这就是本书研究及探讨民办非企业单位转企改制的要义所在。

第二章　民办非企业单位的概念、功能和分类

第一节　民办非企业单位的概念及归类

民办非企业单位，是指企业事业单位、社会团体和其他社会力量以及公民个人利用非国有资产举办的，从事非营利性社会服务活动的社会组织。①

在实务中，民办非企业单位大多以××医院、××学校、××福利院、××研究院等形式出现，主要从事民办教育、医疗卫生、社区康养、技术研究、文化娱乐、新闻传媒等社会服务活动。

民办非企业单位属于社会组织的范畴。根据民政部《2021 年民政事业发展统计公报》②，截至 2021 年底，全国共有社会组织（社会团体、基金会和民办非企业单位）90.2 万个，比上年增长 0.9%；吸纳社会各类人员就业 1100.0 万人，比上年增长 3.6%。其中：（1）民办非企业单位为 521883 个（民政部登记 92 个，省级民政部门登记 15267 个，市级民政部门登记 65321 个，县级民政部门登记 441203 个），占全国社会组织总数的比重为 57.8%。（2）全国注册登记提供住宿的各类民政服务机构共计 4.3 万个，其中注册登

---

① 《民办非企业单位登记管理暂行条例》第二条规定："本条例所称民办非企业单位，是指企业事业单位、社会团体和其他社会力量以及公民个人利用非国有资产举办的，从事非营利性社会服务活动的社会组织。"

② 参见民政部 2022 年 8 月 26 日发布的《2021 年民政事业发展统计公报》。

记为民办非企业单位的有1.8万个。根据民政部《2023年4季度民政统计数据》[①]，截至2023年底，全国民办非企业单位数量为49.9万个。

随着经济社会的发展和对民办非企业单位的规制，民办非企业单位正在更名为社会服务机构。例如2018年10月通过的全国首部社会组织管理地方性法规——《辽宁省社会组织管理条例》（2021年5月27日修正）第二条规定，“本条例所称社会组织，是指在本省行政区域内登记的社会团体、社会服务机构（民办非企业单位）、基金会”；2018年8月民政部发布的《社会组织登记管理条例（草案征求意见稿）》第二条第一款、第四款规定，“本条例所称社会组织，包括社会团体、基金会、社会服务机构”，“社会服务机构，是指自然人、法人或者其他组织为了公益目的，利用非国有资产捐助举办，按照其章程提供社会服务的非营利法人”。

在国民经济行业分类上，民办非企业单位归类于《国民经济行业分类》（GB/T 4754—2017）“Q 卫生和社会工作”中的“85 社会工作”。从产业指导目录上看，民办非企业单位基于业务领域的不同，分别归类于《产业结构调整指导目录（2024年本）》“第一类 鼓励类”中的“三十六、教育”“三十七、卫生健康”“三十九、体育”“四十、养老与托育服务”“四十三、公共安全与应急产品”“四十五、人力资源和人力资本服务业”等相关的细分目列。

第二节　民办非企业单位的行业分布及社会经济功能

数量不菲的民办非企业单位，系我国市场主体之一，分布于各行各业，在经济社会生活中发挥了积极作用，促进了我国社会主义物质文明、精神文明建设。

---

① 参见民政部2024年3月15日发布的《2023年4季度民政统计数据》。

一、民办非企业单位行业分布

根据相关统计数据来看，民办非企业单位主要分布在以下行业中：

1. 民办教育行业，例如民办幼儿园、民办各类学校（包括但不限于中小学、大学等）、民办培训机构等。在国家层面，相关的鼓励政策、法律，例如《国务院关于鼓励社会力量兴办教育促进民办教育健康发展的若干意见》（国发〔2016〕81 号）和 2016 年 11 月 7 日修正的《中华人民共和国民办教育促进法》，确定了对民办学校实行非营利性和营利性分类管理的重大改革方向；教育部联合中央编办、人力资源社会保障部、民政部、工商总局印发《民办学校分类登记实施细则》（教发〔2016〕19 号），明确对非营利性和营利性民办学校进行分类设立审批和分类登记有关要求；教育部联合人力资源社会保障部、工商总局印发《营利性民办学校监督管理实施细则》（教发〔2016〕20 号），对营利性民办学校办学行为作出政策安排。在地方层面，有 31 个省（自治区、直辖市）出台了扶持民办教育发展的地方性政策文件，部分省（自治区、直辖市）还出台了分类登记实施办法、营利性民办学校监督管理办法、非营利性民办学校监督管理办法等配套文件。总体上讲，以分类管理为基础、促进民办教育健康发展的法律制度体系已初步建立。

2. 医疗卫生和医养结合行业，例如民办医院、民办诊所、民办康复保健、民办养老福利院（所、中心）等。相关的鼓励政策有《国务院关于印发“十三五”深化医药卫生体制改革规划的通知》（国发〔2016〕78 号）、《国务院办公厅关于支持社会力量提供多层次多样化医疗服务的意见》（国办发〔2017〕44 号）、《国务院办公厅印发关于促进社会办医加快发展若干政策措施的通知》（国办发〔2015〕45 号）、《国务院办公厅转发卫生计生委等部门关于推进医疗卫生与养老服务相结合指导意见的通知》（国办发〔2015〕84 号）以及《民政部、发展改革委、教育部、财政部、人力资源社会保障部、国土资源部、住房城乡建设部、国家卫生计生委、银监会、保监会关于鼓励民间资本参与养老服务业发展的实施意见》（民发〔2015〕33 号）等。

3. 文体旅游行业，例如民办文艺表演场所、艺术展览馆（中心）、图书馆（室）、博物馆（院）、书画院、名人纪念馆、收藏馆、艺术研究院（所）、艺术教育与培训中心、影视剧中心、旅游文化发展中心等。相关鼓励政策有 2010 年深圳市文体旅游局《关于鼓励和引导文体旅游领域社会投资的相关配套政策措施》等。

4. 技术研发行业，例如民办科学研究院（所、中心）、民办科技传播或普及中心、科技服务中心、技术评估所（中心）等。

5. 体育及社区服务行业，例如民办体育俱乐部、民办体育场馆、社区文体服务中心、民办青少年志愿服务中心、民办助残养老服务中心等。

6. 人力资源行业，例如民办职业技能培训学校、民办职业介绍所、民办职业技能鉴定所等。

7. 康养行业，例如民办福利院、敬老院、托老所、老年公寓，以及民办婚姻介绍所、民办社区服务中心（站）等。

8. 社会中介服务行业，例如民办社会工作事务所、民办就业服务中心、民办评估咨询服务中心（所）、民办信息咨询调查中心（所）、民办人才交流中心等。

9. 法律服务行业，例如农民工或知识产权法律援助与研究中心、法律调解中心、法律服务中心等。

10. 其他相关社会服务业，例如，根据《民政部、国家乡村振兴局关于动员引导社会组织参与乡村振兴工作的通知》（民发〔2022〕11 号）和国家乡村振兴局、民政部印发的《社会组织助力乡村振兴专项行动方案》（国乡振发〔2022〕5 号）精神，实施“四个一批”（培育一批服务性、公益性、互助性农村社会组织，启动一批社会组织帮扶合作重点项目，打造一批社会组织助力乡村振兴的特色品牌，推广一批社会组织参与乡村振兴典型案例），有效发挥社会组织的积极作用，实现社会组织参与乡村振兴的工作目标。

二、民办非企业单位的社会经济功能

改革开放以来，民办非企业单位作为市场主体之一、社会组织的重要组成部分，经过不断发展，在促进经济发展、繁荣社会事业、创新社会治理、扩大对外交往等方面发挥了积极作用，成为我国社会主义现代化建设的重要力量。结合2022年9月12日民政部发布的《民政工作这十年·社会组织篇》①，民办非企业单位发挥的作用可以归结为以下几个方面：

一是积极参与经济建设。民办非企业单位在文化教育、医疗卫生、技术研究、社区治理、乡村振兴等各个领域均发挥了作用，积极参与经济建设和社会服务活动。

二是有效提供公共服务。各类社会服务机构有效地扩大了公共服务供给。比如民办学校占全国各类学校总量的35.37%，在校生占全国总量的19.5%；非营利性民办养老机构占全国养老机构总量的44.7%。各类社会组织广泛参与脱贫攻坚，实施扶贫项目超过9.2万个，引导投入各类资金1245亿元。积极参与疫情防控和复工复产，累计接受社会各界捐赠资金约396.27亿元、物资约10.9亿件。

三是参与创新社会治理。中央政法委设置社区社会组织参与“平安建设”工作指标。民政部印发《民政部关于大力培育发展社区社会组织的意见》，民政部办公厅印发《培育发展社区社会组织专项行动方案（2021—2023年）》。北京、上海、广东等地出台了加快发展社区社会组织的实施意见或发展规划；浙江印发了《浙江省人民代表大会常务委员会关于推进和规范社区社会组织参与基层社会治理的决定》。民办非企业单位在促进居民参与、提供社区服务、丰富社区文化、化解基层矛盾等方面也发挥积极作用，已成为促进社区共建共治共享的重要载体。比如，民办非企业单位北京致诚农民工法律援助与研究中心为60多万人次农民工提供免费法律援助，有效化解了社会矛盾。

四是积极开展对外交往。民办非企业单位与其他社会组织一起积极促进国际经济交流、推广中华传统文化、参与全球治理，有效地提升了我国国际影响力。例如在新冠疫情防控过程中，社会组织积极参与海外疫情防控，为海外捐款捐物，增进了中外民间交流与友谊。

---

① 参见《民政工作这十年·社会组织篇》，载中国社会组织促进会网2022年9月13日，https://www.chinanpo.org.cn/ds/2304bcb41e.html。

五是承接了部分政府职能。一些行政机关加快转移适合由社会组织承担的职能，如工业和信息化部将行业统计调查、行业评价、技能培训等基础性工作交由行业协会商会承担。一些地方积极探索推进政府转移职能，比如广东省探索将职称评定等职能委托给社会组织承担，海南省制定了赋予行业组织更大自主权事项指导清单。

第三节 民办非企业单位的分类

根据目前国家对社会组织的法律定位，民办非企业单位为“非营利性”社会服务机构，例如，《民办非企业单位登记管理暂行条例》第五条规定，登记管理机构为民政部及地方各级人民政府民政部门。民办非企业单位的“非营利性”特征，使其与以营利为目的的有限责任公司、股份有限公司和其他企业，有质的区别。

《中华人民共和国民法典》第八十七条将民办非企业单位（社会服务机构）界定为非营利法人的一种形式；第七十六条将有限责任公司、股份有限公司和其他企业法人，界定为营利法人。

依据民办非企业单位设立的目的、类别和依法承担民事责任的不同方式，民办非企业单位有以下三种不同的分类方法：

一、以设立目的的不同分为两类

根据《中华人民共和国民法典》第八十七条“为公益目的或者其他非营利目的成立，不向出资人、设立人或者会员分配所取得利润的法人，为非营利法人。非营利法人包括事业单位、社会团体、基金会、社会服务机构等”的规定，结合《民办非企业单位登记管理暂行条例》第二条对民办非企业单位概念的定义，作为“非营利性”社会服务机构的民办非企业单位，以是否为“公益目的”而成立，可以分为两类：

第一类，为公益目的民办非企业单位，可称为以公益为目的而成立，不向出资人、设立人或者会员分配所取得利润的民办非企业单位。该类民办非企业单位主要是面向社会大众，以满足不特定多数人的公益为目的的社会服务机构。既要求其具有“非营利性”又要求其有“公益目的”，这构成其自身特色。

第二类，为其他非营利目的民办非企业单位，可称为为其他非营利目的而成立，不向出资人、设立人或者会员分配所取得利润的民办非企业单位，也可称为非公益目的民办非企业单位。该类民办非企业单位主要不是为社会大众的公益目的，而是为了互助互益目的或自助自益的私人目的，比如企业投资登记注册的主要负责企业技术研发，并主要为企业自身服务的民办非企业单位的科研机构等。该类民办非企业单位，要求具有“非营利性”，但不要求具有“公益目的”，这形成与为公益目的民办非企业单位的区别。

对非营利法人的概念界定及以设立目的分类的两分类方法，系 2017 年公布的《中华人民共和国民法总则》的首创，并为 2020 年公布的《中华人民共和国民法典》予以保留和传承，有别于之前的《民办非企业单位登记管理暂行条例》《社会团体登记管理条例》《基金会管理条例》《民间非营利组织会计制度》等定义的“民办非企业单位”“非营利法人”“非营利性组织”“非营利性社会组织”等概念及其分类。

《中华人民共和国民法总则》和《中华人民共和国民法典》将包括但不限于民办非企业单位的非营利法人做“为公益目的”和“为其他非营利目的”的类别区分，其立法目的何在？一是符合设立民办非企业单位的现实现状，有助于国家针对不同类别的民办非企业单位制定不同的法律规范和政策措施，更好地分类细化管理，保障民办非企业单位的错位发展，促进行业的可持续运营。二是实现了“谁投资、谁受益、谁拥有产权”的现代产权制度原则的入法。在民办非企业单位终止后出资人或设立人能否分配剩余财产方面，为公益目的设立的民办非企业单位与为其他目的设立的民办非企业单位不同：为其他目的设立的民办非企业单位可以分配剩余财产，但为公益目的设立的民办非企业单位不得分配剩余财产。三是与其他国家对非营利法人的分类进行了“接轨”。这在境外有立法先例，例如《日本一般社团法人及一般财团法人法》，将一般法人（非营利法人）进一步细分为公益法人和其他一般法人；成为一般社团法人或一般财团法人的要件是不以营利为目的且不得分配利润，成为公益社团法人或公益财团法人除了“非营利性”外还要求“公益性”。美国律师协会起草的1987年《美国非营利法人示范法》已被美国多数州采用，该法将非营利法人划分为三种类型：公益法人、互益法人和宗教法人。美国国内税务局也依照公益和互益的标准，将非营利法人划分为服务公众型和服务成员型两大类。《美国非营利法人示范法》和《美国联邦税法》在非营利法人的类型划分上有差别，《美国非营利法人示范法》将宗教法人作为一种单独类型，《美国联邦税法》将宗教法人归入公益法人类型之中。但总体而言，美国非营利法人的法律形态是按照组织目的标准进行划分的，公益法人和互益法人为其基本类型。《俄罗斯民法典》第五十条规定：“法人，可以是以获取利润为其活动之主要目的的组织（营利性组织），或者是不以获取利润为其活动之主要目的，也不在其参加者中分配所获利润的组织（非营利性组织）。”保加利亚的非营利法人既包括为公益目的的非营利法人，也包括以私人利益为目的的非营利法人。《保加利亚非营利法人法》第二条第一款规定：“非营利法人可以自由决定其目的并可以决定从事公益活动或为私人利益而活动，这些决定应在章程、组织章程细则或附属修订中阐明。”《保加利亚非营利法人法》明确禁止所有的非营利法人分配利润，该法第三条第六款规定：“非营利法人不能分配利润。”关于清算后剩余财产的分配，则区别公益法人与其他非营利法人，设定了不同的处置规则。①

“为公益目的”或者“公益性”，其核心和基础都是围绕着“公益事业”并指向“公益事业”。如何区分公益性民办非企业单位和非公益性民办非企业单位呢？

一是按照法律法规对“公益事业”的定义，结合民办非企业单位成立的目的，民办非企业单位的章程，民办非企业单位登记证书核准的经营范围、

① 参见刘振：《民法总则法人制度若干基本规定解读》，载《人民司法（应用）》2017年第28期。

主营业务等，综合判断是否为公益目的，从事的是否为公益事业。例如，《中华人民共和国公益事业捐赠法》第三条规定，该法所称公益事业是指非营利的下列事项：（1）救助灾害、救济贫困、扶助残疾人等困难的社会群体和个人的活动；（2）教育、科学、文化、卫生、体育事业；（3）环境保护、社会公共设施建设；（4）促进社会发展和进步的其他社会公共和福利事业。

二是根据民办非企业单位的章程、投资或设立协议、登记证书、实际经营业务的指向、主营业务等，判断其是"为公益目的"还是以"其他非营利目的"而成立的民办非企业单位。

值得注意的是，《社会组织登记管理条例（草案征求意见稿）》第二条第四款规定，社会服务机构（民办非企业单位）系为了公益目的，利用非国有资产捐助举办，按照其章程提供社会服务的非营利法人。该条款将社会服务机构（民办非企业单位）仅仅局限于公益性，排除了非公益目的之外的"其他非营利目的"，存在明显缺陷，需要在正式条例中予以修正。否则，《社会组织登记管理条例（草案征求意见稿）》第二条第四款一旦原文通过，则构成下位法《社会组织登记管理条例》与上位法《中华人民共和国民法典》第八十七条的冲突规范。

二、以其组织类别的不同分为两类

按照《中华人民共和国民法典》对营利法人、非营利法人和非法人组织的不同分类，结合民办非企业单位因出资人或设立人不同而取得的不同类别的登记证书，分为以下两类：

第一类，非营利法人。即取得民办非企业单位（法人）登记证书的民办非企业单位，具有独立法人资格。关于出资人或设立人，此类民办非企业单位一般由两个及两个以上具备法人条件的自然人举办，或者由企业事业单位、社会团体和其他社会力量举办，或者由上述组织与自然人共同举办。

第二类，非法人组织。即取得民办非企业单位（个人或合伙）登记证书的民办非企业单位，不具有独立法人资格。此类又有两种不同的类别：一是民办非企业单位（个人）；二是民办非企业单位（合伙）。

三、以其依法承担民事责任的不同分为三类

根据《民办非企业单位登记暂行办法》（2010 年 12 月 27 日修订）第二条的规定，民办非企业单位根据其依法承担民事责任的方式不同分为以下三类：

第一类，民办非企业单位（个体）。即自然人个人出资且担任民办非企业单位负责人的，可申请办理民办非企业单位（个体）登记。此与《中华人民共和国个人独资企业法》下的投资人（自然人），具有雷同性。

第二类，民办非企业单位（合伙）。即两人或两人以上合伙举办的，可申请办理民办非企业单位（合伙）登记。此与《中华人民共和国合伙企业法》下的合伙企业，具有雷同性。

第三类，民办非企业单位（法人）。即两人或两人以上举办且具备法人条件的，可申请办理民办非企业单位（法人）登记，或者由企业事业单位、社会团体和其他社会力量举办的或由上述组织与个人共同举办的，可以申请民办非企业单位（法人）登记。此与《中华人民共和国公司法》及其他企业法下的公司及其他企业，具有雷同性。

上述第一类、第二类民办非企业单位（个体）、民办非企业单位（合伙），不具有法人资格，但是能够依法以自己的名义从事民事活动，属于《中华人民共和国民法典》规定的非法人组织，应当依照法律的规定登记；当该两种民办非企业单位的财产不足以清偿债务时，按照《中华人民共和国民法典》第一百零四条的规定，其出资人或设立人承担无限责任。法律另有规定的，依照其规定。第三类属于非营利法人，具有相应的民事权利能力和民事行为能力，依法独立享有民事权利和承担民事义务，以其全部财产独立承担民事责任。针对民办非企业单位的三种不同类型，出资人或设立人对民办非企业单位承担的法律责任有质的区别。

对于包括但不限于民办非企业单位、社会团体、基金会等社会组织的信息，尤其是涉及公益性事业的信息，《中华人民共和国政府信息公开条例》（2019 年 4 月 3 日修订）、《社会组织信用信息管理办法》（2018 年 1 月 24 日民政部令第 60 号）、《国务院办公厅关于推进社会公益事业建设领域政府信息

公开的意见》（国办发〔2018〕10 号）和《中央编办、民政部关于加强事业单位和民办非企业单位登记管理工作中信息共享与业务协同的通知》等法律法规、规范性文件，都要求坚持依法依规，除法律法规有禁止性规定的外，社会公益事业建设领域政府信息都应当主动全面予以公开，包括社会组织的基础信息、年报信息、行政检查信息、行政处罚信息等信用信息。

本章对民办非企业单位的分类，是为第五章“民办非企业单位转企改制的主体选择与路径甄别”做铺垫。

第三章　民办非企业单位的法律规制现状

第一节　民办非企业单位的法律规范和监督管理体制

一、民办非企业单位的法律规范

作为一类重要的社会组织及其广泛参与的社会经济活动，必然受到法律法规的规范和调整。截至目前，调整及规范民办非企业单位的主要法律、行政法规、部门规章、规范性文件以及地方性法规和规章如下。

（一）相关的法律

《中华人民共和国民法典》在第一编第三章“法人”第三节“非营利法人”和第四章“非法人组织”，对民办非企业单位（社会服务机构）的性质、登记及成立、治理机制、章程及协议、解散及清算等作出了纲领性、原则性规定。

《中华人民共和国教育法》（2021 年 4 月 29 日修正）在第三章“学校及其他教育机构”中，对国家鼓励企业事业组织、社会团体、其他社会组织及公民个人依法举办学校及其他教育机构等作出了原则性规定。

《中华人民共和国民办教育促进法》（2018 年 12 月 29 日修正）在第二章“设立”、第五章“学校资产与财务管理”、第八章“变更与终止”和第九章“法律责任”中，对民办非企业单位之民办学校的设立、变更与终止，资产与财务管理等作出了相应的规定。

《中华人民共和国职业教育法》（2022 年 4 月 20 日修订）在第四章“职业学校和职业培训机构”中，对民办非企业单位之民办职业学校的设立、权利和义务等作出了相应的规定。

《中华人民共和国基本医疗卫生与健康促进法》在第二章“基本医疗卫生服务”、第三章“医疗卫生机构”、第八章“监督管理”和第九章“法律责任”中，对包括但不限于民办非企业单位之民办医院的分类管理、社会力量可以选择设立非营利性或者营利性医疗卫生机构等作出了相应的规定。

其他，例如《中华人民共和国科学技术进步法》（2021 年 12 月 24 日修订）、《中华人民共和国体育法》（2022 年 6 月 24 日修订）、《中华人民共和国老年人权益保障法》（2018 年 12 月 29 日修正）和《中华人民共和国家庭教育促进法》等，分别在该领域内鼓励、支持包括但不限于民办非企业单位的社会组织投入与参与科技研究与推广、开发体育产业与提供体育服务、设立公益性或经营性养老机构、设立家庭教育服务机构并提供服务，以及给予相应的扶持措施等作出了相应的规定。

（二）相关的行政法规

《民办非企业单位登记管理暂行条例》（1998 年 10 月 25 日国务院令第 251 号），全文共计 32 条，分总则、管辖、登记、监督管理、罚则和附则 6 章，对民办非企业单位的概念、设立、变更和注销条件、监督管理和法律责任等作出专门规范。根据国务院立法工作计划，2018 年 8 月民政部公布了《社会组织登记管理条例（草案征求意见稿）》；《民政部 2022 年度立法工作计划》（民办发〔2022〕12 号）指出，将制定《社会组织登记管理条例》；该条例实施之日，《民办非企业单位登记管理暂行条例》《基金会管理条例》《社会团体登记管理条例》将同时废止，民办非企业单位将以“社会服务机构”的名义出现，并受该《社会组织登记管理条例》的规范和调整。

《中华人民共和国民办教育促进法实施条例》（2021 年 4 月 7 日修订），对民办非企业单位之民办学校的设立、变更与终止、组织与活动、资产与财务管理、管理与监督、支持与奖励、法律责任等作出了具体规定。

《医疗机构管理条例》（2022 年 3 月 29 日修订），对民办非企业单位之民办医疗机构的规划布局及设置审批、登记及颁证、执业规范、监督管理及罚则等作出了相应的规定。

其他，例如《人力资源市场暂行条例》（2018 年 6 月 29 日国务院令第 700 号）、《志愿服务条例》（2017 年 8 月 22 日国务院令第 685 号）、《中华人民共和国中外合作办学条例》（2019 年 3 月 2 日修订）等，鼓励和支持不限于民办非企业单位在该领域设立人力资源服务机构、志愿者服务机构和中外合作办学等并开展相应的业务活动等。

（三）相关的部门规章

《民办非企业单位登记暂行办法》（2010 年 12 月 27 日修订），根据《民办非企业单位登记管理暂行条例》的规定，对民办非企业单位的分类、登记程序、变更及注销条件和程序、章程或合伙协议的制定及修改、登记证书的核发和补办等作出了具体规定。

《社会组织名称管理办法》（2024 年 1 月 8 日民政部令第 69 号），对民办非企业单位名称的规范使用作出了具体规定。

《民办非企业单位印章管理规定》（2010 年 12 月 27 日修订），对民办非企业单位的印章管理作出了具体规定。

《民办非企业单位年度检查办法》（2005 年 4 月 7 日民政部令第 27 号），对民办非企业单位年度检查作出了具体规定。

《教育类民办非企业单位登记办法（试行）》（民发〔2001〕306 号）、《体育类民办非企业单位登记审查与管理暂行办法》（2000 年 11 月 10 日国家体育总局、民政部令第 5 号）、《职业培训类民办非企业单位登记办法（试行）》（民发〔2001〕297 号）、《科技类民办非企业单位登记审查与管理暂行办法》（国科发政字〔2000〕209 号）等分别对专业领域的民办非企业单位的登记与管理作出了具体规定。

《社会组织评估管理办法》（2010 年 12 月 27 日民政部令第 39 号），对包括民办非企业单位在内的社会组织的评估内容、程序和办法、评估等级管理等作出了具体规定。

其他的部门规章有《社会组织登记管理机关受理投诉举报办法（试行）》（民发〔2016〕139号）等。

（四）相关的规范性文件

《民政部关于对中外合作办学机构登记有关问题的通知》（民函〔2003〕263号）、《国家社会组织管理局关于对“教育集团”登记有关问题的答复》（民管函〔2006〕25号），对中外合作办学机构申请民办非企业单位登记作出了具体要求，提出根据当地情况研究制定相关政策，依据《民办非企业单位登记管理暂行条例》的规定对“教育集团”进行民办非企业单位登记。

《民办非企业单位诚信评估指标（民政部制发）》（2010年），对民办非企业单位诚信评估设定了4项一级指标、16项二级指标、70项三级指标。

教育部等五部门印发的《民办学校分类登记实施细则》（教发〔2016〕19号），对民办学校的设立审批、分类登记、事项变更和注销登记等作出了具体规范。

《中共中央、国务院关于分类推进事业单位改革的指导意见》《中共中央、国务院关于深化科技体制改革加快国家创新体系建设的意见》鼓励社会力量兴办公益事业，进一步支持民营科研机构开展科技创新。

《国务院关于鼓励社会力量兴办教育促进民办教育健康发展的若干意见》（国发〔2016〕81号）、《国务院办公厅关于规范校外培训机构发展的意见》（国办发〔2018〕80号），对民办非企业单位之民办学校（含其他民办教育机构）及校外培训机构实行非营利性和营利性分类管理，建立差别化政策体系，放宽办学准入条件，拓宽办学筹资渠道等创新机制提出了具体意见，明确民办培训机构设置标准、强化监督管理、依法审批登记、规范培训行为等并作出具体要求。

《国家发展改革委、民政部、自然资源部、生态环境部、住房城乡建设部、国家卫生健康委、应急部、市场监管总局、国家中医药局关于优化社会办医疗机构跨部门审批工作的通知》（发改社会〔2018〕1147号）、《国家卫生健康委办公厅、中央编办综合局、民政部办公厅、市场监管总局办公厅关于印发托育机构登记和备案办法（试行）的通知》（国卫办人口发〔2019〕25 号），对优化民办医疗机构跨部门审批，以及民办托育机构的登记、备案及监督管理作出相应的规范要求。

《国务院关于同意在天津、上海、海南、重庆暂时调整实施有关行政法规规定的批复》（国函〔2022〕104 号）、《国务院关于同意在北京市暂时调整实施有关行政法规和经国务院批准的部门规章规定的批复》（国函〔2021〕106 号），同意在天津、上海、海南、重庆、北京暂时调整实施《民办非企业单位登记管理暂行条例》的有关规定，放宽外商捐资举办非营利性养老机构的民办非企业单位的准入。

（五）地方性法规和规章

一是包括《辽宁省社会组织管理条例》（2021 年 5 月 27 日修正）、《浙江省民办非企业单位管理暂行办法》（2004 年 4 月 22 日浙江省人民政府令第 172 号）等。

二是包括《天津市民政局、天津市人力资源和社会保障局、天津市文化广播影视局、天津市科学技术委员会、天津市国土资源和房屋管理局、天津市体育局关于建立天津市市属民办非企业单位登记管理联席会议制度的通知》（津民发〔2009〕54 号）、《湖北省民办非企业单位登记规范指引》（鄂民政规〔2015〕7 号）、《河南省民办非企业单位登记规范指引》（2016 年 10 月 14 日印发）等。

三是包括《上海市社会服务机构（民办非企业单位）登记实施办法》（2020 年修订）等。

四是包括黑龙江省科学技术厅、财政厅、民政厅等印发的《科技类民办非企业单位性质、事业单位性质社会研发机构“十四五”期间享受支持科技创新进口税收政策的实施办法》（黑科规〔2021〕12 号），广东省科学技术厅、民政厅、财政厅等印发的《关于核定“十四五”期间享受支持科技创新进口税收政策的科技类民办非企业单位性质社会研发机构名单的实施办法》

（粤科规范字〔2021〕6号），上海市科学技术委员会、民政局、财政局等印发的《关于享受科技创新进口税收政策的社会研发机构（民办非企业单位性质）名单核定办法》（沪科规〔2021〕16号）等。

五是包括海南省科学技术厅印发的《海南省科技类民办非企业单位登记审查和管理暂行办法》（琼科规〔2022〕43号）等。

二、民办非企业单位监督管理体制

根据《民办非企业单位登记管理暂行条例》第五条、第十九条、第二十条，结合《中华人民共和国教育法》《中华人民共和国民办教育促进法》《中华人民共和国职业教育法》《中华人民共和国基本医疗卫生与健康促进法》《中华人民共和国科学技术进步法》《中华人民共和国体育法》《中华人民共和国老年人权益保障法》《中华人民共和国家庭教育促进法》等法律的相关规定，我国目前对民办非企业单位实施的是“登记管理机关＋业务主管单位”的双重监督管理体制。

（一）登记管理机关及其监督管理职责

国务院民政部门和县级以上地方各级人民政府民政部门，系本级人民政府的民办非企业单位登记管理机关（以下简称登记管理机关）。

登记管理机关，主要履行以下监督管理职责：（1）负责民办非企业单位的成立、变更、注销登记；（2）对民办非企业单位实施年度检查；（3）对民办非企业单位违反登记管理条例的问题进行监督检查，对民办非企业单位违反登记管理条例的行为给予行政处罚。

同时，登记管理机关负责拟订包括但不限于民办非企业单位的社会组织的发展规划、政策规定，以及负责民办非企业单位诚信建设管理和信息公开工作；按照登记标准、登记程序办理登记审批手续，负责落实分类指导的发展政策，优先发展科技、教育、卫生、文化领域的民办非企业单位，积极培育与人民生活密切相关的社会福利、社区服务、全民健身等公益性民办非企业单位；严格控制非法社会组织和涉及民族、宗教、青少年、妇女儿童及特定群体问题的研究机构、社会调查机构；会同行业管理部门及相关党建工作机构，加强对民办非企业单位发起人、拟任负责人资格审查；通过检查、评估等手段依法监督民办非企业单位负责人、资金、活动、信息公开、章程履行等情况，建立社会组织“异常名录”和“黑名单”，加强与有关部门的协调联动，将民办非企业单位的实际表现情况与其享受税收优惠、承接政府转移职能和购买服务等挂钩；会同有关部门建立联合执法制度，严厉查处违法违规行为，依法取缔未经登记的各类非法社会组织；对跨领域、跨行业以及业务宽泛、不易界定的社会组织，按照明确、清晰、聚焦主业的原则，加强名称审核、业务范围审定；严禁民办非企业单位之间建立垂直领导或变相垂直领导关系，严禁民办非企业单位设立地域性分支机构；推动、支持社会组织参与社会治理和公共服务，等等。

（二）业务主管单位及其监督管理职责

教育部、科技部、人力资源部、国家卫健委、文化和旅游部、财政部等国务院有关部门和县级以上地方各级人民政府的有关部门、国务院或者县级以上地方各级人民政府授权的组织，系民办非企业单位的业务主管单位（以下简称业务主管单位）。

业务主管单位，主要履行以下监督管理职责：（1）负责民办非企业单位成立、变更、注销登记前的审查；（2）监督、指导民办非企业单位遵守宪法、法律、法规和国家政策，按照章程开展活动；（3）负责民办非企业单位年度检查的初审；（4）协助登记管理机关和其他有关部门查处民办非企业单位的违法行为；（5）会同有关机关指导民办非企业单位的清算事宜。

同时，业务主管单位负责健全业务前置审查的工作程序，完善审查标准，切实加强对民办非企业单位名称、宗旨、业务范围、发起人和拟任负责人的把关，支持符合条件的民办非企业单位依法成立；对其管辖的民办非企业单位“两个文明”建设负有领导责任。业务主管单位统筹规划本行业民办非企业单位的发展，将其纳入本部门的发展计划，并在专业技术人员管理、政策扶持、表彰奖励、管理与处罚等方面与本单位所属的同类机构同等对待，等等。

《民办非企业单位登记管理暂行条例》第八条第一款、第二十条第一款规定，申请登记民办非企业单位，应当经业务主管单位审查同意；业务主管单位负责民办非企业单位成立、变更、注销登记前的审查。

据此，在对民办非企业单位的“双重”监督管理体制之下，形成了民办非企业单位设立、变更及注销登记的“双重”行政许可制度：

一是业务主管单位的前置审查批准之行政许可。除特殊的可以向登记管理机关申请外，民办学校、民办培训机构、民办医院、民办科研机构等民办非企业单位在设立、变更和注销之前，均需要向教育、卫健委、科技、人力资源等业务主管单位提出申请，相关业务主管单位在受理、审查、核准后，为其颁发办学许可证、医疗机构许可证、批准核准或同意文件等，其方可向登记管理机关办理相关的登记。业务主管单位对民办非企业单位的前置审查，属于《中华人民共和国行政许可法》第二条、第十二条、第三十九条规定的行政许可。

二是登记管理机关的登记之行政许可。《民办非企业单位登记管理暂行条例》第十一条、《民办非企业单位登记暂行办法》第三条规定，登记管理机关对民办非企业单位的设立、变更和注销审核登记的程序是受理、审查、核准、发证、公告，并对各个环节作出具体要求，这也属于《中华人民共和国行政许可法》第二条、第二十条、第三十九条规定的行政许可。

民办非企业单位的双重监督管理体制和双重行政许可制度，构成其自有特色，远远严苛于公司及其他企业等市场主体的登记管理制度。

第二节　民办非企业单位的法律规范和监督管理体制存在的主要问题

一、立法层次偏低且较为滞后，制度不健全，职责不清晰

民办非企业单位作为一种独立的社会组织，在设立和存续经营期间涉及

不同的利益相关者。从内部而言，涉及出资人、法定代表人、董事/理事、总经理/院长/所长/主任等管理层、员工等；从外部而言，涉及供应商、客户、银行、债权人、债务人、社团、政府和民政、税务及其业务主管单位等。因此，民办非企业单位法应当既要调整其出资人与出资人之间、出资人与单位之间、组织机构与运营管理等内部关系，又要调整其行为规范、与外部利益相关者之间的权利和义务、接受监督管理部门和承担社会责任等外部关系。可以说，民办非企业单位法，既是行为法，也是组织法。

但是，目前我国尚没有制定社会组织基本法律，更没有规范民办非企业单位的专门法律。现行的民办非企业单位法律规范主要表现为《民办非企业单位登记管理暂行条例》，辅之在《中华人民共和国民法典》对营利法人、非营利法人和非法人组织的原则统领下，散见于《中华人民共和国民办教育促进法》《中华人民共和国科学技术进步法》《中华人民共和国基本医疗卫生与健康促进法》等其他法律法规、部门规章和规范性文件之中；这构成目前民办非企业单位的法律体系。

《民办非企业单位登记管理暂行条例》颁布于1998年，《社会组织登记管理条例》还在征求意见期间。《民办非企业单位登记管理暂行条例》主要规范的是民办非企业单位的管辖、登记、监督管理和罚则，更多系程序性的问题；对于民办非企业单位应有的治理机构、出资权转让、权利和义务、行为规范、财务会计、分立合并及增资减资、清算与注销、法律责任等重要事项却没有相应的规范能力，更起不到行为法的规范作用。该条例主要强调的是“登记”和“管理”，皆是义务性和禁止性内容，明显属于义务本位的立法和典型的部门立法，与《中华人民共和国公司法》对公司的规制原则、理念和内容等形成了巨大的差距。同时，登记管理机关和业务主管单位的职责不清，这容易导致有利争先恐后、无利彼此推诿扯皮的现象发生。

值得肯定的是，在民办学校这一领域，立法相对完善，上有《中华人民共和国民办教育促进法》，中有《中华人民共和国民办教育促进法实施条例》《民办非企业单位登记管理暂行条例》，下有《民政部、教育部关于印发〈教育类民办非企业单位登记办法〉（试行）的通知》（民发〔2001〕306号）、

《民政部、劳动和社会保障部关于印发〈职业培训类民办非企业单位登记办法〉（试行）的通知》（民发〔2001〕297号）、《民政部关于进一步做好民办高校登记管理工作的通知》（民函〔2007〕328号）、《国务院关于鼓励社会力量兴办教育促进民办教育健康发展的若干意见》（国发〔2016〕81号）、《教育部等十四部门关于印发〈中央有关部门贯彻实施《国务院关于鼓励社会力量兴办教育促进民办教育健康发展的若干意见》任务分工方案〉的通知》（教发函〔2017〕88号）、《国务院办公厅关于同意调整完善民办教育工作部际联席会议制度的函》（国办函〔2021〕38号）等规章、规范性文件，形成上下呼应的法律体系。根据《中华人民共和国民办教育促进法》的规定，民办非企业单位之民办学校须具有独立法人资格。民办学校的举办者可以自主选择设立非营利性或者营利性民办学校。但是，不得设立实施义务教育的营利性民办学校。非营利性民办学校的举办者不得取得办学收益，学校的办学结余全部用于办学；营利性民办学校的举办者可以取得办学收益，学校的办学结余依照《中华人民共和国公司法》等有关法律、行政法规的规定处理。

2020年8月《民政部关于完善社会组织法律体系的提案答复的函》（民函〔2020〕615号）① 确认："我国尚未制定一部社会组织基本法律，现行的《社会团体登记管理条例》（2016年修订）、《民办非企业单位登记管理条例》（1998年制定）、《基金会管理条例》（2004年制定）立法层级偏低且较为滞后，与新时代社会组织高质量发展要求不相适应。随着离岸社团、网络社团的大量涌现，以及行业协会商会与行政机关脱钩改革的全面推开，现行法规制度缺位和空白问题更为突出。""党中央、国务院高度重视社会组织立法工作。2015年党的十八届四中全会通过的《中共中央关于全面推进依法治国若干重大问题的决定》明确提出：'加强社会组织立法，规范和引导各类社会组织健康发展。'"

---

① 参见《民政部关于完善社会组织法律体系的提案答复的函》，载民政部网2020年8月27日，https：//xxgk.mca.gov.cn：8445/gdnps/pc/content.jsp？mtype＝4&id＝1159082。

二、监督管理体制不符合政府“放管服”转变职能的改革要求

党的十八大以来，国家实施了简政放权、放管结合、优化服务的“放管服”改革的战略部署，转变政府职能，放出活力与动力，激发了市场活力和社会创造力，管出公平与秩序，提升政府公共服务的品质与水平，从而进一步实现由管制型政府向服务型政府的转变，提高国际竞争力。党的十九届五中全会强调“深化简政放权、放管结合、优化服务改革，全面实行政府权责清单制度”，把“放管服”改革作为重塑政府与市场关系、推进政府治理体系和治理能力现代化的重要抓手。党的二十大报告在部署“构建高水平社会主义市场经济体制”时，提出“深化简政放权、放管结合、优化服务改革”，激发非公有制企业活力，充分释放创新驱动发展的新动能。

2013 年《国务院机构改革和职能转变方案》提出，政府职能转变是深化行政体制改革的核心。深化行政审批制度改革，减少微观事务管理，该取消的取消、该下放的下放、该整合的整合，以充分发挥市场在资源配置中的基础性作用、更好发挥社会力量在管理社会事务中的作用。这主要体现在：（1）减少和下放投资审批事项。除涉及国家安全、公共安全等重大项目外，按照“谁投资、谁决策、谁收益、谁承担风险”的原则，最大限度地缩小审批、核准、备案范围，切实落实企业和个人投资自主权。（2）改革社会组织管理制度。加快形成政社分开、权责明确、依法自治的现代社会组织体制。逐步推进行业协会商会与行政机关脱钩，强化行业自律，使其真正成为提供服务、反映诉求、规范行为的主体。探索一业多会，引入竞争机制。重点培育、优先发展行业协会商会类、科技类、公益慈善类、城乡社区服务类社会组织。成立这些社会组织，直接向民政部门依法申请登记，不再需要业务主管单位审查同意。民政部门要依法加强登记审查和监督管理，切实履行责任。2020 年 11 月《国务院办公厅关于印发全国深化“放管服”改革优化营商环境电视电话会议重点任务分工方案的通知》（国办发〔2020〕43 号）明确的五个方面重点任务中，其中一个方面就是“放要放出活力、放出创造力”。分类推进行政审批制度改革，编制公布中央层面设定的行政许可事项清单，大幅精简

各类重复审批，清理不必要的审批。深化“证照分离”改革，广泛推行告知承诺制。提升企业注销便利度，扩大简易注销范围。还有一个方面是管要管出公平、管出质量。2021 年 4 月《国务院办公厅关于服务“六稳”“六保”进一步做好“放管服”改革有关工作的意见》（国办发〔2021〕10 号）强调，分行业分领域清理规范行政审批前置条件和审批标准，明确行政备案材料、程序，依托全国一体化政务服务平台，推动更多涉企事项网上办理，简化优化商事服务流程，大力推进减环节、减材料、减时限、减费用，降低制度性交易成本。

2016 年 8 月《中共中央办公厅、国务院办公厅关于改革社会组织管理制度促进社会组织健康有序发展的意见》，提出要支持社会组织提供公共服务，结合政府职能转变和行政审批改革，将政府部门不宜行使、适合市场和社会提供的事务性管理工作及公共服务，通过竞争性方式交由社会组织承担。逐步扩大政府向社会组织购买服务的范围和规模，对民生保障、社会治理、行业管理等公共服务项目，同等条件下优先向社会组织购买。

2017 年 1 月《民政部、发展改革委、公安部、财政部、国土资源部、环境保护部、住房城乡建设部、卫生计生委、中国人民银行、工商总局、食品药品监管总局、银监会、全国老龄办关于加快推进养老服务业放管服改革的通知》（民发〔2017〕25 号），提出要简化优化养老机构相关审批手续，并对简化设立养老机构的申请材料、食品经营实行“先照后证”、简化环境影响评价、取消部分机构的消防审验手续等作出了相应的规范。该通知昭示着民政部在养老服务机构的登记管理上，开启了“放管服”改革。但在对民办非企业单位管理方面的改革，还远远不够。

在党和国家大力推进“放管服”改革的背景下，在公司及其他企业领域已经实行“三证合一”、“五证合一”（营业执照、组织机构代码证、税务登记证、社会保险登记证和统计登记证）登记制度和“先照后证”等优化营商环境的新时期，制定于 1998 年的《民办非企业单位登记管理暂行条例》一直没有跟进修订，仍然“坚守”执行“登记管理机关 + 业务主管单位”的双重监督管理，仍然执行“登记管理机关登记 + 业务主管单位前置审查”的双重行政许可，这与新时代社会组织高质量发展的要求不相适应，与党和国家的“放管服”改革政策和发展大局相违背，进而制约了民办非企业单位的长足发展和社会功能的充分发挥，增加了民办非企业单位的各项成本，降低了民办非企业单位的效率和效益，阻碍了民办非企业单位行业发展。

2021 年 2 月，民盟中央向中国人民政治协商会议第十三届全国委员会第四次会议提交的《关于解决“放管服”改革中结构性矛盾的提案》，指出在行政审批权下放的有效性方面也存在困境，受法律法规的约束，“放管服”改革进度与相关法规“立改废”进度之间存在不同步的情况等。2021 年 7 月，民政部针对民盟中央的上述提案，作出了《民政部对“关于解决‘放管服’改革中结构性矛盾的提案”的答复》（民函〔2021〕747 号）①，确认经过多年发展，政府向社会组织购买服务还存在范围不广、规模不大、信息不畅通等问题，在项目确定、资金使用、绩效评价等方面仍有不少机制性障碍；关于提案中提出的“充实社会参与，在‘放管服’改革过程中发挥社会组织的作用”，民政部将在现有工作的基础上，深化落实有关文件精神等。

三、缺乏“互联互通”机制，民办非企业单位转企改制成为“法律空白”

随着改革开放的进一步深入、市场经济的进一步发展和政府“放管服”改革的进一步推进，市场主体之间相互转换的“互联互通”机制正在多方面建立，并作为一项法律制度保障实施，如《中华人民共和国公司法》《中华人民共和国企业国有资产法》《中华人民共和国市场主体登记管理条例实施细则》等规定的有限责任公司与股份有限公司之间相互变更、国有企业的改制、个体工商户转变为企业组织形式等。

但是，《民办非企业单位登记管理暂行条例》及其他相关的法律法规、规章及规范性文件，对民办非企业单位能否转企改制为公司或其他企业形式未

---

① 参见《民政部对“关于解决‘放管服’改革中结构性矛盾的提案”的答复》，载民政部网 2021 年 11 月 19 日，https：//xxgk. mca. gov. cn：8445/gdnps/pc/content. jsp？mtype = 4&id = 115922。

作相应的规定。从条例对民办非企业单位的监督管理体制及内容看，没有支持之意，形成了“法律空白”，造成了关于民办非企业单位转企改制的法律缺位，致使民办非企业单位不能与其他市场主体实现互动，进一步制约了民办非企业单位的可持续健康发展。

例如，某医疗技术研究所登记为民办非企业单位（法人），在以出让方式取得的一宗国有建设用地上，经建设工程规划、施工等许可建设4万多平方米的房屋，拟作为康养综合体进行经营。在建设过程中，因需要融资，新的投资人经过调查后认可该项目，愿意进行投资完成工程建设及康养综合体的医疗设备、养护设备等的项目投入及专业技术人员的招聘，但提出了该研究所需要转企改制为公司，以便投资人通过投资分红、企业上市或其他资本市场的途径获得相应的投资回报及退出机制，否则就不具备投资的条件。该研究所能否转企改制，成为其能否持续发展的重要条件和现实考究。

又如，3个自然人于2018年出资在某市设立了民办非企业单位的某社区康养服务中心，投资2000余万元。该中心开设长期托养床位200余张、医疗床位80余张、日托床位20张，拥有服务人员100余人，设置医疗服务区、康复理疗区、长期照护区、日间照料区、文化活动区、餐饮配送区等，服务社区老年人6000余人、残疾人900余人。该中心积极探索和实施的跨行业、网格化、融合式残疾人康复服务模式，实现了医疗、养老、残疾人托养相融合和社区、机构、居家相融合以及活力老人、失能老人、临终老人全生命周期相融合的服务功能和社会效能，受到社区和客户的好评，得到当地政府及有关部门的认可和表扬，并成为一个区域医养结合示范项目、医养结合示范试点单位。在做大做强社区康养服务业务、进行品牌输出与连锁发展规划推进过程中，该中心作为非营利性质的民办非企业单位，一方面因机构性质造成对外融资难，《民办非企业单位登记管理暂行条例》禁止出资人获得投资回报，同时又受立法空缺的限制不能转企改制为企业，这些因素使出资人及该中心对外持续投资和连锁发展陷入困境。为解决面临的困局，出资人又成立了一个某社区康养服务有限公司，即在挂社区康养服务中心牌子的同时，又挂了社区康养服务公司的牌子，形成了“一个机构、一套人马、一块业务、两块牌子”的不规范局面。一方面通过中心开展业务，另一方面通过公司实现投资收益，形成了中心与公司不分、法人人格混同的法律风险，以及面临被登记管理机关和税务部门处罚的潜在风险。

民办非企业单位转企改制的立法缺位，在某种程度上成了制约民办非企业单位行业发展壮大的一道无法逾越的“门槛”，使市场主体在民办非企业单位这一环节不能“互联互通”，形成市场经济发展和政府“放管服”的一个“堰塞湖”、一块短板，并给民办非企业单位本身、出资人或设立人及其他利益相关者带来诸多潜在的法律和财务税收风险。

第四章　民办非企业单位转企改制的必要性和可行性

第一节　民办非企业单位转企改制的必要性和现实意义

一、转企改制的必要性

民办非企业单位（社会服务机构）作为社会组织重要组成主体之一，是我国社会主义现代化建设的重要力量。国家历来高度重视包括但不限于民办非企业单位在内的社会组织工作。改革开放以来，民办非企业单位不断发展，在促进经济发展、繁荣社会事业、创新社会治理、扩大对外交往等方面发挥了积极作用。

如第三章“民办非企业单位的法律规制现状”第二节“民办非企业单位的法律规范和监督管理体制存在的主要问题”所述，目前在民办非企业单位管理工作中还存在法规制度建设滞后、管理体制不健全、支持引导力度不够、民办非企业单位自身建设不足等问题，总体上看民办非企业单位发挥作用还不够充分，违法违规现象时有发生。

例如，天津市杨某海、闻某（已故）于2014年合伙开始经营民办非企业单位天津市南开快康门诊部（以下简称门诊部），在经营期间，杨某海、闻某多次将门诊部盈利款以分红的方式进行分配。其中杨某海分红获利90万元（其中转账50万元，购买雷克萨斯牌汽车1辆、价值40万元），违反了《民办非企业单位登记管理暂行条例》关于此类性质单位不得从事营利性经营活动、不得以分红的方式获利的规定。2019 年 9 月天津市公安机关以涉嫌职务侵占罪立案侦查，经天津市南开区人民检察院提起公诉，2020 年 7 月天津市南开区人民法院作出（2020）津 0104 刑初 257 号刑事判决，认为门诊部单位性质为民办非企业单位，根据相关规定，此类性质单位不得从事营利性经营活动，不得以分红的方式获利；被告人杨某海作为门诊部的管理人员，以非法占有为目的，利用职务上的便利，侵吞该门诊部运营资金共计 50 万元，数额较大，其行为依法构成《中华人民共和国刑法》第二百七十一条第一款规定的职务侵占罪；应追究刑事责任，判处有期徒刑 10 个月，并退赔涉案款 50 万元发还门诊部。一个不该发生的刑事案件就此发生，一个民办非企业单位的经营管理人在自己投资且具有可分配收益问题上，却成为负罪之人，失去了人身自由，承担了刑事责任。

《中共中央办公厅、国务院办公厅关于改革社会组织管理制度促进社会组织健康有序发展的意见》提出，“当前，我国正处于全面建成小康社会决胜阶段，改革社会组织管理制度、促进社会组织健康有序发展，有利于厘清政府、市场、社会关系，完善社会主义市场经济体制；有利于改进公共服务供给方式，加强和创新社会治理；有利于激发社会活力，巩固和扩大党的执政基础。各地区各部门要站在战略和全局高度，充分认识做好这项工作的重要性和紧迫性，将其作为一项重要基础性工作来抓，主动适应新形势新任务要求，全面落实相关政策措施，扎扎实实做好各项工作”。

民办非企业单位转企改制既是该类社会组织解决“堰塞湖”、摆脱发展“瓶颈”和“困境”的客观需求，也是保障其所承载的社会服务功能进一步发展的现实路径；是体现政府转变职能“放管服”、激发市场活力的战略要求，更是促进其与公司及其他企业“互联互通”、融合发展的趋势要求，具有必要性。

二、重要的现实意义

民办非企业单位转企改制目前在立法上属于空白之地，这一机制的建立健全，有其重要的现实意义：

一是可以打通民办非企业单位与企业之间的机制转换，破除民办非企业单位目前所面临的困境，解决现实之痛，激发民办非企业单位的市场活力，促进其持续健康发展，更好地为经济社会发展提供服务。

二是可以探索及深化民办非企业单位领域体制机制的市场化改革，减少政府对该项资源的直接配置，推动民办非企业单位资源配置依据市场规则、市场价格、市场竞争实现效益最大化和效率最优化。

三是可以弥补民办非企业单位转企改制的缺失，与时俱进、求真务实，借鉴国内其他领域转企改制的成功做法和有益经验，推进理论和实践创新，使其与事业单位及其他社会组织转企改制、企业改制等“互联互通”，实现市场主体机制转换的有效统一，形成改革合力。

四是可以促进国家建立健全民办非企业单位转企改制机制的法律制度，建设及规范民办非企业单位转企改制的条件、范围、程序等各项规则，弥补民办非企业单位领域的市场失灵，保障机制转换的灵活性和公平竞争，以法律制度推动民办非企业单位的可持续发展。

第二节　民办非企业单位转企改制的可行性

转企改制就本节而言，是将非营利性的民办非企业单位整体变更为营利性的有限责任公司、股份有限公司或其他企业法人，或者整体变更为营利性的个人独资企业、合伙企业、不具有法人资格的专业服务机构等。

虽然目前缺乏法律上的机制支撑，但民办非企业单位转企改制因以下情形而具有可行性。

一、法律、行政法规未明确禁止

截至目前，没有法律、行政法规明确禁止或限制民办非企业单位转企改制。根据市场主体“法无禁止即可为”、政府及行政机关“法无授权即禁止，法定职责必须为”的市场法治原则，民办非企业单位基于现实需求及其可持续发展的需要，进行转企改制的改革，建立健全转企改制的机制体制，不违反法律、行政法规强制性规定，不损害国家、集体及社会公共利益。在企业类型相互转换上，已有明确且具体的立法例可以参考。例如，《中华人民共和国公司法》（2023 年 12 月 29 日修订）第十二条规定了有限责任公司与股份有限公司可以相互变更，变更中应当符合该法规定的相应类别公司的条件，公司变更前的债权、债务由变更后的公司承继。《中华人民共和国企业国有资产法》第三十九条至第四十二条专节规定了企业改制，国有独资企业可以改为国有独资公司，国有资本控股公司可以改为非国有资本控股公司等。《促进个体工商户发展条例》（2022 年 10 月 1 日国务院令第 755 号）第十三条及《中华人民共和国市场主体登记管理条例实施细则》第三十七条规定了个体工商户可以申请转变为企业组织形式，个体工商户申请转变为企业组织形式应当按照拟变更的企业类型设立条件申请登记。

二、拥有国家相关政策的支持

中共中央、国务院实施的政府“放管服”转变职能的顶层设计和基层创新的结合，以及持续推进的市场化改革，为民办非企业单位转企改制奠定了政策支撑和政治保障。例如，2010 年 11 月国务院办公厅转发发展改革委、卫生部等部门《关于进一步鼓励和引导社会资本举办医疗机构意见的通知》（国办发〔2010〕58 号）指出，“完善非公立医疗机构变更经营性质的相关政策。社会资本举办的非营利性医疗机构原则上不得转变为营利性医疗机构，确需转变的，需经原审批部门批准并依法办理相关手续；社会资本举办的营利性医疗机构转换为非营利性医疗机构，可提出申请并依法办理变更手续。变更后，按规定分别执行国家有关价格和税收政策”。2013 年 11 月《中共中央关于全面深化改革若干重大问题的决定》提出，经济体制改革是全面深化改革的重点，核心问题是处理好政府和市场的关系，使市场在资源配置中起决定性作用和更好发挥政府作用；支持非公有制经济健康发展，坚持权利平等、机会平等、规则平等，废除对非公有制经济各种形式的不合理规定，消除各种隐性壁垒，制定非公有制企业进入特许经营领域具体办法；激发社会组织活力，正确处理政府和社会关系，加快实施政社分开，推进社会组织明确权责、依法自治、发挥作用。2016 年 8 月《中共中央办公厅、国务院办公厅关于改革社会组织管理制度促进社会组织健康有序发展的意见》提出，要坚持改革创新，改革社会组织管理制度，正确处理政府、市场、社会三者关系，改革制约社会组织发展的体制机制，激发社会组织内在活力和发展动力，促进社会组织真正成为提供服务、反映诉求、规范行为、促进和谐的重要力量。2016 年 11 月《中共中央、国务院关于完善产权保护制度依法保护产权的意见》提出，健全以公平为核心原则的产权保护制度，完善平等保护产权的法律制度，将平等保护作为规范财产关系的基本原则，健全以企业组织形式和出资人承担责任方式为主的市场主体法律制度，统筹研究清理、废止按照所有制不同类型制定的市场主体法律和行政法规，开展部门规章和规范性文件专项清理，平等保护各类市场主体。2016 年 12 月《国务院关于鼓励社会力量兴办教育促进民办教育健康发展的若干意见》（国发〔2016〕81 号）鼓励创新体制机制，举办者自主选择举办非营利性民办学校或者营利性民办学校，依法依规办理登记。对现有民办学校按照举办者自愿的原则，通过政策引导，实现分类管理。2016 年 12 月《教育部、人力资源社会保障部、民政部、中央编办、工商总局关于印发〈民办学校分类登记实施细则〉的通知》（教发〔2016〕19 号）要求，对民办学校按营利性和非营利性分类登记管理，民办学校变更登记类型的办法由省级人民政府根据国家有关规定，结合地方实际制定①。2019 年 6 月，国家卫生健康委、国家发展改革委、市场监管总局、国家医保局等十部委联合发布《关于促进社会办医持续健康规范发展的意见》（国卫医发〔2019〕42 号）提出，为深化“放管服”改革，推动“非禁即入”、审批应减尽减和清理妨碍公平竞争各种规定做法的落实，解决重点难点问题，进一步促进社会办医持续健康规范发展。这些国家相关政策的发布和实施，为民办非企业单位转企改制，提供了国家层面的政策支持和依据。

---

① 参见《民办学校分类登记实施细则》第五章“现有民办学校分类登记”第十六条。

三、拥有地方政府相关政策的支持

例如，《北京市人民政府办公厅印发关于进一步鼓励和引导社会资本举办医疗机构若干政策的通知》（京政办发〔2012〕35 号）指出，“原则上不允许非营利性医疗机构转变为营利性医疗机构；确需转变的，须经原审批部门批准”。《安徽省发展改革委、安徽省卫生厅、安徽省财政厅、安徽省商务厅、安徽省人力资源和社会保障厅关于进一步鼓励和引导社会资本举办医疗机构的意见》（皖发改社会〔2013〕45 号）规定，“完善非公立医疗机构变更和退出相关政策。社会资本举办的非营利性医疗机构原则上不得转变为营利性医疗机构，确需转变的，需经原审批部门批准并依法办理相关手续；社会资本举办的营利性医疗机构转换为非营利性医疗机构，可提出申请并依法办理变更手续。变更后，按规定分别执行国家有关价格和税收政策”。《南京市人民政府办公厅转发市卫生局等部门关于进一步鼓励社会办医疗机构发展实施意见的通知》（宁政办发〔2013〕108 号）提出，“原则上不允许非营利性医疗机构转变为营利性医疗机构，确需转变的，须经原审批部门批准（具体操作程序及规定另行制定）”。中共海南省委办公厅、海南省人民政府办公厅印发的《关于完善产权保护制度依法保护产权的实施意见》（琼办发〔2019〕103 号）提出，加强非公有制经济产权保护。坚持权利平等、机会平等、规则平等，废除对非公有制经济各种形式的不合理规定，消除各种隐性壁垒，保证各种所有制经济依法平等使用生产要素、公开公平公正参与市场竞争、同等受到法律保护、共同履行社会责任。这些地方政府相关政策的发布，为民办非企业单位转企改制，提供了地方性政策依据。

四、拥有企事业单位转企改制的可类比法律规范及实践证成

在国有企业改制上，例如，《国务院办公厅转发国务院国有资产监督管理委员会关于规范国有企业改制工作意见的通知》（国办发〔2003〕96 号）、《国务院办公厅转发国资委关于进一步规范国有企业改制工作的实施意见》（国办发〔2005〕60 号）等，推进了国有企业改制工作。在事业单位转企改制上，

例如，《中共中央、国务院关于分类推进事业单位改革的指导意见》、国务院办公厅关于印发分类推进事业单位改革配套文件的国办发〔2011〕37号文、2013年11月《中共中央关于全面深化改革若干重大问题的决定》等要求，必须毫不动摇鼓励、支持、引导非公有制经济发展，激发非公有制经济活力和创造力，支持非公有制经济健康发展；坚持权利平等、机会平等、规则平等，废除对非公有制经济各种形式的不合理规定，消除各种隐性壁垒，推进有条件的事业单位转为企业或社会组织。又如，《文化部、中央组织部、中央宣传部、中央编办、国家发展改革委、财政部、人力资源社会保障部、国家税务总局、国家工商总局关于支持转企改制国有文艺院团改革发展的指导意见》（文政法发〔2013〕28号）及《文化部关于贯彻落实九部门〈关于支持转企改制国有文艺院团改革发展的指导意见〉的通知》等各部委和地方政府的规章及规范性文件要求，在文化、财政、应急管理、统计、出版等各个领域，实施事业单位及其他社会组织的转企改制工作。以上这些都为民办非企业单位转企改制，提供了可类比的法律法规和政策依据，也提供了成熟的程序。

五、已有成功转企改制的实证案例，并得到了地方政府的支持和监管部门的认同

例如，（1）在2011年上市公司开元投资（现更名为国际医学，证券代码000516）关于收购西安高新医院有限公司100%股权的关联交易议案中，公开披露的民办非企业单位西安高新医院于2011年变更为营利性的西安高新医院有限公司的案例；（2）在被媒体喻为江苏省首家民办非企业单位转企改制——2012年7月上市公司金陵药业（证券代码000919）收购南京鼓楼医院集团仪征医院有限公司议案中，公开披露的民办非企业单位南京医科大学第三附属医院于2012年变更为营利性医疗机构仪征南京医科大学第三附属医院有限公司案例；（3）在2015年11月上市公司千足珍珠（现更名为创新医疗，证券代码002173）发行股份购买资产并募集配套资金暨关联交易——千足珍珠通过发行股份收购齐齐哈尔建华医院有限责任公司100%的股权议案中，公

开披露的民办非企业单位齐齐哈尔工程学院附属建华医院于2015年变更为营利性的齐齐哈尔建华医院有限责任公司案例；（4）在2017年上市公司悦心健康（证券代码002162）发行股份购买资产并募集配套资金暨关联交易议案中，公开披露的民办非企业单位泗洪县分金亭医院于2002年变更为营利性的泗洪县分金亭医院有限公司案例；（5）民办非企业单位某中医药生物研究所于2018年变更为营利性的某医院有限公司的案例等。详见第八章“民办非企业单位转企改制的案例及其评析”。

上述上市公司并购重组项目，均取得了当地业务主管单位或政府的批准同意，以及中国证监会的审核通过，印证了被并购标的企业南京鼓楼医院集团仪征医院有限公司、齐齐哈尔建华医院有限责任公司、泗洪县分金亭医院有限公司、西安高新医院有限公司等从民办非企业单位转企改制为有限公司的历史沿革，不仅得到了地方政府的支持，也得到了中国证监会的认可。

又如，笔者2015年承办的河南省两个非营利性民办非企业单位仁安医院、协和医院，2018年承办的非营利性民办非企业单位某中医药生物研究所，分别经过了当地业务主管单位或政府的批准和市场监督管理局的核准登记等程序，均成功转企改制为营利性的有限公司，分别为仁安医院有限公司、协和医院有限公司和某医院有限公司，这在该省属于首批。转企改制前的原民办医院、原民办科研机构的资产及债权和债务、业务由变更后的有限公司承继，职工由变更后的有限公司全面负责安置。转企改制后，该3个医院均成功引入投资人，增加了投资，扩大了经营规模，促进了就业，增加了税收，极大地释放了企业活力。

六、符合《中华人民共和国民法典》私人出资产权权益保护规定和“谁投资、谁受益、谁拥有产权”的现代产权制度的基本原则

非营利性不应影响民办非企业单位的出资人或设立人享有对其出资形成的产权权益。《中华人民共和国民法典》第一百一十三条、第一百二十五条、第一百三十条、第二百六十八条规定，民事主体的财产权利受法律平等保护，民事主体依法享有股权和其他投资性权利，民事主体按照自己的意愿依法行

使民事权利，不受干涉；国家、集体和私人依法可以出资设立有限责任公司、股份有限公司或者其他企业。国家、集体和私人所有的不动产或者动产投到企业的，由出资人按照约定或者出资比例享有资产收益、重大决策以及选择经营管理者等权利并履行义务。“谁投资、谁受益、谁拥有产权”是现代产权制度的基本原则，已经得到了《中华人民共和国宪法》《中华人民共和国民法典》等法律法规的确认，也迎合了2013年11月《中共中央关于全面深化改革若干重大问题的决定》提出的“完善产权保护制度。产权是所有制的核心。健全归属清晰、权责明确、保护严格、流转顺畅的现代产权制度。公有制经济财产权不可侵犯，非公有制经济财产权同样不可侵犯”“国家保护各种所有制经济产权和合法利益，保证各种所有制经济依法平等使用生产要素、公开公平公正参与市场竞争、同等受到法律保护，依法监管各种所有制经济”的精神。在国有资产、集体资产及私人资产进行产权界定时，均采用“谁投资、谁受益、谁拥有产权”的原则并在《国有资产产权界定和产权纠纷处理暂行办法》（国资法规发〔1993〕68号）、《城镇集体所有制企业、单位清产核资产权界定暂行办法》（国经贸企〔1996〕895号）等行政规章、规范性文件中得以具体体现。民办非企业单位出资人转让出资权益，一方面在《中华人民共和国民办教育促进法》《民办非企业单位登记管理暂行条例》等法律法规中以出资人“变更”的方式予以支持，另一方面在司法审判实践中通过对民办非企业单位出资权益的流转予以普遍的司法确认。民办非企业单位转企改制是出资人行使其出资形成的产权权益的一种具体表现，应当受到法律的保护，应符合现代产权制度的基本原则。

第五章　民办非企业单位转企改制的主体选择与路径甄别

第一节　民办非企业单位转企改制的主体选择

如第二章第三节“民办非企业单位的分类”所述，以设立目的不同，分为“为公益目的”和“为其他非营利目的”两类民办非企业单位。

“为公益目的”与“为其他非营利目的”的民办非企业单位，二者既存在共性法律规范，也存在差异性法律规范。

一、共性法律规范——经营期间不得进行盈利分配

从应然层面看，基于民办非企业单位的“非营利性”本质特征，出资人在经营民办非企业单位期间，即使有可分配的盈利，也不得进行利润分配。这是由民办非企业单位的性质所决定的，无论其是“为公益目的”的民办非企业单位，还是“为其他非营利目的”的民办非企业单位，也不论其是民办非企业单位（个体）、民办非企业单位（合伙）还是民办非企业单位（法人）。

从部门规章和规范性文件层面看，《民办非企业单位登记暂行办法》（2010年12月27日修订）第六条第八款规定，民办非企业单位须在其章程草案或合伙协议中载明该单位的盈利不得分配，解体时财产不得私分。《国务院办公厅转发国家发展改革委、卫生部等部门关于进一步鼓励和引导社会资本举办医疗机构意见的通知》（国办发〔2010〕58号）指出，“促进非公立医疗

机构守法经营。非公立医疗机构要严格按照登记的经营性质开展经营活动，使用税务部门监制的符合医疗卫生行业特点的票据，执行国家规定的财务会计制度，依法进行会计核算和财务管理，并接受相关部门的监督检查。非营利性医疗机构所得收入除规定的合理支出外，只能用于医疗机构的继续发展。对违反经营目的、收支结余用于分红或变相分红的，卫生部门要责令限期改正；情节严重的，按规定责令停止执业，并依法追究法律责任”。

从法律层面看，《中华人民共和国民办教育促进法》（2018 年 12 月 29 日修正）对包括但不限于民办非企业单位的民办教育机构进行了规范，例如，该法第十九条第一款、第二款、第三款规定，民办学校的举办者可以自主选择设立非营利性或者营利性民办学校。但是，不得设立实施义务教育的营利性民办学校。非营利性民办学校的举办者不得取得办学收益，学校的办学结余全部用于办学。营利性民办学校的举办者可以取得办学收益，学校的办学结余依照《中华人民共和国公司法》等有关法律、行政法规的规定处理。

二、差异性法律规范

（一）“为公益目的”的民办非企业单位清算中剩余财产的不得分配性

与其他营利法人、非营利法人以及非法人组织一样，民办非企业单位以依法登记而成立，以清算、注销登记而终止。在清算、注销过程中，必然涉及民办非企业单位的财产（含债权和债务）的清算及剩余财产的分配问题。

“为公益目的”的民办非企业单位的转企改制，存在以下法律障碍：

《中华人民共和国民法典》第九十五条规定，为公益目的成立的非营利法人终止时，不得向出资人、设立人或者会员分配剩余财产。剩余财产应当按照法人章程的规定或者权力机构的决议用于公益目的；无法按照法人章程的规定或者权力机构的决议处理的，由主管机关主持转给宗旨相同或者相近的法人，并向社会公告。由此可见，无论是民办非企业单位（个人）、民办非企业单位（合伙）还是民办非企业单位（法人），只要是“为公益目的”的民办非企业单位，清算时剩余财产均不得向出资人或者设立人进行分配。《中华人民共和国民办教育促进法》（2018 年 12 月 29 日修正）第十九条第二款规定，非营利性民办学校的举办者不得取得办学收益，学校的办学结余全部用于办学。这是法律禁止性规定，也是“为公益目的”的民办非企业单位“非营利性”和“为公益目的”的特征所决定的。

（二）“为其他非营利目的”的民办非企业单位清算后剩余财产的可分配性

对于“为其他非营利目的”而成立的民办非企业单位，清算后的剩余财产能否向出资人进行分配，《中华人民共和国民法典》《民办非企业单位登记管理暂行条例》等法律、行政法规均没有作出禁止性或限制性规定。按照“谁投资、谁受益、谁拥有产权”的现代产权制度的原则，遵循市场主体“法无禁止即可为”的法治规则，可以认定清算后的剩余财产具有可分配性。

国家及地方政府给出相应的政策支持。例如，《国务院办公厅转发国家发展改革委、卫生部等部门关于进一步鼓励和引导社会资本举办医疗机构意见的通知》（国办发〔2010〕58 号）指出，“（一）鼓励和支持社会资本举办各类医疗机构。社会资本可按照经营目的，自主申办营利性或非营利性医疗机构。卫生、民政、工商、税务等相关部门要依法登记，分类管理。鼓励社会资本举办非营利性医疗机构，支持举办营利性医疗机构。鼓励有资质人员依法开办个体诊所”，“（十七）完善非公立医疗机构退出的相关政策。非公立医疗机构如发生产权变更，可按有关规定处置相关投资。非公立医疗机构如发生停业或破产，按照有关规定执行”。《安徽省发展改革委、安徽省卫生厅、安徽省财政厅、安徽省商务厅、安徽省人力资源和社会保障厅关于进一步鼓励和引导社会资本举办医疗机构的意见》（皖发改社会〔2013〕45 号）规定，“社会资本举办的非营利性医疗机构在扣除办医成本、预留发展基金以及按国家有关规定提取其他必需费用后，出资人可从办医结余中取得合理回报；营利性医疗机构所得收益可用于投资者经济回报”。

三、转企改制的主体选择

根据上述“为公益目的”和“为其他非营利目的”民办非企业单位的共

性及差异性的法律规范，民办非企业单位转企改制的主体应在现行法律规范之下进行合理选择：

一是基于“为公益目的”成立的民办非企业单位清算后剩余财产的不得分配性，此类民办非企业单位宜排除在转企改制的主体之外。否则，有通过转企改制规避财产的不得分配的法律禁止性规定之嫌。

二是基于“为其他非营利目的”成立的民办非企业单位清算后剩余财产的可分配性，此类民办非企业单位属于转企改制的主体之列。

也就是说，并不是所有的民办非企业单位都可以转企改制，能够转企改制的民办非企业单位应为“为其他非营利目的”成立的民办非企业单位，包括民办非企业单位（法人）、民办非企业单位（个人）及民办非企业单位（合伙）。

主体的适格性，是民办非企业单位转企改制需要首先考量和解决的问题。

第二节　民办非企业单位转企改制的路径甄别

如第二章第三节“民办非企业单位的分类”所述，根据出资人承担的责任和登记证书类别的不同，民办非企业单位分为民办非企业单位（个人）、民办非企业单位（合伙）和民办非企业单位（法人）三类；以是否具备法人资格为标准，民办非企业单位分为非营利法人和非法人组织。

根据《中华人民共和国民法典》第八十七条、第一百零二条等的规定，民办非企业单位（法人）归类于非营利法人，民办非企业单位（个人）、民办非企业单位（合伙）归类于非法人组织。

根据投资人及其对所投资的企业承担的法律责任不同，以及企业的表现形式和登记类别不同，企业有个人独资企业、合伙企业、有限责任公司、股份有限公司及其他企业，分别属于《中华人民共和国个人独资企业法》《中华人民共和国合伙企业法》《中华人民共和国公司法》等不同的法律法规调整和规范。

以“为其他非营利目的”成立的民办非企业单位，无论是非营利法人之民办非企业单位（法人），还是非法人组织下的民办非企业单位（个人）、民办非企业单位（合伙），均在可转企改制之列。但是，转企改制前后的出资人责任等应保持对应性，使民办非企业单位转企改制的前后既能实现“互联互通”又能做到“门当户对”、不宜错配，具有其内在的法律逻辑和满足外在的科学配置要求。法律、行政法规另有规定的，从其规定。

因此，可以把民办非企业单位转企改制的路径分为两类。

一、一般路径

应然上，民办非企业单位转企改制的路径，一般应有对应性的甄别（见表5－1）。

表5－1　民办非企业单位转企改制的路径

<table>
<tr><th>类别</th><th>名称</th><th>转企改制对应类型</th><th>备注</th></tr>
<tr><td rowspan="2">非法人组织</td><td>民办非企业单位（个人）</td><td>个人独资企业</td><td rowspan="2">前后均不具有法人资格，但是能够依法以自己的名义从事民事活动，均属于非法人组织。非法人组织的财产不足以清偿债务时，其出资人承担无限责任。法律另有规定的，依照其规定</td></tr>
<tr><td>民办非企业单位（合伙）</td><td>合伙企业</td></tr>
<tr><td>非营利法人</td><td>民办非企业单位（法人）</td><td>有限责任公司、股份有限公司或其他企业法人</td><td>前后均具有法人资格，依法独立享有民事权利和承担民事义务，以其全部财产独立承担民事责任</td></tr>
</table>

例如，根据《中华人民共和国基本医疗卫生与健康促进法》《中华人民共和国公司法》《中华人民共和国个人独资企业法》《中华人民共和国合伙企业法》《医疗机构管理条例》《中华人民共和国市场主体登记管理条例》等有关法律法规和规范性文件的规定，营利性医疗机构可以登记为个体工商户、个人独资企业、合伙企业、国有企业、集体企业、有限责任公司、股份有限公司、外商投资企业等形式。这可以和民办医院（法人）、民办医院（个人）、民办医院（合伙）的转企改制实现相关对应。

笔者注意到，在第八章“民办非企业单位转企改制的案例及其评析”第三节“泗洪县分金亭医院转企改制案”中，在以2016年6月30日为基准日转企改制过程中，转企改制前“泗洪县分金亭医院”的出资人为胡某虎1个自然人，其在泗洪县民政局办理的登记证书应当为民办非企业单位（个人）登记证书，即应当属于非法人组织。2016年7月8日，经泗洪县市场监督管理局核准登记为“泗洪县分金亭医院有限公司”并为其颁发了营业执照；登记注册的为胡某虎1个自然人，股东认缴出资186.12万元，持股比例为100%；即转企为《中华人民共和国公司法》范围下的一人有限责任公司，而不是《中华人民共和国个人独资企业法》的个人独资企业。

该案例形成的结果为：转企改制前，“泗洪县分金亭医院”为非法人组织，自然人胡某虎为唯一出资人，医院的财产不足以清偿债务时，出资人胡某虎承担无限责任；转企改制后，“泗洪县分金亭医院有限公司”为公司法人，虽然为一人有限责任公司，依据《中华人民共和国公司法》的规定，股东胡某虎以其认缴的出资额为限对公司承担责任，即对公司承担的是有限责任。但不能证明公司财产独立于股东自己的财产的，应当对公司债务承担连带责任，此为除外情况。即该案例的出资人，因民办非企业单位的转企改制行为而改变了其承担责任的范围。当然导致这一现象的出现，还有着股权代持的背景。这是值得研究的问题。

二、法律、行政法规有特别规定的路径甄别

目前，在民办学校法律规范上，构成特别规定：

一方面，按照《中华人民共和国民办教育促进法》、《国务院关于鼓励社会力量兴办教育促进民办教育健康发展的若干意见》（国发〔2016〕81号）等法律法规及规范性文件的规定，国家鼓励创新民办教育体制机制，举办者可自主选择举办非营利性民办学校或者营利性民办学校，依法依规办理登记，实行分类管理。非营利性的民办学校须具有独立法人资格。即非营利性民办学校由民政部门作为登记管理机关并按照《民办非企业单位登记管理暂行条例》进行登记，且只能登记为民办非企业单位（法人），不接受民办学校的个人或合伙类型。换言之，非营利性民办学校属于《中华人民共和国民法典》

规定中的非营利法人，而不能是非营利性的非法人组织。此为特别规定之一。

另一方面，按照《中华人民共和国民办教育促进法》、《中华人民共和国公司法》、《工商总局、教育部关于营利性民办学校名称登记管理有关工作的通知》（工商企注字〔2017〕156号）、《市场监管总局、人力资源和社会保障部关于规范营利性民办技工院校和营利性民办职业技能培训机构名称登记管理有关工作的通知》（国市监企注〔2018〕18号）等法律法规及规范性文件的规定，营利性的民办学校，只能登记为有限责任公司、股份有限公司类型，不接受个体工商户、个人独资企业、合伙企业及其他非公司企业。即营利性民办学校由市场监督管理部门作为登记管理机关并按照《中华人民共和国公司法》《中华人民共和国市场主体登记管理条例》进行登记，且只能登记为公司法人，不接受非公司企业法人，也不能是营利性的非法人组织。此为特别规定之二。

因此，非营利性的民办学校的转企改制，也有对应性的甄别（见表5－2）。

表5－2　民办学校转企改制的路径

类别	名称	转企改制对应类型	备注
非营利法人	民办学校——民办非企业单位（法人）	有限责任公司、股份有限公司	前后均具有法人资格，且后者只能是公司法人，依法独立享有民事权利和承担民事义务，以其全部财产独立承担民事责任；出资人以其认缴的出资额为限对单位或公司承担有限责任

上文介绍了对一般情况下的转企改制路径甄别和法律、行政法规特别规定下的转企改制路径甄别，民办非企业单位（个人）、民办非企业单位（合伙）两种类别的非法人组织是否一定不能转企改制为《中华人民共和国公司法》下的公司呢？非也。如果民办非企业单位（个人）及民办非企业单位（合伙）的举办人想转企改制为公司，可以通过以下两个步骤来实现：

第一步，在转企改制前，先将民办非企业单位（个人）或民办非企业单位（合伙），按照《民办非企业单位登记管理暂行条例》变更为非营利法人之民办非企业单位（法人）。

第二步，在将民办非企业单位（个人）或民办非企业单位（合伙）变更为非营利法人之民办非企业单位（法人）后，再进行转企改制，即可选择转企改制为公司。

第六章　民办非企业单位转企改制的原则、方案和程序

第一节　指导思想、目标和应遵循的原则

一、转企改制的指导思想

民办非企业单位转企改制，应当贯彻党的十八大、十九大和二十大精神，坚持以习近平新时代中国特色社会主义思想为指导，按照党中央、国务院关于全面推进政府转变职能“放管服”的战略思想和进一步推进改革开放的发展要求，准确把握民办非企业单位的发展规律和特点，深化民办非企业单位机制体制改革，解决其痛点难点。要建立适应市场经济发展要求的现代企业机制，健全企业法人治理结构，释放和激发市场活力及投资热情，增强民办非企业单位的核心竞争力，全面提升民办非企业单位的市场活力，从根本上提高民办非企业单位可持续发展能力，更好地为经济社会提供优质高效的服务。

民办非企业单位转企改制，紧紧围绕市场在资源配置中起决定性作用的市场经济规律，深化其体制改革，完善民办非企业单位的现代市场体系，加快转变其发展方式，加大其创新服务能力，推动民办非企业单位行业更有效率、更加公平、更可持续发展。

二、转企改制的基本目标

1. 建立产权清晰、权责明确、政企分开、管理科学的现代企业制度，规

范法人治理结构，提高核心竞争力，做大做强社会服务业。

2. 健全民办非企业单位与企业之间的转换体制，建立有利于市场竞争的企业机制，提高民办非企业单位的运营效率。

3. 提升民办非企业单位的发展和投资融资功能，构建资本退出机制，增强其持续健康发展能力。

三、转企改制的基本原则

1. 依法规范。遵守《中华人民共和国民法典》《中华人民共和国公司法》《民办非企业单位登记管理暂行条例》等法律法规，按照国家和地方有关民办非企业单位转企改制的政策规定，履行法定程序，规范操作。

2. 整体转企改制。在保持举办人及其出资比例、人员、业务、资产等不变的条件下，民办非企业单位整体变更为有限责任公司、股份有限公司或其他企业；转企改制前的原民办非企业单位的资产（含债权和债务）、业务、人员等整体由转企改制后的企业承继。在不违反法律法规的前提下，去繁从简，提高工作效率。

3. 稳步推进。在转企改制过程中确保思想稳定、人员稳定、业务稳定。依法维护民办非企业单位的合法权益，确保其在转企改制过程中的正常运营。

民办非企业单位转企改制，坚持依法依规，法律法规有禁止性规定的除外。

第二节　民办非企业单位转企改制的方案

一、转企改制方案的制订

民办非企业单位转企改制，应当制订转企改制方案，依法依规处置民办非企业单位资产及债权和债务，保障业务连续性开展，妥善安置人员，依法理顺人力资源关系，保障职工合法权益，处理好税费，协调好与政府、登记管理机关和业务主管单位、税务部门等的监督管理关系，切实维护出资人、债权人和债务人及民办非企业单位自身等相关各方合法权益。

转企改制方案由民办非企业单位制订也可以委托律师事务所、会计师事务所等专业服务机构协助制订，作为民办非企业单位启动转企改制的基础文件，并由民办非企业单位权力机构、政府及相关主管部门批准备案后组织实施。

二、转企改制方案的主要内容

参照经营性事业单位转企改制及其他类型的主体转企改制的相关规定及具体实践，民办非企业单位转企改制方案的主要内容应当包括以下几个方面：

1. 转企改制的民办非企业单位的基本情况。包括单位名称、组织形式、出资人或设立人及其出资情况、主营业务及经营情况、职工及社会保险情况、转企改制前的财务资产状况、房地产及知识产权等情况、主要债权和债务情况、对外投资及担保情况、登记管理机关和业务主管单位等。

2. 转企改制的指导思想、目标和遵循的原则。明确民办非企业单位转企改制的主要指导思想、转企改制的主要目标、转企改制应遵循的基本原则，以指导转企改制工作的顺利开展。

3. 转企改制的方式。明确转企改制后的企业组织形式，具体为有限责任公司、股份有限公司还是其他企业等。

4. 参与转企改制的其他投资方或其他利益相关方的基本情况。明确转企改制涉及的其他投资方或其他利益相关方的基本情况，以及处理方案或措施等。

5. 转企改制后企业治理结构。明确转企改制后企业的基本情况，包括拟定的企业名称（最终名称以市场监管部门登记为准）、出资人及其出资比例、企业章程或合伙协议、注册资本、企业治理结构等。

6. 清产核资和产权界定。明确具体的转企改制基准日，对民办非企业单位进行清产核资，包括但不限于审计、评估等，并对资产产权进行界定，明确是否涉及国有资产、集体资产及其处置办法等。

7. 资产处置方案（包括债权和债务、土地使用权、专利、非专利技术以及商标等)。明确转企改制前的民办非企业单位的资产由转企改制后的企业全面承继，保持其转企改制的整体变更属性等。其中，重点明确制订债权和债务的处置方案。

8. 职工安置方案。明确转企改制前后职工（含离退休职工）的安置问题，依法依规制订职工安置方案，保障职工的合法权益。

9. 转企改制过程中税费的处理方案。明确依法依规制订转企改制过程中税收和有关行政事业性收费的处理方案。

10. 转企改制企业的组织形式、企业名称（或有)、转企改制后的发展思路和业务规划。

11. 转企改制前民办非企业单位的注销登记和转企改制后的企业登记。明确二者的承继关系，以及前者不清算注销和后者全面承继登记注册的关系。

12. 转企改制的实施步骤和相关安排。明确转企改制的程序、主要事项及其具体的实施步骤、转企改制工作组及其职责分工、每阶段的主要工作任务及时间节点、相关转企改制工作的协同和保障措施等。

13. 转企改制的其他相关事项。如民办非企业单位存续期间，接受的捐赠收入的处理方案，以及党组织设置和党员组织关系接转、工会组织的转换等。

第三节 民办非企业单位转企改制的一般程序

民办非企业单位转企改制应当遵循合法规范的程序，以保证转企改制的合规性和有效性。比照经营性事业单位转企改制及其他类型的主体转企改制的相关规定及具体实践，梳理民办非企业单位转企改制应遵循的一般程序。

一、理事会或举办人会议作出转企改制的决议

针对转企改制方案及其主要内容，尤其是转企改制的形式等事项，根据民办非企业单位章程或合伙协议，结合《民办非企业单位登记管理暂行条例》的相关规定，民办非企业单位的权力机构理事会或举办人会议作出转企改制

的决议，审议并通过民办非企业单位转企改制的预案，启动转企改制工作。

涉及职工安置的，转企改制应当听取职工或职工代表及工会的意见，经职工大会或职工代表大会评议。

二、成立转企改制工作组或领导小组

民办非企业单位理事会或举办人会议作出转企改制决议后，指定相关人员组成转企改制工作组或领导小组，具体负责转企改制的各项工作，并指定负责人。

转企改制工作组或领导小组的一般职责为全面负责转企改制的各项具体工作，制定工作流程，收集各类材料和信息，委托审计、评估等机构；涉及转企改制工作中的重大问题，由工作组或领导小组讨论决定，需要提交民办非企业单位举办人会议或理事会、职工代表大会审议的应提出意见报请审议；需要报请政府或有关主管部门备案批准或确认的，办理相关的备案批准或确认手续。

转企改制工作组或领导小组对民办非企业单位及全体举办人会议或理事会、转企改制后的企业负责并报告工作，接受指令或指导。

必要时，可以商请政府及有关主管部门指派人员协助转企改制工作组或领导小组的有关工作。

三、清产核资和产权界定

委托注册会计师、评估师，以确定的转企改制基准日，对民办非企业单位进行清产核资的专项审计，评估并出具相关报告。民办非企业单位理事会或举办人会议对清产核资的结果进行审议，并进行产权界定。

四、制订转企改制方案并取得主管部门或政府的备案批准或确认

1. 制订转企改制方案。转企改制工作组或领导小组，根据民办非企业单位理事会或举办人会议决议、清产核资和产权界定结果，以及民办非企业单位的其他实际情况，结合相关法律法规和政策，在转企改制预案的基础上，

制订转企改制方案，确定转企改制的组织形式、转企改制基准日等，主要内容如本章第二节所述。

2. 审议转企改制方案。民办非企业单位理事会或举办人会议对转企改制方案进行审议。涉及职工安置事项的，经民办非企业单位职工代表大会审议。涉及国有、集体资产的，须报相关的国有或集体资产管理部门确认。

3. 报请备案批准或确认。转企改制的方式和方案确定并经内部审议通过后，按照相关规定，向业务主管单位或政府申请批准备案或给予确认，取得从非营利性民办非企业单位向营利性企业转企改制的审核批准或备案手续。

五、具体实施转企改制方案，完成各项转企改制任务及工作

转企改制方案取得内外批准后，由转企改制工作组或领导小组负责，对转企改制方案及转企改制中的各项工作，全面、具体地实施和落实，以完成转企改制工作，实现转企改制的目的。包括但不限于：

1. 向市场监督管理部门申请企业名称核准。

2. 起草并签署企业章程（如公司章程）或合伙协议。

3. 将转企改制前的民办非企业单位资产向转企改制后的企业进行移交，并按照企业会计准则和财务会计制度等入册建账，由转企改制后的企业全面承接转企改制前的民办非企业单位的资产等。

4. 进行业务的交接。由转企后的企业全面承接转企改制前的民办非企业单位的全部业务。

5. 进行债权和债务的交接。按照转企改制方案之债权和债务处理方案，由转企后的企业负责承继转企改制前的民办非企业单位的债权和债务，或者按照债权和债务处理方案做相应的处理。

6. 进行职工的交接和安置。按照转企改制方案之职工安置方案，由转企改制后的企业负责安置转企改制前的民办非企业单位的职工，转移人力资源及社会保险关系等。

7. 进行税费的处理。按照转企改制方案之税费处置方案和国家及地方性规范性文件有关税收的规定，对转企改制过程中是否涉及退税退费、补税补

费等进行处理。

8. 对涉及对外担保或投资事项，按照转企改制方案予以相应的承继性安排或做其他处理。

9. 转企改制涉及的其他相关工作。

六、通知债权人或公告

根据经内外程序批准的转企改制方案之债权和债务处置方案，结合相关法律法规规定，将民办非企业单位转企改制的方式、转企改制前的民办非企业单位资产、未清偿的债权和债务的承继或其他处置方式、对外担保责任的承继、正在及尚未履行的合同权利和义务的概括性转移等情况通知债权人，无法通知到的可以公告，以保障债权人的合法权益。

七、办理市场监督注册登记和民政注销登记

根据转企改制方案的具体实施情况，需要完成转企改制后主体的开业登记和转企改制前主体的注销登记。

一是向所在地市场监督管理部门申请办理企业开业登记，领取营业执照，并办理相应的业务资质（或有）。转企改制后的企业因系以民办非企业单位整体变更而设立，在整体变更过程中，原则上保持前后出资人及其出资比例不变，构成转企改制后企业的股东或合伙人等对企业的出资，实质是以原民办非企业单位经审计的账面净资产作为对企业的出资，应当由注册会计师出具验资报告为宜，作为股东或合伙人的实收资本入账，并将股东或合伙人等登录股东或出资人名册。二是向业务主管单位交回或申请变更原发证机关的业务资质许可证件，向登记管理机关交回民办非企业单位登记证书正副本等，并申请办理民办非企业单位的注销登记。按照《民办非企业单位登记管理暂行条例》的相关规定，完成民办非企业单位的注销工作。因执行的是民办非企业单位整体变更为企业的方式实施的转企改制，转企改制前的民办非企业单位的资产及债权和债务一并由转企改制后的企业全面承继，转企改制的注销登记，应当是不清算注销。从法律层面上，完成了民办非企业单位转企

改制。

根据《中华人民共和国市场主体登记管理条例》《中华人民共和国市场主体登记管理条例实施细则》的相关规定，转企改制后的企业类型不同，办理企业注册涉及的登记事项也不尽相同。

1. 公司：名称、类型、经营范围、住所、注册资本、法定代表人姓名、有限责任公司股东或者股份有限公司发起人姓名或者名称。

2. 非公司企业法人：名称、类型、经营范围、住所、出资额、法定代表人姓名、出资人（主管部门）名称。

3. 个人独资企业：名称、类型、经营范围、住所、出资额、投资人姓名及居所。

4. 合伙企业：名称、类型、经营范围、主要经营场所、出资额、执行事务合伙人名称或者姓名、合伙人名称或者姓名、住所、承担责任方式。执行事务合伙人是法人或者其他组织的，登记事项还应当包括其委派的代表姓名。

八、重点检查和落实债权和债务的处置方案、职工安置方案和税费处理方案

（一）债权和债务处置方案的检查落实

在民办非企业单位转企改制过程中，本着概括式承继原则，原民办非企业单位的债权和债务一般全部由转企改制后的企业承继或根据债权和债务处置方案处理，保证债权和债务的承继或处置合理、合法、合规，不损害债权人的合法权益，防止因转企改制而形成债权和债务纠纷或存在潜在争议。

（二）职工安置方案的检查落实

原则上，民办非企业单位的职工全部置换为转企改制后企业的职工，人力资源关系同时转换为企业与职工的劳动合同关系，职工的工资及养老、失业、医疗等各项社会保险关系由转企改制后的企业按有关规定足额支付交纳。职工在转企改制前的工作年限计入转企改制后企业的工作年限。涉及离退休职工，按国家规定办理；内部退养职工和即将退养的职工，由转企改制后的

企业负责其各项工资待遇并协助办理有关手续。转企改制过程中的职工工资标准、福利待遇标准等保持不变，不得因转企改制而损害到职工的权益。

（三）转企改制中的税费处理

民办非企业单位转企改制，实质是从非营利法人或非法人组织向营利法人或非法人组织的变更，涉及相关的税收和行政事业性收费的，按规定处理。转企改制前基于其非营利性等接受的社会捐赠、享受的税收优惠和政府补助等，依法依规应当退费退税、补费补税的，应当予以退补。在转企改制过程中，依法依规可以享受减免等优惠政策的，由相关方申请办理。

九、办理权利证书的变更手续

民办非企业单位转企改制前后涉及资产、人员、业务、财务、办公等全方面的承继和交接工作，以保持其经营的连续性、人员和业务的稳定性等；这也是整体变更的内在要求。

在资产承继中，如果存在土地使用权、房屋所有权等不动产，商标、专利、著作权等知识产权，以及车辆、船舶等财产和对外投资权益，必然涉及该等财产产权登记及产权证书的变更事项，应当依法依规并在规定时限内办理，以保证该等资产承继的合法性、合规性及权属清晰性，不能因转企改制而导致产权纠纷或存在潜在争议。

在业务承继中，如果转企改制的民办非企业单位的业务依法需要并已经办理行政许可或特许经营资质，随着转企改制，必然涉及该等业务资质的变更或重新申办，以保证转企改制前后业务开展的连续性和业务经营的合规性。

十、转企改制信息公示以及转企改制文件和资料的建档保存

一方面，民办非企业单位转企改制，直接关系到单位性质和类型的转变，属于重大事项。根据《中华人民共和国政府信息公开条例》、《民办非企业单位登记管理暂行条例》、《社会组织信用信息管理办法》、《国务院办公厅关于

推进社会公益事业建设领域政府信息公开的意见》（国办发〔2018〕10号）、《中央编办、民政部关于加强事业单位和民办非企业单位登记管理工作中信息共享与业务协同的通知》等法律法规、规范性文件的要求和规定，转企改制单位应当积极配合政府及相关主管部门，对民办非企业单位转企改制进行公示登记，进行相关的信息公示，履行信息披露义务。

另一方面，转企改制后的企业，应当按照《中华人民共和国公司法》《中华人民共和国个人独资企业法》《中华人民共和国合伙企业法》《企业信息公示暂行条例》《中华人民共和国市场主体登记管理条例》等法律法规的要求，通过全国企业信用信息公示系统等进行相关的信息披露，履行信息披露义务。

转企改制全面完成后，按照《中华人民共和国档案法》等法律法规规定和民办非企业单位及转企改制后的企业档案管理制度等要求，对在转企改制全过程中的文件、资料、证件等进行整理归集、立卷归档、分类保管，做到有案可查。

第七章　民办非企业单位转企改制中特殊事项的处理

第一节　“整体变更”为转企改制的必要条件

民办非企业单位转企改制，又称整体变更，也称整体改制，还可称为社会服务机构或企业重组业务，有其内在及外在的必要条件。内在条件要求转企改制前后出资人及其实际控制人、业务、人员及债权、债务等具有全面的承继性，不能割裂；外在条件是站在政府及业务主管单位、登记管理机关及社会的维度，除民办非企业单位法律形式改变外，投资人主体，改制前后原单位权利、义务的承继性不能发生改变。否则，将失去整体改制的本质意义，而且会有出资人或设立人借转企改制之名，行规避法律法规规定分配民办非企业单位资产之实的嫌疑。

参照《中华人民共和国公司法》等法律法规以及《国家税务总局关于纳税人资产重组有关增值税问题的公告》（国家税务总局公告 2013 年第 66 号）、《财政部、税务总局关于继续实施企业、事业单位改制重组有关契税政策的公告》（财政部、税务总局公告 2023 年第 49 号）、《财政部、税务总局关于继续实施企业改制重组有关土地增值税政策的公告》（财政部、税务总局公告 2023 年第 51 号）等规范性文件对整体变更或整体改制概念及相关条件的规定，在民办非企业单位转企改制过程中，“整体变更”为转企改制的必要条件，且“整体变更”需同时满足以下几个要求：

1. 转企改制前后的投资主体及其出资比例原则上不发生改变，保持其同一性，尤其是处于控股地位的出资人或实际控制人不能发生变化。《财政部、税务总局关于继续实施企业、事业单位改制重组有关契税政策的公告》（财政部、税务总局公告2023第49号）要求“企业改制重组的，是指原改制重组企业的出资人必须存在于改制重组后的企业；事业单位改制的，是指履行国有资产出资人职责的单位必须存在于改制后的企业”，但同时规定“出资人的出资比例可以发生变动”，即给予出资比例可以适当变动的政策允许。这是对“整体变更”的投资主体的条件要求。同时也应符合《公司法》第四十七条、第二百六十六条的规定。

2. 转企改制后的企业必须“承继”转企改制前的民办非企业单位的权利和义务。原民办非企业单位的权利和义务的“承继”，有全面性之意，即包括但不限于原民办非企业单位的资产（尤其是债权和债务）、业务、人员等的全面“承继”。这是“整体变更”的本质要求。

3. 以不高于转企改制基准日经审计的民办非企业单位账面净资产值折为对所转企业的出资。根据《国务院关于印发注册资本登记制度改革方案的通知》（国发〔2014〕7号），自2014年3月1日起我国实行注册资本认缴登记制，自2024年7月1日起增量公司在5年内缴足，存量公司“5+3”（3年过渡期）年内缴足（法律、行政法规有特别规定的，从其规定），进一步放松对市场主体准入的管制，降低准入门槛，优化营商环境，促进市场主体加快发展。但民办非企业单位转企改制基于改制的特殊性，对所转企业的出资方式应当为原民办非企业单位的账面净资产，否则就失去了其资产的连续性和承继性。应当说，以净资产出资，需经审计、评估和验资程序。这是“整体变更”出资方式的特殊性。

例如，本书第八章“民办非企业单位转企改制的案例及其评析”第一节“南京医科大学第三附属医院转企改制案”所述的南京医科大学第三附属医院（以下简称三附院）系2004年3月登记为非营利性的民办非企业单位的民办医院，开办资金为2999万元。2012年3~6月的转企改制情况如下：

1. 名称从三附院变更为仪征南京医科大学第三附属医院有限公司（以下简称仪征三附院公司），登记管理机关从江苏省仪征市民政局，变更为江苏省仪征市工商行政管理局。

2. 截至转企改制基准日 2012 年 3 月 31 日，经审计的三附院总资产为 26535. 34 万元，总负债为 17113. 60 万元，净资产为 9421. 74 万元；经评估的三附院的净资产为 15869. 95 万元。

3. 转企改制前，三附院的股东为王某贤、范某芬、龚某琴等 10 个自然人，合计对三附院出资 2998. 78 万元，合计持有三附院 100% 的出资权益。

4. 在 2012 年 6 月经批准转企改制为仪征三附院公司的过程中，原三附院出资人王某贤、范某芬、龚某琴等 10 个自然人作为转企改制后的仪征三附院公司的股东，将经审计的三附院净资产 9421. 74 万元中的 2998. 78 万元，计入仪征三附院公司的注册资本，其余 6422. 96 万元计入仪征三附院公司的资本公积，仪征三附院公司各股东按照各自在三附院的出资额持有公司的股权。

5. 2012 年 6 月 12 日，江苏省扬州市卫生局向三附院出具《关于同意南京医科大学第三附属医院变更经营性质的批复》(扬卫医〔2012〕55 号)，同意三附院变更为营利性医疗机构。2012 年 6 月 18 日，江苏省仪征市人民政府向三附院出具《市政府关于同意南京医科大学第三附属医院转企改制的批复》，同意三附院转企改制，由民办非企业单位转为自然人控股的有限公司，同意改制后的有限公司整体承接原民办非企业单位三附院的资产及债权和债务。

6. 2012 年 6 月 29 日，江苏省扬州市仪征工商行政管理局核准仪征三附院公司成立，并为其颁发了营业执照，注册资本为 2998. 78 万元。至此，三附院完成了从民办非企业单位“整体变更”为有限责任公司的转企改制工作。

在上述案例中，一是保持了转企改制前后投资人主体没有发生改变，前后的投资人均为同一的 10 个自然人，前后出资比例保持不变；二是转企改制后的有限责任公司承继了原民办非企业单位的资产及债权和债务，即权利和义务；三是保持了转企改制前后开办资金与注册资金的一致性，并以三附院经审计的账面净资产折为对仪征三附院公司的出资额，且不高于其经审计的账面净资产额，满足了“整体变更”的三方面全部条件。

第二节　清产核资和产权界定

民办非企业单位转企改制，与经营性事业单位或其他类型社会组织的转企改制以及企业改制一样，清产核资和产权界定是核心问题，也是转企改制中的重要环节，需要重点关注和处理。

一、清产核资

民办非企业单位清产核资，可以简单地理解为：民办非企业单位基于其特定经济行为需要，按照规定的工作程序、方法和政策，组织单位进行账务清理、财产清查，并依法认定单位的各项资产损溢，从而真实反映单位的资产价值和重新核定单位资本金的活动。

民办非企业单位清产核资工作的目的，是解决民办非企业单位的资产状况是否清晰，是否账账相符、账实相符，是否存在被出资人或设立人占用流失问题等；“摸清家底”，明晰产权关系，真实反映单位的资产及财务状况，为科学评估和顺利推进转企改制奠定基础。

民办非企业单位清产核资的主要内容，包括但不限于全面清查单位资产，清理债权和债务；重估单位主要固定资产、无形资产价值；损溢认定、资金核实；对单位有关产权进行界定并组织产权登记；核定单位财产占用量；进行资产管理的建章建制工作等。

清产核资具有一定的专业性，并具有按照相关法律法规、会计准则规定的政策、程序和条件实施的规范要求，一般需要委托具有相应业务资质的注册会计师、评估师协同单位内部的财务管理机构开展清产核资工作。

民办非企业单位的清产核资，需要以确定的转企改制基准日进行审计、评估，并由注册会计师、评估师出具相关的清产核资报告（如审计报告、评估报告等），对清产核资的结果予以确认，包括但不限于截至转企改制基准日的单位资产、负债、净资产及其他事项的结果确认，是民办非企业单位在转企改制过程中，出资人或设立人以清产核资的净资产折为对转企改制后企业出资的直接依据。

例如，本书第八章“民办非企业单位转企改制的案例及其评析”第二节“齐齐哈尔工程学院附属建华医院转企改制案”述及的民办非企业单位“齐齐哈尔工程学院附属建华医院”在转企改制为“齐齐哈尔建华医院有限责任公司”过程中，于2015年3月20日由会计师事务所与资产评估有限公司分别出具了基准日为2014年12月31日的《齐齐哈尔工程学院附属建华医院审计报告》《齐齐哈尔工程学院附属建华医院整体资产评估项目资产评估报告书》，并将“齐齐哈尔工程学院附属建华医院”截至2014年12月31日经审计的净资产中的3000万元计入齐齐哈尔建华医院有限责任公司的注册资本，其余计入资本公积。2015年3月28日，齐齐哈尔中岳会计师事务所出具《齐齐哈尔建华医院有限责任公司验资报告》。2015年3月30日，齐齐哈尔市工商行政管理局向齐齐哈尔建华医院有限责任公司颁发了营业执照，注册资本为3000万元。

二、产权界定

民办非企业单位清产核资工作中的产权界定，是指对民办非企业单位的财产依法确认其所有权归属的法律行为。

民办非企业单位清产核资中的产权界定工作，应本着“依法确认、尊重历史、有利监管”的原则，既要体现“谁投资、谁所有、谁受益”的原则，又要保证民办非企业单位的“非营利性”性质。

产权界定，决定了民办非企业单位的出资人或设立人是否有作出转企改制的权利，以及所做决议是否合法有效问题。

如前文所述，“齐齐哈尔工程学院附属建华医院转企改制案”根据清产核资作出的产权界定，截至2014年12月31日转企改制基准日，该民办医院的净资产属于当时的出资人所有，决定了出资人可以以该基准日经审计的净资产作为对转企后的“齐齐哈尔建华医院有限责任公司”的出资，得到了工商行政管理局的核准同意并为其颁发了营业执照。

综上所述，在民办非企业单位转企改制过程中，清产核资涉及“定量”问题，产权界定涉及“定性”问题，二者的有机结合，构成转企改制的重要基础。否则，民办非企业单位的转企改制无从谈起。因此，产权界定的重要性不言而喻。

第三节　税收的处理

民办非企业单位在转企改制过程中，涉及三方面的税收问题，需要规范处理。

一、转企改制前后税收政策的不同

（一）转企改制前，民办非企业单位依法享受的税收优惠政策

根据《中华人民共和国民办教育促进法》《中华人民共和国民办教育促进法实施条例》《中华人民共和国职业教育法》《中华人民共和国基本医疗卫生与健康促进法》《中华人民共和国科学技术进步法》《中华人民共和国税收征收管理法》《中华人民共和国企业所得税法》《中华人民共和国企业所得税法实施条例》《民办非企业单位登记管理暂行条例》等法律法规以及《中共中央、国务院关于深化医药卫生体制改革的意见》，《国务院办公厅转发发展改革委、卫生部等部门关于进一步鼓励和引导社会资本举办医疗机构意见的通知》（国办发〔2010〕58 号），财政部、税务总局《关于医疗卫生机构有关税收政策的通知》（财税〔2000〕42 号），财政部、税务总局《关于企业投入基础研究税收优惠政策的公告》（财政部、税务总局公告 2022 年第 32 号），财政部、国家税务总局《关于非营利组织企业所得税免税收入问题的通知》（财税〔2009〕122 号）等规范性文件的规定，民办非企业单位基于其非营利性，尤其是民办学校、民办医院、民办科研机构等非营利性社会服务机构，执行和落实民办非企业单位税收和价格政策，依法依规可以获得非营利组织免税资格，一定条件下对其免征增值税、企业所得税、自用的土地及房屋一定期

限内免征房产税和城镇土地使用税等税收优惠，在价格、土地、金融等相关项目方面给予其相应的财政扶持政策，并与承接政府转移职能和购买服务等挂钩。

一些地方规范性文件也对民办非企业单位依法所享受的税收优惠政策作出了规定。例如，海南省科学技术厅印发的《海南省促进科技类民办非企业研发机构发展若干措施》（琼科〔2022〕192 号）第六条、第八条规定，民非研发机构经核定后可享受“十四五”期间支持科技创新进口税收政策，进口国内不能生产或性能不能满足需求的科学研究、科技开发和教学的自用品，免征进口关税和进口环节增值税、消费税；符合相应条件成为纳统研发机构的民非研发机构，可通过定向择优的方式获得省级财政科技项目支持。

可见，民办非企业单位作为非营利性社会服务机构，依法依规享有免税主体资格及相应的税收优惠和财政扶持政策。

（二）转企改制后的企业负有依法纳税的义务

民办非企业单位转企改制后，除法律法规规定的对技术先进型服务企业、高新技术企业、集成电路企业和软件企业、动漫企业等特定企业发展的税收优惠政策外，根据《中华人民共和国税收征收管理法》《中华人民共和国企业所得税法》《中华人民共和国增值税暂行条例》《中华人民共和国土地增值税暂行条例》《中华人民共和国房产税暂行条例》等法律法规的规定，不同类别及不同产业的企业，依法负有相应的缴纳企业所得税、增值税、土地增值税、城镇土地使用税、房产税、契税、印花税等各项税收的法定义务。

与非营利性的民办非企业单位相比，企业基于其营利性，二者在税收优惠和财政扶持上存在较大差别。

二、转企改制时已享受的税收优惠的处理

转企改制的直接结果，是将非营利性的民办非企业单位整体改制为营利性的企业，由于二者在税收优惠和财政扶持上存在较大差异，就必然涉及转企改制前民办非企业单位已享受的税收优惠如何处理问题，涉及是否需要补

缴税款的问题。

民办非企业单位转企改制，是一个法律行为的两个端口，即民办非企业单位的注销和所转企业的成立登记。而民办非企业单位的注销，意味着其存续期间依法享受的免税主体资格同时丧失。《财政部、税务总局关于非营利组织免税资格认定管理有关问题的通知》（财税〔2018〕13 号）第五条第一款规定，非营利组织免税条件发生变化的，应当自发生变化之日起 15 日内向主管税务机关报告；不再符合免税条件的，应当依法履行纳税义务；未依法纳税的，主管税务机关应当予以追缴。取得免税资格的非营利组织注销时，剩余财产处置违反该通知第一条第五项规定的，主管税务机关应追缴其应纳企业所得税款。

据此，民办非企业单位转企改制在办理注销时，对其已接受的社会捐赠，以及政府补助、免税形成的资产或权益，在转企改制过程中，需要补缴已享受税收优惠的相应税款，或者将部分资产和权益捐赠给其他同类的非营利组织，或者由登记管理机关采取转赠给与该民办非企业单位性质、宗旨相同的组织等处置方式，继续用于公益目的或其他非营利目的。

对于政策扶持所得收益，也应当按照相关法律法规和政策进行处理。涉及转企改制时民办非企业单位应补缴的税款或者接受的社会捐赠，以及政府补助、免税形成的资产或权益，应在转企改制清产核资和产权界定时单独核算、单独处置，不宜计入转企改制的净资产范围。这又构成了民办非企业单位转企改制的独有特点。

三、转企改制过程中资产转移涉及的相关税收

民办非企业单位转企改制，属于资产重组的范畴。转企改制的核心是将“非营利性”的民办非企业单位变更为“营利性”的企业，且民办非企业单位转企改制前后又具有资产及债权和债务、业务、人员等的承继性，不属于一般意义上的买卖或转让性质的“交易”。而转企改制前后资产的承继，既涉及机器设备、办公设备等动产的交接和产权转移，也涉及土地、房屋等不动产和知识产权、对外投资权益权属的变更。其间是否涉税，是必须面对及合

规解决的问题。

国家针对改制及破产重组出台了一系列税收政策，涉及增值税、企业所得税、土地增值税、契税等。增值税方面，纳税人在资产重组过程中，将全部或者部分实物资产以及与其相关联的债权、债务和劳动力转让给其他单位和个人，不属于增值税的征税范围，其中涉及的货物、不动产、土地使用权转让行为，不征收增值税。企业所得税方面，对符合条件的企业债务重组，给予债务重组所得 5 年递延纳税的优惠。土地增值税方面，在改制重组时以房地产作价入股进行投资，以及符合条件的企业合并、分立，对原企业将房地产转移、变更到合并后、分立后企业的，暂不征收土地增值税。契税方面，对符合条件的公司承受原公司土地、房屋权属，免征契税等。虽然国家尚未对民办非企业单位转企改制进行立法规制，但是根据“税收法定”原则，结合并参考相关的经营性事业单位转企改制经验，以及资产重组的相关税收征收法律法规、规范性文件，在民办非企业单位转企改制过程中，不同的税种执行不同的政策。主要税收政策如下。

（一）增值税

依照《国家税务总局关于纳税人资产重组有关增值税问题的公告》（国家税务总局公告 2013 年第 66 号）规定，纳税人在资产重组过程中，通过合并、分立、出售、置换等方式，将全部或者部分实物资产以及与其相关联的债权、负债经多次转让后，最终的受让方与劳动力接收方为同一单位和个人的，仍适用《国家税务总局关于纳税人资产重组有关增值税问题的公告》（国家税务总局公告 2011 年第 13 号）的相关规定，其中货物的多次转让行为均不征收增值税。资产的出让方需将资产重组方案等文件资料报其主管税务机关。

（二）企业所得税

根据《中华人民共和国企业所得税法》《中华人民共和国企业所得税法实施条例》等法律法规及《财政部、国家税务总局关于企业重组业务企业所得税处理若干问题的通知》（财税〔2009〕59 号），《财政部、国家税务总局关于非营利组织企业所得税免税收入问题的通知》（财税〔2009〕122号），《财政部、国家税务总局关于促进企业重组有关企业所得税处理问题的通知》（财税〔2014〕109号），财政部、税务总局《关于非营利组织免税资格认定管理有关问题的通知》（财税〔2018〕13号）等规范性文件的规定，民办非企业单位在存续期间应缴纳的企业所得税为：（1）从事营利性活动取得的收入，另有规定的除外；（2）政府购买服务的收入；（3）其他不符合免税条件的收入，不在免税范畴，应缴纳企业所得税；（4）取得免税资格的民办非企业单位注销时，其接受的捐赠，以及政府补助、免税等形成的资产或权益，应缴纳相应的企业所得税，或者将该部分资产和权益捐赠或由登记管理机关转赠给其他同类的非营利组织；（5）符合规定的企业重组，适用特殊性税务处理，具体包括企业债务重组确认的应纳税所得额占该企业当年应纳税所得额的50%以上，可以在5个纳税年度的期间内，均匀计入各年度的应纳税所得额等。

（三）个人所得税

在民办非企业单位转企改制过程中，是以投资人所享有的民办非企业单位截至转企改制基准日的净资产作为对所转企业的出资，即属于非货币性资产投资。根据《中华人民共和国个人所得税法》，《中华人民共和国个人所得税法实施条例》等法律法规及《财政部、国家税务总局关于个人非货币性资产投资有关个人所得税政策的通知》（财税〔2015〕41号），《国家税务总局关于个人非货币性资产投资有关个人所得税征管问题的公告》（国家税务总局公告2015年第20号）等规范性文件的规定，如果作为投资人对所转企业投资的净资产额，超出投资人之前在民办非企业单位的出资额部分，扣除合理的财务费用，按“财产转让所得”缴纳个人所得税，一次性缴税有困难的，可合理确认分期缴纳计划并报主管税务机关备案后，在不超过5年期限内缴纳。

（四）土地增值税

根据《财政部、税务总局关于继续实施企业改制重组有关土地增值税政策的公告》（财政部、税务总局公告2023年第51号）财政部、税务总局《关于继续实施企业改制重组有关土地增值税政策的公告》（财政部、税务总局公告2021年第21号）规定，2021年1月1日至2027年12月31日，企业按照《中华人民共和国公司法》有关规定整体改制，对改制前的企业将国有土地使用权、地上的建筑物及其附着物转移、变更到改制后的企业，暂不征土地增值税；整体改制是指不改变原企业的投资主体，并承继原企业权利、义务的行为；不改变原企业投资主体、投资主体相同，是指企业改制重组前后出资人不发生变动，出资人的出资比例可以发生变动；投资主体存续，是指原企业出资人必须存在于改制重组后的企业，出资人的出资比例可以发生变动；企业改制重组过程中涉及的土地增值税尚未处理的，符合该公告规定可按该公告执行。

（五）契税

根据《财政部、税务总局关于继续执行企业事业单位改制重组有关契税政策的公告》（财政部、税务总局公告2021年第17号）等规定，自2021年1月1日起至2023年12月31日，企业按照《中华人民共和国公司法》有关规定整体改制，原企业投资主体存续并在改制（变更）后的公司中所持股权（股份）比例超过75%，且改制（变更）后公司承继原企业权利、义务的，对改制（变更）后公司承受原企业土地、房屋权属，免征契税；事业单位按照国家有关规定改制为企业，原投资主体存续并在改制后企业中出资（股权、股份）比例超过50%的，对改制后企业承受原事业单位土地、房屋权属，免征契税。

（六）印花税

根据《中华人民共和国印花税法》等法律法规和《财政部、税务总局关于企业改制过程中有关印花税政策的通知》（财税〔2003〕183号）等规范性文件的规定，在民办非企业单位转企改制过程中，关于资金账簿的印花税，实行公司制改造的企业在改制过程中新成立的企业（重新办理法人登记的），其新启用的资金账簿记载的资金或因企业建立资本关系纽带而增加的资金，凡原已贴花的部分可不再贴花，未贴花的部分和以后新增加的资金按规定贴花；关于各类应税合同的印花税，企业改制前签订但尚未履行完的各类应税合同，改制后需要变更执行主体的，对仅改变执行主体、其余条款未做变动且改制前已贴花的，不再贴花；关于产权转移书据的印花税，企业因改制签订的产权转移书据免予贴花。

保证民办非企业单位转企改制过程中税收事项的合法合规，是转企改制十分重要的环节，需要高度重视，准确把握。要坚决杜绝借转企改制的名义，恶意逃避税收的行为。

第四节　债权债务的处理

一、债权和债务的处置方案

民办非企业单位转企改制时或多或少涉及未清偿的债权和债务，落实债权人、债务人并制订债权和债务的妥善处理方案，成为转企改制过程中的一个重要事项。

对于转企改制前的债权，应当通知债务人及时清偿，清偿期限未届满的，通知债务人由转企改制后的企业承继原债权，即通知债务人向转企改制后的企业履行清偿义务。

对于转企改制前的债务，应当通知债权人，对于通知不到的，应进行公告，通知或公告转企改制前的债务由转企改制后的企业全面承继。债权人有权要求民办非企业单位提前清偿债务，或者给予相应的清偿计划，或者要求提供一定的担保措施。

转企改制后的企业全面承继转企改制前的民办非企业单位的债权和债务，是方案的一般原则。转企改制前，民办非企业单位要做好债权和债务的清理工作，必要时可以对债权、债务进行专项审计，落实债权人和债务人，防止利用转企改制之机逃避银行或其他债权人的债务。

二、对外担保的处理

民办非企业单位转企改制前，可能存在保证、抵押、质押等对外担保事项。对于存在对外担保的，转企改制前，应当通知债权人，并征求债权人的意见。不得借转企改制之机，损害债权人的合法权益。

经与债权人协商一致，可以采取置换担保单位、变更担保措施，或者通过提前清偿债务、消除担保等方式，合法合规地解决担保问题。

例如，本书第八章“民办非企业单位转企改制的案例及其评析”第四节“西安高新医院转企改制案”述及的西安高新医院转企改制过程中存在的不动产借款抵押、医疗设备融资租赁等问题，以及第五节“某中医药生物研究所转企改制案”述及的某市某中医药生物研究所转企改制前存在的利用土地使用权为他人向银行借款抵押等问题，即涉及转企改制中对外担保特殊事项的处理。

第五节　不清算注销

民办非企业单位的注销，是转企改制的核心步骤之一。根据《民办非企业单位登记管理暂行条例》《民办非企业单位登记暂行办法》的相关规定，办理民办非企业单位的注销，应当进行财务清算，且“清算组织提出的清算报告”是申请注销登记的法定材料之一。

鉴于民办非企业单位转企改制具有资产及债权和债务承继性的特征，民办非企业单位注销原则上不清算注销，即不必对转企改制前的民办非企业单位的债权和债务及其他资产进行全面清算，但清算组织的清算报告应当有，只不过报告内容原则上不做具体的清算，而由转企改制后的企业承继。

虽然可以不清算债权和债务，但民办非企业单位阶段的相关税收应当汇算清缴，并取得税务机关的完税证明文件。

第八章　民办非企业单位转企改制的案例及其评析

第一节　南京医科大学第三附属医院转企改制案

一、转企改制的基本情况及主要过程

南京鼓楼医院集团仪征医院有限公司（以下简称鼓楼仪征医院公司）前称为仪征三附院公司，仪征三附院公司前身为民办非企业单位三附院。2012年，三附院转企改制为仪征三附院公司，被媒体喻为江苏省首家民办非企业单位转企改制案。

根据2012年7月上市公司金陵药业（证券代码000919）收购鼓楼仪征医院公司的公告信息①，结合鼓楼仪征医院公司的公开信息来看，三附院转企改制的过程为：

三附院前身是仪征化纤公司职工医院，1991年经江苏省教委批准成为"南京医科大学第三附属医院"，1994年通过国家二级甲等医院评审验收。

2004年3月31日，经中国石油化工集团《关于仪化集团公司职工医院改制分流实施方案的批复》（中国石化炼〔2004〕176号）同意改制。2004年4月22日经江苏省仪征市民政局《关于同意南京医科大学第三附属医院注册登

---

① 参见金陵药业，证券代码000919，巨潮资讯网（www. cninfo. com. cn）2012年发布的编号为2012－009、2012－018、2012－019等公告及2012年7月25日发布的《江苏泰和律师事务所关于金陵药业股份有限公司收购南京鼓楼医院集团仪征医院有限公司股权的法律意见书》。

记的批复》同意注册登记，领取了由仪征市民政局颁发的《民办非企业单位登记证书》（苏仪民证字第321081020001号），由王某贤等358个自然人作为出资人，合计开办资金为2999万元。2004年4月26日经江苏省扬州市卫生局《关于变更仪化集团公司医院医疗机构执业许可证登记的批复》同意，登记为非营利性医疗机构。

2012年4月30日，中瑞岳华会计师事务所（特殊普通合伙）江苏分所出具《南京医科大学第三附属医院审计报告》（中瑞岳华苏专审字〔2012〕第0120号），三附院截至2012年3月31日的总资产为26535.34万元，总负债为17113.60万元，净资产为9421.74万元。

2012年5月17日，三附院召开股东代表大会作出决议，同意依据有关规定履行必要的程序，撤销医院在仪征市民政局注册登记的民办非企业法人单位，改制为有限责任公司，并依法取得工商登记注册，由卫生主管部门核定为营利性医疗机构。

2012年6月12日，江苏省扬州市卫生局向三附院出具《关于同意南京医科大学第三附属医院变更经营性质的批复》（扬卫医〔2012〕55号），同意三附院变更为营利性医疗机构。

2012年6月18日，江苏省仪征市人民政府向三附院出具《市政府关于同意南京医科大学第三附属医院转企改制的批复》，同意三附院转企改制，由民办非企业单位转为自然人控股的有限公司，同意改制后的有限公司整体承接原民办非企业单位三附院的资产及债权和债务。

2012年6月25日，江苏中天资产评估事务所有限公司出具《南京医科大学第三附属医院拟变更为有限责任公司所涉及的该医院股东全部权益评估报告》（苏中资评报字〔2012〕第3010号），截至2012年3月31日，三附院经评估的净资产为15869.95万元。

2012年6月28日，三附院召开股东会作出决议，同意将三附医依法整体变更为有限公司，变更的有限公司名称为“仪征南京医科大学第三附属医院有限公司”，三附院将经审计的净资产9421.74万元中的2998.78万元，计入仪征三附院公司的注册资本，其余6422.96万元计入仪征三附院公司的资本公积，仪征三附院公司各股东按照各自在三附院的出资额持有公司的股权。

2012 年 6 月 29 日，仪征三附院公司在江苏省扬州市仪征工商行政管理局登记成立，注册资本和实收资本均为 2998.78 万元，股权结构为王某贤、范某芬、龚某琴等 10 个自然人股东，合计持有仪征三附院公司 100% 的股权，与在转企改制前的民办非企业单位三附院的出资人及其出资比例前后一致。

至此，三附院完成了从民办非企业单位整体变更为有限责任公司的转企改制工作。

2012 年 7 月 10 日，仪征三附院公司经股东会决议，同意南京市鼓楼医院以货币 333.20 万元向公司增资，将公司注册资本由 2998.78 万元增加到 3331.98 万元，公司全体股东同意放弃优先增资的权利；同时，将公司名称变更为“南京鼓楼医院集团仪征医院有限公司”。

2012 年 7 月，金陵药业以收购鼓楼仪征医院公司 68.33% 股权的方式，将鼓楼仪征医院公司重组为金陵药业的控股子公司，并进行了相应的信息披露。鼓楼仪征医院公司至今有效存续。

二、简要评析

本案例三附院从民办非企业单位成功转企改制为有限责任公司，且被上市公司并购，系上市公司并购重组标的企业鼓楼仪征医院公司信息披露所展示。从三附院转企改制的过程可见：

（一）转企改制的方式为整体变更

即由民办非企业单位三附院整体变更为仪征三附院公司。在整体变更过程中，一是保持了转企改制前后均为 10 个自然人投资人及其出资比例的不变；二是以截至转企改制基准日经审计的三附院账面净资产 9421.74 万元中的 2998.78 万元，计入仪征三附院公司的注册资本，其余 6422.96 万元计入仪征三附院公司的资本公积，即以净资产作为对公司的出资，且不高于净资产；三是转企后的仪征三附院公司承继了转企改制前三附院的资产及债权债务、业务、人员等权利和义务，满足了整体变更的三项条件。

（二）清产核资和产权界定

三附院把转企改制基准日确定为2012年3月31日，该医院以审计、评估的方式进行了清产核资，结果为截至转企改制基准日，三附院经审计的净资产为9421.74万元，经评估的净资产为15869.95万元。同时，根据三附院出资人转企改制的决议及仪征市人民政府向三附院作出的转企改制的批复，界定三附院的资产属于出资人所有并可以转作对公司的投资，体现了“谁投资，谁拥有产权”的原则。

（三）转企改制程序清晰

先后履行了民办非企业单位清产核资、出资人作出决议、报请非营利性机构变更为营利性机构及整体变更、获得业务主管单位及政府批准、办理民办非企业单位的注销登记和有限责任公司的注册登记等。其中，从非营利性机构变更为营利性机构，三附院执行的是经扬州市卫生局的批准；从民办非企业单位整体变更为有限责任公司，三附院执行的是经仪征市人民政府的批准。

（四）转企改制后的公司被上市公司成功并购并进行了相应的信息披露

本次并购得到了深圳证券交易所和中国证监会的认同。从时间逻辑上看，2012年4~6月三附院转企改制为仪征三附院公司，是为了2012年7月的上市公司并购重组，也印证了被并购标的企业——仪征三附院公司存在的从民办非企业单位转企改制为有限责任公司的历史沿革，得到了证券交易所和中国证监会的认可。

（五）值得关注的主要事项

一是从清产核资的审计、评估报告及公开的信息看，三附院转企改制时应拥有土地及房产等不动产，必然涉及该不动产产权从民办非企业单位变更至有限责任公司的问题，其中需要对变更过程中的税务进行合规性处理；二是三附院在民办非企业单位转企改制前出资人投入的开办资金为2999万元，转企改制中经审计的净资产为9421.74万元，出资人以其中的2998.78万元作为仪征三附院公司的注册资本，其余6422.96万元计入仪征三附院公司的资本公积，涉及溢价问题，进而涉及出资人个人所得税的合规性处理。基于公开的信息有限，不再做具体评价。

整体上看，这是一例民办非企业单位转企改制的成功案例，实体正当，程序相对齐备，尤其是转企改制后被上市公司并购重组，具有积极的示范效应。

第二节　齐齐哈尔工程学院附属建华医院转企改制案

一、转企改制的基本情况及主要过程

齐齐哈尔建华医院有限责任公司（以下简称建华医院公司）前身为齐齐哈尔工程学院附属建华医院（以下简称建华医院）。2015年建华医院转企改制为建华医院公司，同年11月被上市公司千足珍珠（现更名为创新医疗，证券代码002173）并购为全资子公司。

从2015年11月千足珍珠（现更名为创新医疗，证券代码002173）发行股份购买资产并募集配套资金暨关联交易——千足珍珠通过发行股份购买了建华医院公司100%的股权的公告信息①来看，建华医院转企改制的过程为：

建华医院前身为齐齐哈尔建华厂医院，建华厂医院系企业办社会职能部

① 参见千足珍珠，证券代码002173，巨潮资讯网（www.cninfo.com.cn）2015～2016年发布的编号为临2015－78、临2015－77、临2015－81、临2015－82、临2016－03等公告及《上海市锦天城律师事务所关于千足珍珠集团股份有限公司发行股份购买资产并募集配套资金暨关联交易的法律意见书》《东吴证券股份有限公司关于千足珍珠集团股份有限公司发行股份购买资产并募集配套资金暨关联交易之募集配套资金非公开发行股票发行过程和认购对象合规性的报告》《千足珍珠集团股份有限公司发行股份购买资产并募集配套资金暨关联交易之发行情况报告暨上市公告书》。

门，由齐齐哈尔新华机器有限公司托管。

2006～2007 年，建华厂医院经过清产核资和批准等程序，改制为民办医院，名称变更为齐齐哈尔建华医院，领取了《民办非企业单位登记证书》（民证字第 2302020005 号），黑龙江省齐齐哈尔市民政局为其登记管理机关，齐齐哈尔市卫生局为其业务主管单位。2007～2015 年，建华医院经历了增资、出资权转让和名称变更，2013 年 2 月医院名称变更为“齐齐哈尔工程学院附属建华医院”。截至 2015 年 2 月底，建华医院出资人为梁某才、韩某、吴某清等 50 个自然人，合计持有出资比例 100%，开办资金合计 3000 万元。

2015 年 3 月 1 日，建华医院召开出资人代表大会，同意依据有关规定履行程序，以 2014 年 12 月 31 日为基准日，将“齐齐哈尔工程学院附属建华医院”改制为有限责任公司，由卫生主管部门核定为营利性医疗机构，并依法办理工商登记注册，承接建华医院的所有资产与负债。

2015 年 3 月 15 日，根据建华医院提交的《关于齐齐哈尔工程学院附属建华医院变更经营性质及更名的请示》，黑龙江省卫生和计划生育委员会出具《关于同意齐齐哈尔工程学院附属建华医院变更性质及更名的批复》（黑卫医函〔2015〕78 号），同意建华医院变更为营利性医疗机构，同意其名称变更为“齐齐哈尔建华医院有限责任公司”；同月，黑龙江省卫生和计划生育委员向建华医院颁发《营利性医疗机构执业许可证》（登记号：黑卫医证营字直第 0031 号）。

2015 年 3 月 20 日，齐齐哈尔中岳会计师事务所（普通合伙）、黑龙江省天市垣资产评估有限公司分别出具了基准日为 2014 年 12 月 31 日的《齐齐哈尔工程学院附属建华医院审计报告》（齐中岳审字〔2015〕第 272 号）、《齐齐哈尔工程学院附属建华医院整体资产评估项目资产评估报告书》（黑天垣评报字〔2015〕第 060 号）。

2015 年 3 月 25 日，建华医院召开出资人代表大会，同意将建华医院依法整体改制为有限责任公司，改制后的有限责任公司名称为建华医院公司，建华医院截至 2014 年 12 月 31 日经审计的净资产中的 3000 万元计入建华医院公司的注册资本，其余计入资本公积。

2015 年 3 月 28 日，齐齐哈尔中岳会计师事务所（普通合伙）出具《齐齐哈尔建华医院有限责任公司验资报告》（齐中岳验字〔2015〕第53 号）。

2015 年 3 月 30 日，黑龙江省齐齐哈尔市工商行政管理局向建华医院公司颁发了注册号为“230200100105792”的营业执照，注册资本为 3000 万元，建华医院公司完成了由非营利性医疗机构向营利性医疗机构的变更。同时，出于转企改制的便利性考虑，暂由医院主要股东梁某才代表全体股东持有建华医院公司 100% 的股权。

2015 年 4 月 28 日，建华医院公司股东梁某才与上海康瀚投资管理中心（有限合伙）签订股权转让协议，转让其持有的建华医院 100% 的股权给上海康瀚投资管理中心（有限合伙）。2015 年 5 月 12 日，黑龙江省齐齐哈尔市工商行政管理局核准了本次股权转让变更登记。此时，公开信息称上海康瀚投资管理中心（有限合伙）是由建华医院改制完成前全体股东成立的有限合伙企业。

2015 年 5 月 18 日，黑龙江省卫生和计划生育委员会就以上改制过程，出具了《关于同意齐齐哈尔工程学院附属建华医院变更性质及更名的批复》（黑卫医政函〔2015〕24 号），同意建华医院变更为建华医院公司，并且全部资产与负债由建华医院公司承接。

2015 年 7 月 2 日，建华医院公司向黑龙江省卫生和计划生育委员会办理了《营利性医疗机构执业许可证》的机构名称变更手续。

至此，建华医院完成了从民办非企业单位整体变更为有限责任公司的转企改制工作。

2015 年 5 ~6 月，建华医院公司基于股东的股权转让发生了变更登记，股东由 1 个变更为 5 个。

2015 年 6 月至 2016 年 1 月，千足珍珠以发行股份购买资产并募集配套资金暨关联交易的议案，针对包括但不限于建华医院公司在内的公司实施并购重组。2015 年 11 月，中国证监会作出《关于核准千足珍珠集团股份有限公司向上海康瀚投资管理中心（有限合伙）等发行股份购买资产并募集配套资金的批复》（证监许可〔2015〕2696 号），核准同意千足珍珠并购建华医院公司。2016 年 1 月，黑龙江省齐齐哈尔市工商行政管理局核准千足珍珠并购建华医院公司的变更登记，建华医院公司被并购重组为千足珍珠的全资子公司。千足珍珠在并购重组建华医院公司时，建华医院公司投资并拥有齐齐哈尔新禄医疗器械有限公司 100% 的股权、齐齐哈尔泰瑞通经贸有限公司 100% 的股权、齐齐哈尔市迪龙洗染有限公司 100% 的股权和齐齐哈尔舒宁医药股份有限公司 98. 10% 的股权。千足珍珠对并购重组建华医院公司事项，进行了相应的信息披露。建华医院公司至今有效存续。

二、简要评析

本案例建华医院从民办非企业单位成功转企改制为有限责任公司，且被上市公司并购，系上市公司并购重组标的企业建华医院公司信息披露所展示。从建华医院转企改制的过程可见：

（一）转企改制的方式为整体变更

保持了转企改制前后注册资本的一致性，均为 3000 万元，转企改制后的公司承继了转企改制前建华医院的资产及债务。值得关注的是，转企改制前出资人为 50 个自然人，转企改制为公司时为 1 个自然人股东，投资人前后发生了重大变化，披露的信息称出于对转企改制便利性的考虑，暂由医院主要股东梁某才代表全体股东持有公司 100% 的股权。据此而言，转企为公司时的 1 个自然人股东代持了其他出资人的股权，即存在股权代持关系，实质上转企改制前后的投资人并未发生变化。但是，从登记信息上毕竟发生了重大变化，且按照相关的税务政策，如财政部、税务总局《关于继续执行企业事业单位改制重组有关契税政策的公告》（财政部、税务总局公告 2021 年第 17 号）等，存在不被税务机关认可为整体改制的可能性的转企改制瑕疵。

（二）清产核资和产权界定

建华医院把转企改制基准日确定为 2014 年 12 月 31 日，该医院通过以审计、评估的方式进行了清产核资，并以审计净资产中的 3000 万元计入建华医院公司的注册资本，其余计入资本公积。根据建华医院出资人转企改制的决议及黑龙江省卫生和计划生育委员会作出的《关于同意齐齐哈尔工程学院附属建华医院变更性质及更名的批复》（黑卫医函〔2015〕78 号），界定建华医院的资产属于出资人所有并可以转作对公司的投资。

（三）转企改制程序完备

先后履行了清产核资、出资人作出决议、报请非营利性变更为营利性机构及整体变更、获得业务主管单位批准、办理民办非企业单位的注销登记和有限责任公司的注册登记、取得验资报告等。其中，从非营利性公司法人变更为营利性公司法人，建华医院执行的是经业务主管单位黑龙江省卫生和计划生育委员会的批准。

（四）转企改制后的公司被上市公司成功并购并进行了相应的信息披露

上市公司千足珍珠针对本次并购建华医院公司以及建华医院转企改制的信息进行了信息披露，并得到了深圳证券交易所的认同和中国证监会的核准。

这也是一起民办非企业单位转企改制的成功案例，尤其是转企改制后的建华医院公司被上市公司并购重组，取得了中国证监会的核准同意，具有积极的意义。

第三节　泗洪县分金亭医院转企改制案

一、转企改制的基本情况及主要过程

江苏省宿迁市泗洪县分金亭医院有限公司（以下简称分金亭医院公司）前身为民办非企业单位泗洪县分金亭医院（以下简称分金亭医院），2016 年分金亭医院转企改制为分金亭医院公司，2017 年拟被上市公司悦心健康（证券代码 002162）并购重组为全资子公司，后因悦心健康自身的原因而终止并购。

分金亭医院成立于1995年7月，前身为江苏分金亭集团有限公司的职工医院，为全民性质，实行独立核算，自负盈亏。2002年，其通过出售资产的方式经批准进行了改制，自然人胡某虎出资竞买了原国有分金亭医院净资产186.12万元，并将竞买的分金亭医院的资产作为投资，开办民办非企业单位分金亭医院。

2002年3月22日，江苏省宿迁市泗洪县民政局出具《关于泗洪县分金亭医院申请登记的批复》（洪民〔2002〕17号），批准分金亭医院登记注册，向其颁发了民办非企业单位登记证书，开办资金186.12万元，开办人为胡某虎。

在职工医院改制为分金亭医院以后，至转企改制基准日，民办非企业单位登记的出资人为胡某虎1个自然人，实际上出资人为胡某虎、陈某、饶某良等43个自然人，胡某虎代持了陈某、饶某良等42人的出资权益。

从2017年悦心健康（证券代码002162）发行股份购买资产并募集配套资金暨关联交易的议案的公告信息[①]来看，分金亭医院转企改制的过程为：

2016年5月29日，经分金亭医院成员大会决议，同意将分金亭医院从非营利性医疗机构改制为营利性医疗机构，从民办非企业单位改制为有限责任公司，名称暂定为“泗洪县分金亭医院有限公司”（以工商登记管理机关核准的公司名称为准）；确认改制基准日为2016年6月30日；同意聘请审计机构及资产评估机构依法审计、评估，依法设立有限责任公司；同意在有限责任公司设立后终止分金亭医院现有章程；同意在分金亭医院改制为有限责任公司后，分金亭医院现有的所有债权、债务将按照法律、法规的规定由有限责任公司承继。同日，分金亭医院召开职工代表大会，审议通过了分金亭医院从非营利性的民办非企业单位改制为营利性的有限责任公司的相关方案。

2016年7月5日，江苏省宿迁市泗洪县市场监督管理局为分金亭医院公司预先核准了名称。

---

① 参见悦心健康，证券代码002162，巨潮资讯网（www.cninfo.com.cn）2016～2018年发布的编号为2017-016、2017-066、2018-034、2018-045等公告及《中国国际金融股份有限公司关于上海悦心健康集团股份有限公司发行股份购买资产并募集配套资金暨关联交易预案之独立财务顾问核查意见》《通力律师事务所关于上海悦心健康集团股份有限公司发行股份购买资产并募集配套资金暨关联交易之法律意见书》。

2016年7月6日，胡某虎作为股东制定了《泗洪县分金亭医院有限公司章程》。

2016年7月8日，江苏省宿迁市泗洪县市场监督管理局核准分金亭医院公司登记成立并为其颁发了营业执照，登记股东为胡某虎1个自然人，认缴出资186.12万元，注册资本186.12万元。但实际股东为胡某虎、陈某、饶某良等43个自然人，即在分金亭医院公司成立时，胡某虎代持了陈某、饶某良等42个自然人的股权，存在股权代持关系。

为还原上述股权代持关系，2016年7月26日，分金亭医院公司股东决定，胡某虎将其持有的分金亭医院公司股权中的40.20%的股权分别转让给陈某、饶某良等42个自然人。股权转让双方签订了《股权转让协议》。由于本次股权转让属还原股权代持，相关受让人未实际支付该转让款。通过本次代持还原，分金亭公司股东由1个自然人变更为43个自然人。2016年8月3日，江苏省宿迁市泗洪县市场监督管理局核准了分金亭医院公司的本次变更登记。

2017年1月3日，上海明宇会计师事务所有限公司出具《关于泗洪县分金亭医院2016年6月30日净资产专项审计报告》[明宇（2017）会字第0044号]，截至2016年6月30日，分金亭医院资产合计50563.84万元，负债合计44873.26万元，净资产合计5690.58万元。

2017年1月5日，徐州迅达资产评估事务所（普通合伙）出具《泗洪县分金亭医院净资产价值评估报告》[徐迅评报字（2017）第009号]，截至2016年6月30日，分金亭医院净资产在持续经营的假设前提下的市场价值为7896.06万元。

2017年1月5日，分金亭医院股东决定：（1）同意上述审计、评估机构作出的审计报告的结果、评估报告的结论；（2）确认股东以原分金亭医院经审计后的截至2016年6月30日的净资产全部投入分金亭医院，其中186.12万元折合实收资本186.12万元，其余净资产计入资本公积。

2017年1月6日，上海明宇会计师事务所有限公司出具《验资报告》[明宇（2017）验字第0011号]，确认截至2016年7月31日，分金亭医院公司已收到股东胡某虎缴纳的注册资本186.12万元，以净资产出资。

2017年3月2日，江苏省宿迁市卫生和计划生育委员会出具《关于泗洪县分金亭医院〈医疗机构执业许可证〉适用于泗洪县分金亭医院有限公司的情况说明》，确认由分金亭医院公司承接分金亭医院全部资产、负债、权利及义务；分金亭医院和分金亭医院公司属同一家单位，分金亭医院《医疗机构执业许可证》适用于分金亭医院公司。

2017年3月27日，江苏省宿迁市泗洪县民政局出具《准予泗洪县分金亭医院注销登记决定书》（洪民证字第003号），准予分金亭医院注销登记。

至此，分金亭医院完成了从民办非企业单位转企改制为分金亭医院公司的工作。

2016年12月至2018年1月期间，上市公司悦心健康以公司发行股份购买资产并募集配套资金暨关联交易议案，以收购股权的方式拟将分金亭医院公司重组为悦心健康的全资子公司。2018年1月，中国证监会对悦心健康本次包括但不限于分金亭医院公司在内的标的企业，以发行股份购买资产并募集配套资金暨关联交易事项获得有条件通过。2018年5月，悦心健康基于多方因素决定终止本次发行股份购买资产并募集配套资金暨关联交易事项，撤回申请文件，同时发布了相关的公告。

此后，分金亭医院公司进行了多次变更登记，至今有效存续。

二、简要评析

本案例分金亭医院从民办非企业单位成功转企改制为有限责任公司，虽未被上市公司成功并购，但为上市公司并购重组标的企业分金亭医院公司信息披露所展示。从分金亭医院转企改制的过程可见：

（一）转企改制为整体变更

分金亭医院从民办非企业单位转企为分金亭医院公司，一是保持了转企改制前后的投资人的一致性，登记的均为1个自然人，因存在出资权益代持，实际为43个自然人；二是转企后的分金亭医院公司承继了原分金亭医院的出资及债权、债务；三是以截至转企改制基准日经审计的净资产作为对分金亭医院公司的出资，其中186.12万元作为注册资本，其余的计入公司资本公积，转企改制前后的注册资本均为186.12万元，满足了整体变更的三项条件。

（二）清产核资和产权界定

分金亭医院在转企改制过程中，以审计、评估的方式进行了清产核资，审计报告确认截至2016年6月30日转企改制基准日分金亭医院的净资产为5690.58万元。根据分金亭医院的出资人转企改制的决议及江苏省宿迁市卫生和计划生育委员会出具的情况说明，分金亭医院的资产界定为出资人所有，并作为对分金亭医院公司的出资，其中186.12万元作为公司的注册资本。

（三）转企改制程序经补充整改后齐备

分金亭医院在转企改制过程中，履行了出资人决议、清产核资（审计和评估）和产权界定、业务主管单位批准、民办非企业单位注销、公司登记等转企改制应有的程序。从分金亭医院公司的成立时间，以及验资报告确认的股东以净资产出资的时间看，分金亭医院转企改制实质上于2016年7月已经转企，分金亭医院公司已经成立并实际接收了分金亭医院的净资产投资，但审计、评估及审批时间为2017年1~3月实施，分金亭医院注销时间也为2017年3月，存在先后顺序的瑕疵。不过整体来说，转企改制的程序是齐备的。

（四）值得关注的事项

一是分金亭医院转企改制前登记的出资人为1个自然人，虽然存在代持出资的情形，应然上登记管理机构颁发的可能为民办非企业单位（个人）登记证书，基于出资人承担的连带责任，对应的应转企改制为个人独资企业为宜，实际上直接转企改制为一人有限公司，值得讨论；二是分金亭医院登记的开办资金为186.12万元，转企改制中经审计的净资产值为5690.58万元，并依此作为对公司的出资，是否涉及个人所得税事项值得关注。基于披露信息所限，本书不做深入分析。

第四节　西安高新医院转企改制案

一、转企改制的基本情况及主要过程

西安高新医院有限公司（以下简称高新医院公司）前称西安高新医院（以下简称高新医院），2011 年高新医院从民办非企业单位转企改制为有限责任公司。高新医院系成立于 2009 年 11 月的民办非企业单位，其是从成立于 2002 年 4 月的原“西安高新医院有限公司”分立出来的。2009 年 11 月原“西安高新医院有限公司”以存续分立的方式分立为“西安高新医院有限公司”和民办非企业单位“高新医院”后，原“西安高新医院有限公司”名称变更为“陕西世纪新元商业管理有限公司”，并变更了经营范围。

高新医院经陕西省西安市民政局注册登记，并取得《民办非企业单位登记证书（法人）》（民证字第 040376 号），开办资金与实收资本均为 5.43 亿元，出资人为西安申华控股集团有限公司、西安银凯医疗管理有限公司 2 个公司法人，分别出资 27882.71 万元、26417.29 万元，出资占比分别为 51.35%、48.65%。

高新医院成立后，经登记管理机关核准，经历了减资的变更登记事项。至 2010 年 12 月决定转企改制前，高新医院开办资金为 30000 万元，出资人为西安申华控股集团有限公司、西安银凯医疗管理有限公司 2 个公司法人，出资额分别为 27882.71 万元、2117.29 万元，出资占比分别为 92.94%、7.06%。

根据 2011 年上市公司开元投资（现更名为国际医学，证券代码 000516）《关于收购西安高新医院有限公司 100% 股权的关联交易公告》[①] 等披露的信

---

① 参见开元投资，证券代码 000516，巨潮资讯网（www.cninfo.com.cn）2011 年发布的编号为 2011－039、2011－040、2011－044 等公告及《北京市康达律师事务所西安分所关于西安高新医院有限公司权益变动情况的法律意见书》。

息，结合其他公开的信息来看，高新医院转企改制的过程为：

2010 年 12 月 30 日，高新医院理事会作出决议，同意高新医院由非营利性的民办非企业单位转制为营利性的公司制企业。

2011 年 6 月 24 日，陕西省卫生厅以《关于西安高新医院等三所民办医院变更经营性质问题的批复》（陕卫医发〔2011〕294 号），批准西安高新医院变更经营性质。

2011 年 7 月 7 日，陕西省西安市卫生局以《关于同意西安高新医院变更经营性质的批复》（市卫发〔2011〕367 号），批准西安高新医院经营性质由非营利性变更为营利性。

之后，高新医院以 2011 年 7 月 31 日为转企改制基准日，对高新医院进行审计、评估并取得相应的审计、评估报告。

2011 年 10 月 9 日，陕西省工商行政管理局核准高新医院公司成立并颁发了营业执照，注册资本 30000 万元，实收资本 6800 万元，余额交付期限为 2013 年 9 月 18 日止。公司类型：有限责任公司（自然人投资或控股）。股权结构为：申华控股集团有限公司出资 27882.71 万元（首期出资 6319.92 万元），占注册资本的 92.94%；西安银凯医疗管理有限公司出资 2117.29 万元（首期出资 480.08 万元），占注册资本的 7.06%。

从开元投资 2011 年 12 月发布的公告编号为 2011 -040 的《关于收购西安高新医院有限公司 100% 股权的关联交易补充公告》① 中，披露了高新医院在转企改制过程中存在以下几个问题：

1. 高新医院出资部分房屋尚未办理房屋产权证。纳入评估范围的房屋建筑物共计 15 项，其中 44619.93 平方米房屋建筑物办理了房屋产权证（证载权利人为民办非企业单位“西安高新医院”），其余 4942.60 平方米房屋建筑物尚未办理房屋产权证。

开元投资在公告中认为，上述已经办理房屋产权证的房屋建筑物需要将

① 参见开元投资，证券代码 000516，巨潮资讯网（www.cninfo.com.cn）2011 年 12 月发布的编号为 2011 -040 的《关于收购西安高新医院有限公司 100% 股权的关联交易补充公告》。

名称变更至高新医院公司名下，手续齐备后即可办理；尚未办理房屋产权证的可以直接办理至高新医院公司名下，上述经营性房产名称的变更及产权证的办理不会影响其正常经营，办理上述手续只需支付过户费等少量费用，对经营业绩影响甚微。

2. 高新医院的设备类资产存在 2010 年 6 月 25 日与华融金融租赁股份有限公司签订的《融资租赁合同》融资租入的专业设备，售后回租，到期后可以留购等。

开元投资在公告中认为，高新医院公司的融资租赁事项是为了医院经营而进行的专业医疗设备的售后回租，到期后可以留购，但高新医院公司需要进行《融资租赁合同》的合同主体变更，该项变更不存在法律障碍，也不会影响该公司的正常经营。

3. 存在资产质押、担保及纠纷诉讼等事项：（1）短期借款中 14400.00 万元是向西安银行股份有限公司城西支行借款，借款期限自 2010 年 12 月 7 日至 2011 年 12 月 6 日，借款利率为 5.596%，由申华控股集团有限公司及陕西世纪新元商业管理有限公司提供保证担保，以高新医院公司房产住院楼和医技楼（建筑面积为 29269.70 平方米）进行抵押担保，并由申华控股集团有限公司以其所持有的“开元投资”股权进行质押担保；（2）短期借款中 8300.00 万元是向华夏银行股份有限公司西安分行借款，借款期限自 2011 年 3 月 10 日至 2012 年 3 月 9 日，借款利率为 6.666%，由西安银凯医疗管理有限公司提供保证担保，以高新医院公司房产门诊楼和保障楼（建筑面积 15350.23 平方米）抵押担保，并由陕西世纪新元商业管理有限公司以其所持有的“开元投资”股权进行质押担保；（3）截至 2011 年 10 月 31 日，高新医院公司尚有未了结的医疗纠纷 7 起，预计支付金额为 272.87 万元，其中通过司法途径解决的 1 起，预计支付金额为 135.98 万元，其他 6 起预计支付金额 136.89 万元。

开元投资在公告中认为，上述借款是高新医院公司为其自身经营发展需要以其拥有的房产向银行进行了借款抵押，其股东申华控股集团有限公司、西安银凯医疗管理有限公司及陕西世纪新元商业管理有限公司为其借款进行了担保，目前，高新医院公司的日常经营及现金流量状况正常，有能力及时偿还银行借款，不会对高新医院公司的后续经营产生不利影响；上述医疗纠纷为诊疗过程中出现的，目前尚未处理完毕，假设上述纠纷全部由高新医院公司承担，则最多会造成272.87万元的损失。该部分预计支付金额在评估中已纳入预计负债。

4. 截至2011年12月公告日，高新医院公司的银行账户资金尚未从其前身高新医院银行账户转入高新医院公司；相关合同的主体变更尚在办理中（包括但不仅限于借款合同、保证合同、抵押合同、质押合同、采购合同）；其前身高新医院在民政部门及税务部门的相关注销手续尚未办理完成，医疗机构执业许可证机构名称尚未变更至高新医院公司名下。

开元投资在公告中认为，上述银行账户资金的转入、相关合同的主体变更，以及高新医院在民政部门及税务部门的相关注销手续正在办理中，待相关手续齐备即可办理完成，由于上述变更为企业改制导致的非交易性变更，变更手续不存在法律障碍，不会影响该公司业务的延续性；关于医疗机构执业许可证机构名称变更，根据卫生管理部门的规定，执业许可证只能颁发给医院主体，该证书不需要更名，不存在不能更名的风险。

5. 截至2011年12月公告日，高新医院已向陕西省西安市民政局提交了注销申请，注销事宜正在办理当中。

6. 根据2011年8月20日陕西省地方税务局企业所得税税率确认书（陕地税所税率确〔2011〕025号），同意高新医院2010年度减按15%税率征收企业所得税，以后年度由陕西省西安市地方税务局按国家税务总局关于西部大开发税收优惠政策的相关文件规定审核确认。

2011年12月，开元投资股东大会审议通过了《关于收购西安高新医院有限公司100%股权的议案》并发布公告，通过收购股权的方式将高新医院公司并购重组为其全资子公司。

根据国际医学（原开元投资，证券代码000516）公告的2020年度和

2021年度报告[①]，2020年度、2021年度国际医学营业收入分别为16.07亿元、29.21亿元，其中医疗收入分别为15.93亿元、28.92亿元，分别占营业收入的99.13%、99.02%，而高新医院公司在该两个年度为国际医学贡献的医疗服务的营业收入分别为7.98亿元、11.52亿元，贡献的营业利润分别为7281.70万元、4949.33万元，成为国际医学的核心子公司。截至目前，高新医院公司有效存续。

二、简要评析

本案例高新医院从民办非企业单位成功转企改制为有限责任公司，并被上市公司成功并购为全资子公司，成为上市公司国际医学的核心业务。从高新医院转企改制的过程可见：

（一）转企改制的方式为整体变更

一是整体变更前后投资人都是申华控股集团有限公司、西安银凯医疗管理有限公司2个公司法人，出资占比分别都是92.94%、7.06%，没有发生变化，转企改制前的开办资金和转企改制后公司的注册资本均为30000万元，也没有发生变化；二是转企改制后的高新医院公司承继了转企改制前的高新医院的资产及债权债务；三是高新医院公司2个公司法人股东以截至转企改制基准日的高新医院的净资产作为对高新医院公司的出资。这些满足了整体改制的三个基本条件。

（二）清产核资和产权界定

高新医院在转企改制过程中，通过委托审计、评估进行了清产核资，通过高新医院理事会转企改制的决议和业务主管单位陕西省西安市卫生局、陕西省卫生厅的批复进行了产权界定，获得了从非营利性向营利性的变更，履

① 参见国际医学，证券代码000516，巨潮资讯网（www.cninfo.com.cn）发布的《西安国际医学投资股份有限公司2020年年度报告》《西安国际医学投资股份有限公司2021年年度报告》。

行了清产核资和产权界定程序。

（三）转企改制的程序基本齐备

高新医院在转企改制过程中履行了理事会决议、清产核资和产权界定、业务主管单位审批、高新医院公司注册登记、高新医院注销登记等程序。

（四）值得关注的几个问题

（1）转企改制前高新医院的开办资金巨大，虽然进行了减资，转企改制时开办资金仍有 30000 万元，资产规模较大；（2）转企改制过程中，涉及高新医院银行借款及资产抵押担保、出资人提供保证担保，以及设备融资租赁等重大合同主体的变更及重大的债权、债务处理；（3）转企改制时高新医院存在 4942.60 平方米房屋建筑物尚未办理房屋产权证，涉及转企改制后能否直接登记至公司名下问题；（4）存在未结诉讼纠纷事项；（5）涉及税务机关同意的 2010 年度减按 15% 税率征收企业所得税的优惠政策能否继续享受；（6）转企改制的资产交接、相关合同主体的变更、民办非企业单位在民政部门和税务部门的注销手续，以及医疗机构执业许可证机构名称变更滞后等现象，需要有合理合规的债权、债务处置方案和税收处理方案等，有许多复杂具体的工作需要去做。

上市公司开元投资成功并购西安高新医院公司，获得了证券交易所和中国证监会的认可，也印证了证券交易所和中国证监会对高新医院转企改制的合规性给予了认同。

第五节　某中医药生物研究所转企改制案

一、转企改制的基本情况及主要过程

某市某中医药生物研究所（以下简称研究所）成立于 2002 年 1 月 29 日，经该市民政局核准登记并领取了《民办非企业单位登记证书》。该研究所登记

的出资人为 1 个自然人，开办资金 5 万元，业务主管单位为该市科技局，业务范围为中草药的资源收集、引进种植、推广研究、开发利用，中成药、生物新技术的研究，中医新技术研究及培训，中医药信息咨询与推广。

之后，研究所出资人以转让出资权益的方式对出资人、住所及负责人等进行了多次变更登记。2018 年 5 月，研究所开办资金增至 200 万元，超出 200 万元的部分，计入资本公积；出资人变更为 2 个自然人。该市民政局核准了该研究所的历次变更，并换发了《民办非企业单位登记证书》。

2012 年，研究所以出让方式取得一宗国有建设用地，用途为科教用地，并办理了国有土地使用权证。2016 年在该宗土地上，经规划施工许可，出资人通过研究所投资 1 亿多元实施工程建设项目，即存在在建工程项目。

另外，2016 年研究所用自己拥有的土地使用权，为某公司向银行的 5000 万元贷款提供了抵押担保。借款的债务人公司因逾期无法清偿借款本息，根据法院生效法律文书，研究所以其拥有的土地使用权为上述债务承担抵押担保责任，银行对该抵押物有优先受偿权。研究所承担担保责任后有权向借款公司追偿借款，即研究所存在主要资产对外抵押担保的情形。

研究所自 2002 年 1 月成立以来，截至 2018 年 5 月，一直未开展实际业务，未接收社会捐赠，未享受税收优惠和财政扶持，也未办理业务所需的资质证书。除在建工程及与在建工程相关的债权、债务外，研究所属于无人员（举办人除外）、无业务、无其他债权和债务的民办非企业单位。

为完成工程建设及实现经营医院的目的，需要加大投资和引入新的投资人。而新的投资人提出投资的前提是需将研究所改为营利性的企业，以满足投资人规划的纳入未来上市公司的体系，进而解决投资人未来的退出机制及其追求的投资回报。不引入新的投资人及其资金，原出资人继续投入资金有困难，工程项目有停工、停建、烂尾楼的风险；引入新的投资人及其资金，该研究所面临着转企改制的现实需求。

2018 年 6 月 13 日，该研究所理事会及举办人分别作出决议，决定以 2018 年 5 月 31 日为转企改制基准日，将研究所转企改制为有限公司；委托有资质的审计、评估机构对研究所进行清产核资，以不超过截至 2018 年 5 月 31 日的净资产折为公司的注册资本；由举办人等组成转企改制工作小组，全面负责研究所转企改制的各项工作，并制订转企改制方案预案。

2018 年 6 月 13 日，研究所职工大会作出决议，同意研究所以 2018 年 5 月 31 日为基准日进行转企改制，同意转企改制方案中关于职工安置的方案，全体职工支持由转企改制后的有限公司全部接收研究所的员工。

2018 年 6 月 14 日，会计师事务所出具了《清产核资专项审计报告》，截至 2018 年 5 月 31 日，研究所净资产为 275.35 万元。

2018 年 6 月 19 日，资产评估事务所出具了《资产评估报告》，截至 2018 年 5 月 31 日，研究所净资产评估值为 4005.56 万元。

2018 年 6 月 20 日，研究所转企改制工作小组制定了《××中医药生物研究所转企改制方案》，该方案内容包括：（1）研究所的基本情况——包括设立和变更情况、主营业务和生产经营情况、资产财务状况、债权和债务情况、职工及社会保险情况、对外担保及投资情况等；（2）研究所转企改制的目标和思路——指导思想、转企改制原则、转企改制目标、转企改制的必要性和可行性、转企业改制后的公司发展思路等；（3）转企改制方式及具体方案——转企改制方式、清产核资和产权界定、转企改制后民办非企业单位的注销和公司的设立登记、业务处理、资产处理、债权及债务处理方案、对外担保及对外投资处理方案、职工安置方案、转企改制后的公司法人治理机制、转企改制中的税费处理等；（4）方案实施——转企改制的主要程序、转企业改制领导小组、转企业改制方案的具体实施和落实、债权及债务的处置方案、职工安置方案、土地及房产等重要资产的变更登记和资质证书的变更、资料保存等。根据该转企改制方案，研究所拟转企改制为××医院有限公司（以下简称医院公司）。

在转企改制方案实施过程中，为解决土地抵押的债权及债务问题，研究所主动代替借款的公司清偿了 5000 万元的银行贷款，办理了解押手续。

2018 年 8 月 9 日，基于研究所的申请，所在地的市人民政府作出了《关于××中医药生物研究所转企改制的批复》：一是同意研究所以 2018 年 5 月 31 日为基准日转企改制为有限公司，清产核资结果不涉及国有及集体资产，转企改制的方式、条件和程序合法合规，债权和债务、职工安置由转制后的公司承继并确认；二是同意改制后，由市直相关部门依法办理相关手续。

2018 年 7 月 2 日，研究所所在地的市工商行政管理局，为拟转企改制成立的医院公司核发了《企业名称预先核准通知书》。

2018 年 8 月 10 日，研究所举办人会议决议，基于研究所的转企改制，向民办非企业单位登记管理机构申请不清算注销登记；指定相关人员组成研究所清算组，负责研究所的清算事宜。

2018 年 8 月 14 日，研究所清算组出具了《清算报告书》：（1）研究所为实施转企改制制订了转企改制方案。根据转企改制方案经会计师事务所清产核资审计并经举办人及本清算组确认，截至转企改制基准日，研究所归属投资者权益（净资产）275.35 万元。该投资者权益（净资产）275.35 万元直接转为对公司的投资（净资产出资），举办人不做实际分配。（2）转企改制过程中，根据举办人、理事会决议及市人民政府的批复，研究所的所有债权和债务由转企改制后的公司承继，职工由转企改制后的公司负责安置，未结业务由转企改制后的公司承接，不存在未处理的债权和债务事项，不损害债权人和债务人的合法权益，不损害国家及社会公共利益。（3）研究所转企改制为有限公司后，应当做不清算注销登记。

2018 年 8 月 15 日，研究所的出资人、理事及清算组形成了《××中医药生物研究所注销登记履行程序会议纪要》，列述了研究所清算注销的相关工作及履行的程序等。

2018 年 8 月 15 日，基于研究所的请示，业务主管单位市科技局作出了《关于同意××中医药研究所注销登记的批复》，认为该研究所由民办非企业单位转企改制为有限公司，制订了转企改制方案，并依法成立了民办非企业单位清算组织，进行了清产核资等工作，符合清算注销所需履行的程序，同意其注销登记的申请，批复如下：（1）同意研究所转企改制为有限公司并以 2018 年 5 月 31 日为基准日作出的清产核资结果及剩余财产的处理方案（转为对公司的投资），债权和债务及职工安置均由转企后的公司承继；（2）同意研究所清算组的清算报告；（3）同意研究所办理注销登记手续。

2018 年 8 月 16 日，会计师事务所为医院公司（筹）出具了《验资报告》，确认医院公司（筹）注册资本为人民币 200 万元，由研究所全体开办人以其拥有的研究所经审计的账面净资产出资，已出资到位。

2018 年 8 月 30 日，研究所所在地的市工商行政管理局核准医院公司成立，并为其颁发了营业执照，登记的股东及其持股比例，与转企改制前的研究所的出资人及其出资比例不变，注册资本在转企改制前后也没有变化。

其后，研究所将全部资产及债权和债务、人员、在建工程证件等向医院公司进行了移交，医院公司据此入册建账，承继了研究所的资产及债权和债务、人员等。

因涉及土地及在建工程证件的变更与变更过程中其转企改制的其他资产及债权和债务的处理涉及的实施问题，2018 年 7 ~ 11 月，医院公司基于转企改制法律行为，依据相关税收法律法规和《国家税务总局关于纳税人资产重组有关增值税问题的公告》（国家税务总局公告 2013 年第 66 号）、《财政部、税务总局关于继续支持企业事业单位改制重组有关契税政策的通知》（财税〔2018〕17 号）等政策文件的规定，向税务主管机关申请了增值税、土地增值税、契税等的免税，获得了税务主管机关的核准。

其后，研究所原有的土地使用权证、建设工程规划许可证、建设工程施工许可证等在建工程证件，先后变更至医院公司名下，且土地用途也变更为医疗服务用地。同时，与建设过程施工有关的施工合同的主体也由研究所变更为医院公司。

2018 年 9 月 5 日，基于研究所的申请，所在地的市民政局为研究所办理了不清算注销登记，并进行了注销公告。至此，研究所转企改制的工作全部完成。

截至 2022 年 10 月，研究所转企改制后的医院公司已成功引入投资人，国院公司的注册资本增加至 1.2 亿元，并发展成为按照三级甲等标准建设的现代化大型二级综合医院，被确定为该市首家低视力儿康复定点医院。医院公司总投资 6.2 亿元，占地面积 70 亩，规划病床 1200 张，成为该市有影响力的民办医院有限公司。研究所因转企改制摆脱了困境，并获得了长足发展。

二、简要评析

基于笔者掌握的材料信息较充分，研究所的转企改制过程看起来相对具体详细。从该研究所转企改制的过程可见：

（一）转企改制的方式、条件和程序全面且规范

该研究所转企改制的方式为整体变更或整体改制，满足了整体变更的三项条件，转企改制先后履行了以下程序：出资人作出转企改制决议，成立转企改制小组，制订转企改制方案（含债权、债务处理方案，职工安置方案，税收处理方案等），清产核资和产权界定，通知债权人或公告，向业务主管单位和政府申请转企改制并报转企改制方案，取得业务主管单位和政府的批准，在市场监督管理部门登记注册成立转企改制后的有限责任公司，进行验资并获得验资报告，进行资产及债权和债务、人员和业务的移交，解除土地抵押、妥善处理好债权、债务和未履行完毕合同的主体变更，申请转企改制税收减免并获得税收主管机关的核准，办理不动产及在建工程许可证件的变更登记，出资人决议民办非企业单位注销登记并成立清算组，清算组作出清算报告，申请民办非企业单位的注销登记且获得民政部门的核准并予以公告等，该程序规范完备。

（二）值得关注的几个特殊事项的处理

（1）制订了规范且内容全面的转企改制方案，作为转企改制的重要基础文件，并作为向业务主管单位和政府申请转企改制的附件。转企改制方案明确了转企改制的原则、指导思想和目标以及必要性和可行性，确定了转企改制的方式和具体方案，其中含债权及债务的处置方案、职工安置方案和税收处理方案等，确定了转企改制的程序和方案的实施等，涵盖了转企改制的全面工作。（2）转企改制既取得了业务主管单位的同意，又取得了政府的批复；既确定了投资人及其出资比例前后相同、转企改制后的公司承继原民办非企业单位的资产及债权、债务并负责职工安置，又实质进行了产权界定。政府批复明确了清产核资结果不涉及国有及集体资产，转企改制的方式、条件和

程序合法合规，债权和债务、职工安置由转企改制后的公司承继并确认。（3）积极妥善地解决了不动产抵押等重大债权、债务，保障了转企改制的顺利推进。（4）积极掌握相关税收政策并主动向税务机关申请转企改制及资产转移过程中的税收减免，并获得税收减免的核准，保证转企改制过程中税收问题的合法合规。（5）在前文所述全面工作的基础上，顺利完成了土地产权及在建工程许可证件的变更手续。（6）转企改制后，成功引入新的投资人，增加了投资，解决了工程项目建设的资金问题，扩大了经营规模，促进了就业，增加了税收，极大地释放了市场活力。这又是一个成功转企改制的案例。

除上述案例外，国内还有多起转企改制的实践证成，比如笔者 2015 年承办的两个民办非企业单位民办医院，成功转企改制为医院有限公司，目前均持续运营，成为当地有影响力的医疗服务企业，也是该民办医院所在省首例民办非企业单位转企改制案例。

本章共五节，分别讲述了四个民办非企业单位民办医院和一个民办非企业单位民办科研研究所转企改制为有限公司。四个民办医院转企改制的目的是实现被上市公司并购重组，其中三个被成功并购，一个被中国证监会核准后由上市公司主动终止；一个民办科研研究所转企改制后，成功引入新的投资人，解决了其生存和发展的“瓶颈”问题。

本章所述的五个民办非企业单位转企改制案例，执行的都是本书第六章“民办非企业单位转企改制的原则、方案和程序”中所称的整体变更或整体改制，转企改制的条件和程序虽形有异但实相同，保证了转企改制前后投资人及其出资比例不发生实质变化，资产及债权和债务、业务和人员具有全面的承继性的实质要求。该五个转企改制后的有限责任公司均取得了可持续发展，在保障社会医疗服务、促进就业和增加税收等方面，都作出了积极的贡献，很好地承担了社会责任。

这也是本书讨论民办非企业单位转企改制的现实意义。反之，有限责任公司、股份有限公司及其他企业，或个人独资企业、合伙企业等非法人组织，是否可以改制为民办非企业单位，即从营利性组织变更为非营利性组织呢？从法理及现行立法规范上看，同样具有可行性，也具有其积极的社会意义。

第九章　民办非企业单位转企改制的立法建议

第一节　地方政府为民办非企业单位转企改制规制的积极探索

非营利性的民办医院、民办学校、民办科研机构、民办康养机构、民办社会福利机构、民办其他社会服务机构等民办非企业单位，转企改制为营利性的有限责任公司、股份有限公司或其他企业，既有其必要性、可行性及重要的意义，又有其发展的现实需求；既有其内在的市场经济发展规律的逻辑关系，又为民办非企业单位转企改制的成功案例所证成。

如何实施民办非企业单位的转企改制，转企改制的主体、条件和程序有哪些规范要求，已经成为国家、地方各级党委政府、出资人或举办人、民办非企业单位、业务主管单位、登记管理机关、税收机关以及其他利益相关者不得不面对的现实问题，宜疏不宜堵。对其进行立法和建章规制，成为现实需要。如本书第一章“问题的提出”和第三章“民办非企业单位的法律规制现状”所述，一方面，民办非企业单位转企改制在实施、在进行，同时又面临无法可依的尴尬局面；另一方面，法律法规没有出现在民办非企业单位转企改制的活动现场，形成了法律规范的“缺位”。

对此，国家及个别地方政府以规范性文件的方式，对民办非企业单位转企改制问题进行了积极探索。例如：

1. 被称为全国首例的地方转企改制方法——2013 年 8 月 27 日温州市出台

的《关于民办非企业法人学校改制为企业法人学校的办法（试行）》。

作为改革开放的实验地，浙江省温州市以非营利民办学校转企改制为营利性企业为标的，进行了大胆的先行先试的制度探索。2011 年，温州开始承担国家民办教育综合改革试点任务，同年，温州市人民政府出台了《关于实施国家民办教育综合改革试点加快教育改革与发展的若干意见》及其配套文件（“1 +9”），2013 年升级为民办教育“1 + 14”政策体系。2018 年，温州市人民政府又出台了《关于进一步深化综合改革　促进民办教育健康发展的实施意见》。温州市一次又一次为民办教育锚定“新高点”“新方位”。在继承历史成功经验的基础上，推出了以“分类管理”为核心的民办教育新政策体系，并在“吸引市外优质教育品牌项目”“探索通过上市等融资方式做大做强教育资本市场”等领域均提出了富有温州特色的创新举措，率全国之先开展民办学校营利性和非营利性分类登记管理，打造了全国民办教育的“温州样本”。其中，在 2013 年温州市的民办教育“1 + 14”政策体系中，有 2013 年 8 月 27 日温州市出台的《关于民办非企业法人学校改制为企业法人学校的办法（试行）》，这一改制办法被称为“全国首创”①，共计 13 条，其主要内容有：制定办法的目的、民办非企业学校改制为企业学校的对象和必要性条件、改制的程序、学校净资产处置办法、土地资产的划拨改出让及出让金的补缴、民办教育公益基金会持有的社会净资产的处理、改制过程中的税费及政策优惠、登记为企业法人的民办学校的教育行政业务指导及行政监管、办法的解释等。

从今天的视角看，温州市 2013 年出台的《关于民办非企业法人学校改制为企业法人学校的办法（试行）》在改制的概念、条件和程序上，改制前民办非企业学校的净资产处置上，改制前后资产及债权和债务的处置上，业务及人员的承继上等方面，尚不能科学地体现其整体变更或整体改制的特征，存在诸多需要完善改进之处。但该改制办法在当时能够以地方政府规范性文件的

① 参见《温州全国率先试水“民校改企”》，载人民网 2013 年 9 月 2 日，http：//politics. people. com. cn/n/2013/0902/c1001 – 22767805. html。

方式，专门规范民办非企业学校转企改制为营利性企业法人，并呈现在全国人民面前，作为民办教育分类改革的制度保障之一，实属难能可贵，应当给予充分的肯定。

2. 国务院办公厅转发发展改革委、卫生部等部门《关于进一步鼓励和引导社会资本举办医疗机构意见的通知》（国办发〔2010〕58 号）。

该通知指出，"完善非公立医疗机构变更经营性质的相关政策。社会资本举办的非营利性医疗机构原则上不得转变为营利性医疗机构，确需转变的，需经原审批部门批准并依法办理相关手续；社会资本举办的营利性医疗机构转换为非营利性医疗机构，可提出申请并依法办理变更手续。变更后，按规定分别执行国家有关价格和税收政策"。该通知属于国家规范性文件，允许民办非企业单位之民办医院可以整体变更为企业。

3. 安徽省发展改革委、安徽省卫生厅、安徽省财政厅、安徽省商务厅、安徽省人力资源和社会保障厅《关于进一步鼓励和引导社会资本举办医疗机构的意见》（皖发改社会〔2013〕45 号）。

上述省级规范性文件提出，完善非公立医疗机构变更和退出相关政策。社会资本举办的非营利性医疗机构原则上不得转变为营利性医疗机构，确需转变的，需经原审批部门批准并依法办理相关手续；社会资本举办的营利性医疗机构转换为非营利性医疗机构，可提出申请并依法办理变更手续。变更后，按规定分别执行国家有关价格和税收政策。

上述政策的制定及其实施，为民办非企业单位转企改制提供了实践证成，也为完善立法提供了经验性借鉴。

第二节　民办非企业单位转企改制的立法建议

民办非企业单位转企改制已经成为当今社会不可避免的经济现象，且符合市场经济发展规律，具有必要性、可行性及其积极的现实意义。民办非企业单位作为社会组织形式之一由来已久。国务院自 1998 年 10 月颁布《民办非企业单位登记管理暂行条例》以来，至今没有对其进行修改，这与改革开放的不断深入、市场经济不断完善下的民办非企业单位的发展现状相比，立法明显滞后，尤其是对于民办非企业单位的转企改制，缺乏相应的法律规范。为此，建议如下：

一、加快研究制定《社会组织法》

以民办非企业单位（又称社会服务机构）、社会团体和基金会为主体组成的社会组织，是我国社会主义现代化建设的重要力量。民政部《"十四五"社会组织发展规划》解读指出，党中央、国务院历来高度重视社会组织工作。中华人民共和国成立初期，全国性社会团体只有44个；"文化大革命"前夕的1965年，全国性社会团体接近100个，地方性社会团体6000个左右；20世纪90年代初，全国性社会团体1600多个，地方性社会团体发展到近20万个。党的十八大前夕，全国登记的社会组织达46.2万个。我国社会组织的规模整体上一直处于稳步增长扩大的趋势；全国性社会组织和地方性社会组织已遍布所有行业和各个领域。近年来，随着社会组织改革发展的深入推进，我国社会组织正从"数量增长"转向"质量提升"，进入了质量、结构、规模、速度、效益、安全相统一的高质量发展期。①

党的十八大以来，党中央、国务院高度重视社会组织高质量发展。2016年8月，中共中央办公厅、国务院办公厅印发的《关于改革社会组织管理制度促进社会组织健康有序发展的意见》要求，坚持改革创新，改革社会组织管理制度，正确处理政府、市场、社会三者关系，改革制约社会组织发展的体制机制，激发社会组织内在活力和发展动力，促进社会组织真正成为提供服务、反映诉求、规范行为、促进和谐的重要力量；坚持放管并重，处理好"放"和"管"的关系，既要简政放权，优化服务，积极培育扶持，又要加

① 参见民政部《"十四五"社会组织发展规划》解读，载中国社会组织政务服务平台2022年3月28日，https://zcfg.chinanpo.mca.gov.cn/api-k/pages/knowledgefrontend/policies_detail.html?id=ee44770098e94a0c8cf347e684384df5&userid=ddcd8f7212af489588c83dd036f7dffe&thenmeName=%E7%BB%BC%E5%90%88&pageType=index。

强事中事后监管，促进社会组织健康有序发展；加快法制建设，加快调研论证，适时启动《社会组织法》的研究起草工作。鼓励和支持有条件的地方根据该意见精神出台地方性法规、地方政府规章。2021 年 3 月《国民经济和社会发展第十四个五年规划和 2035 年远景目标纲要》、2021 年 9 月民政部发布的《“十四五”社会组织发展规划》及相关法规政策要求，完善社会组织法律制度，具体表现为：一是加强顶层制度设计。深入推进科学立法、民主立法、依法立法，按照条件成熟、突出重点、先易后难、统筹兼顾的原则，分步骤推进社会组织领域相关立法。推动出台《社会组织登记管理条例》，同步健全配套政策制度。推动相关领域立法增加社会组织条款，进一步明确社会组织的法律地位和激励保障措施。二是发挥地方立法先行先试作用。鼓励各地在立法权限内，因地制宜制定与社会组织相关的地方性法规、规章及其他规范性文件。探索建立社会组织立法工作交流平台，及时总结推广各地经验做法。

2016 年 3 月，全国人大代表、西昌学院法学教授王明雯向十二届全国人大四次会议建议，加快《社会组织法》立法进程。王明雯教授认为，现行的社会组织法规制度严重滞后并制约着社会组织的发展。首先，法律位阶低。社会组织没有法律，只有《社会团体登记管理条例》《民办非企业单位登记管理暂行条例》《基金会管理条例》等法规。其次，法规不完善。《民办非企业单位登记管理暂行条例》没有明确民办非企业单位的财产归属，民间非营利性社会组织财产不能分配的原则与 2013 年《中华人民共和国民办教育促进法》第五十一条规定的“民办学校在扣除办学成本、预留发展基金以及按照国家有关规定提取其他的必需的费用后，出资人可以从办学结余中取得合理回报。取得合理回报的具体办法由国务院规定”相抵触。最后，实体性规范少，程序性规范不完善。现行的社会组织登记管理法规，只是解决了怎么登记的问题，还不能完全解决能不能登记的问题。此外，各级政府或教育行政部门依据《中华人民共和国民办教育促进法》审批的民办教育机构名称与《民办非企业单位名称管理暂行规定》存在冲突。因此，王明雯教授建议要加快《社会组织法》立法进程：首先，加紧起草并尽快出台《社会组织法》。

其次，加快修订《社会团体登记管理条例》《民办非企业单位登记管理暂行条例》《基金会管理条例》。密切配合管理体制改革，将新的管理体制以制度化的形式明确下来，建立以统一的直接登记为主，以部门间协调监管、分类指导、重点支持为辅的社会组织管理和发展新体制，逐步构建社会组织统一监管体系和促进社会组织健康发展的新格局，规范和促进社会组织的健康发展。再次，明确社会组织的产权属性并加大保护力度。在相关立法中，明确规定社会组织的财产属性，建立社会组织财产保护的有效机制，加大保护力度。最后，完善政策填补制度盲点。对不具备登记条件的城乡社区社会组织，以及近年来涌现出的“离岸社团”“网络社团”，尽快通过修订相关法规，作出明确规定。①

2018 年 8 月，民政部在其官网发布了《关于〈社会组织登记管理条例（草案征求意见稿）〉公开征求意见的通知》。从《社会组织登记管理条例（草案征求意见稿）》来看，分为总则，设立、变更和注销，组织机构，活动准则，信息公开，监督管理，法律责任和附则共八章，在第二章“设立、变更和注销”第四节“社会服务机构的设立”中，对社会服务机构即民办非企业单位的设立进行了专节规定。但该征求意见稿存在明显缺陷，主要表现在：一是对社会服务机构的定义仅限于“为公益目的”，定义范围过于狭窄，与《民法典》对社会服务机构的定义“为公益目的或者其他非营利目的”相比存在明显差异，构成下位法与上位法的冲突规范；二是没有对非营利性社会服务机构的转企改制作出相应的规范。

问题还在于，无论是《民办非企业单位登记管理暂行条例》，还是《社会组织登记管理条例（草案征求意见稿）》，其主要规范的是民办非企业单位或社会组织的设立条件、变更和注销，监督管理以及违反登记管理的法律责任等的“登记行为”，且处于行政法规的层级，而对民办非企业单位或社会组织的行为规范、权利和义务等无能力涉及。对民办非企业单位或社会组织的行

---

① 参见《人大代表王明雯建议：加快〈社会组织法〉立法进程》，载九三学社中央委员会官网 2016 年 3 月 10 日，https：//www.93.gov.cn/xwjc-snyw/250870.html。

为规范、权利和义务等，需要由《社会组织法》调整和规范，此属于法律层级。相较而言，《社会组织法》主要属于社会服务机构、社会团体、基金会等社会组织的私法范畴的组织法，《社会组织登记管理条例（征求意见稿）》及目前实施的《社会团体登记管理条例》《民办非企业单位登记管理暂行条例》《基金会管理条例》，应当是根据《社会组织法》制定的登记管理法规，后者无法具备前者的规范和调整能力。

这种关系和《中华人民共和国公司法》与《中华人民共和国公司登记管理条例》的关系同理。《中华人民共和国公司法》属于商业组织法，私法的范畴，是规范公司的组织和行为，保护公司、股东和债权人的合法权益，维护社会经济秩序，促进社会主义市场经济的发展而制定的法律，而《中华人民共和国公司登记管理条例》是为了确认公司的企业法人资格，规范公司登记行为，依据《中华人民共和国公司法》制定的行政法规。

这种关系和《中华人民共和国民办教育促进法》与《民办非企业单位登记管理暂行条例》《民办学校分类登记实施细则》的关系也同理。前者除规范民办学校的设立、变更与终止等与登记管理有关的事项外，还主要规范了学校的组织与活动、教师与受教育者、学校资产与财务管理、管理与监督、扶持与奖励、法律责任等，明显系后者无法涉及的规范调整的范围。

《社会组织法》作为由社会服务机构（民办非企业单位）、社会团体、基金会为主体组成的社会组织的普通法，应当有其完善的构成体系，并符合《中华人民共和国立法法》的规范要求。参照《中华人民共和国公司法》《中华人民共和国民办教育促进法》等组织法的立法例，结合社会组织的实际情况，应然上，《社会组织法》的构成体系可以考虑为：第一章“总则”，主要规定社会组织立法的依据、目的、适用范围、社会组织的概念或定义、地位和保护原则、社会作用、社会功能、监督管理体系等；第二章“设立”，主要对社会组织的设立条件、登记程序、章程及其备案等进行一般规定，并按照社会团体、基金会和社会组织各自的特殊性分节规定；第三章“治理机制”，主要规定社会组织的组织结构，开办人与社会组织的关系，社会组织的权力机构、经营管理机构与监督机构的一般情况，不同社会组织的不同组织机构，党组织及工会等；第四章“社会组织的活动或权利和义务”，主要规定开办人、社会组织的行为规范，社会组织的权利和义务，社会组织承担的社会责任，社会组织与国家、社会及其他利益相关者的法律关系的处理等；第五章“社会组织资产与财务管理”，主要规定资产及资金的来源、费用支出、资产管理、社会组织财产权、出资人出资权益与社会组织财产的关系、财务会计制度、资产管理制度、会计账簿的设置、资产的使用和财务管理监督等；第六章“监督与管理”，主要规定登记管理机关、业务指导或管理单位及其他审计、税收等监管机构的监督管理，社会组织业务资质许可或备案，服务对象的权益保护及投诉解决机制，年度检查、评估、执法登记等；第七章“扶持与奖励”，主要规定政府及社会通过公益基金或专项基金、政府购买服务、税收优惠、政府补贴、金融支持和社会捐赠等方式对社会组织及突出贡献的集体和个人进行扶持与奖励，促进社会组织的健康有序发展等；第八章“变更”，主要规定社会组织的合并、分立、增资、减资，出资权益转让，业务范围等变更事项的条件、程序及核准登记、公告等；第九章“解散和清算”，主要规定社会组织解散及清算的条件、程序以及转企改制等特殊事宜；第十章“国际合作”，主要规定社会组织在国际合作中的行为规范及政策引导；第十一章“信息公开”，主要规定社会组织的登记事项及章程、年检及评估结果、表彰及处罚、社会组织的信用情况等的信息公开内容、方式，接受社会公众监督等；第十二章“法律责任”，主要规定社会组织违反本法或其他法律法规，应当承担的民事、行政或刑事法律责任；第十三章“附则”，主要规定有关事项的解释、该法的生效实施及其他事项。

对于民办非企业单位或社会服务机构的转企改制，可以参照《中华人民共和国公司法》第十二条“有限责任公司变更为股份有限公司，应当符合本法规定的股份有限公司的条件。股份有限公司变更为有限责任公司，应当符合本法规定的有限责任公司的条件。有限责任公司变更为股份有限公司的，或者股份有限公司变更为有限责任公司的，公司变更前的债权、债务由变更后的公司承继”的立法例，在《社会组织法》中对其做原则性规定，如“社会服务机构可以变更为有限公司或其他企业，变更时应当符合《中华人民共和国公司法》或其他企业法律法规规定的条件。社会服务机构变更前的债权、债务由变更后的有限公司或其他企业承继”。对民办非企业单位转企改制的具体条件、程序等，可以在《社会组织法》原则性规范之下，完善《社会组织登记管理条例（草案征求意见稿)》，或者修改《民办非企业单位登记管理暂行条例》，或者在相关行政规章中进行具体规范。

二、完善《社会组织登记管理条例（草案征求意见稿)》或修订《民办非企业单位登记管理暂行条例》

完善《社会组织登记管理条例（草案征求意见稿)》，主要考虑以下几个方面：一是《社会组织登记管理条例（草案征求意见稿)》第二条第四款对社会服务机构的概念及定义，应当符合《中华人民共和国民法典》第八十七条对非营利法人的定义，将草案征求意见稿中的社会服务机构从仅为“为了公益目的”，拓展为“为公益目的或者其他非营利目的”两类，消除与上位法的冲突。二是根据国家“放管服”的法规及政策要求，对监督管理进行优化，改变为服务、指导。三是在《社会组织登记管理条例（草案征求意见稿)》中增加有关社会服务机构转企改制的条款，建立转企改制的制度，迎合民办非企业单位发展的现实需求，进行法规“补位”。

修订《民办非企业单位登记管理暂行条例》，主要考虑以下几个方面：一是对民办非企业单位的概念或定义，根据《民法典》对非营利法人的定义及分类进行跟进式修订，使之既精准，又符合上位法的规定。二是根据国家“放管服”的法规和政策要求，对严格的双重监督管理体制等进行修订。三是对民办非企业单位只能是非营利法人，还是可以为非法人组织，结合法律法规进行修订。四是在出资人是否有分红权及清算后的财产权方面，结合《中华人民共和国民法典》《中华人民共和国民办教育促进法》等法律法规的规定进行修订。五是增加民办非企业单位可以转企改制的条款，并对转企改制的条件和程序等作出规范，弥补法规的缺位，结合相关法律法规进行完善和修订。

法律是一种不断完善的实践。与日新月异的社会生活现象相比，法律基于其稳定性、确定性，一定程度上也决定了立法具有天然的“滞后性”。截至目前，针对包括但不限于民办非企业单位的社会组织的立法过于滞后，已经不能适应现实现状和时代发展的要求。《中华人民共和国立法法》强调，立法应当从实际出发，适应经济社会发展和全面深化改革的要求，科学合理地规定公民、法人和其他组织的权利与义务、国家机关的权力与责任；法律规范应当明确、具体，具有针对性和可执行性。据此，对民办非企业单位转企改制的立法规制，已成为现实的迫切需要，这也是国家及有关部门建立健全该项法律制度的职责和任务。

正义可能迟到，但永远不会缺位。对民办非企业单位转企改制的法律规制，即使无法“立法超前”，但可以解决其“立法滞后”的问题。正如2022年10月党的二十大报告所指出，“全面依法治国是国家治理的一场深刻革命，关系党执政兴国，关系人民幸福安康，关系党和国家长治久安。必须更好发挥法治固根本、稳预期、利长远的保障作用，在法治轨道上全面建设社会主义现代化国家”，“健全保证宪法全面实施的制度体系……加强重点领域、新兴领域、涉外领域立法，统筹推进国内法治和涉外法治……推进科学立法、民主立法、依法立法，统筹立改废释纂，增强立法系统性、整体性、协同性、时效性”，这也是推进国家治理体系和治理能力现代化的本质要求。

CHAPTER 02

第二编　法规篇

一、综合法规

（一）法　　律

中华人民共和国民法典（节录）

1．2020年5月28日第十三届全国人民代表大会第三次会议通过

2．2020年5月28日中华人民共和国主席令第45号公布

3．自2021年1月1日起施行

第一编　总　　则

第三章　法　　人

第一节　一般规定

第五十七条　【法人的定义】[①] 法人是具有民事权利能力和民事行为能力，依法独立享有民事权利和承担民事义务的组织。

第五十八条　【法人成立的条件】法人应当依法成立。

法人应当有自己的名称、组织机构、住所、财产或者经费。法人成立的具体条件和程序，依照法律、行政法规的规定。

设立法人，法律、行政法规规定须经有关机关批准的，依照其规定。

第五十九条　【法人民事权利能力和民事行为能力的起止】法人的民事权利能力和民事行为能力，从法人成立时产生，到法人终止时消灭。

第六十条　【法人民事责任承担】法人以其全部财产独立承担民事责任。

第六十一条　【法定代表人的定义及行为的法律后果】依照法律或者法人章程的规定，代表法人从事民事活动的负责人，为法人的法定代表人。

法定代表人以法人名义从事的民事活动，其法律后果由法人承受。

---

① 条文主旨为编者所加，全书同。

法人章程或者法人权力机构对法定代表人代表权的限制，不得对抗善意相对人。

第六十二条　【法定代表人职务侵权行为的责任承担】法定代表人因执行职务造成他人损害的，由法人承担民事责任。

法人承担民事责任后，依照法律或者法人章程的规定，可以向有过错的法定代表人追偿。

第六十三条　【法人的住所】法人以其主要办事机构所在地为住所。依法需要办理法人登记的，应当将主要办事机构所在地登记为住所。

第六十四条　【法人变更登记】法人存续期间登记事项发生变化的，应当依法向登记机关申请变更登记。

第六十五条　【法人实际情况与登记事项不一致的法律后果】法人的实际情况与登记的事项不一致的，不得对抗善意相对人。

第六十六条　【公示登记信息】登记机关应当依法及时公示法人登记的有关信息。

第六十七条　【法人合并、分立后权利义务的享有和承担】法人合并的，其权利和义务由合并后的法人享有和承担。

法人分立的，其权利和义务由分立后的法人享有连带债权，承担连带债务，但是债权人和债务人另有约定的除外。

第六十八条　【法人终止的原因】有下列原因之一并依法完成清算、注销登记的，法人终止：

（一）法人解散；

（二）法人被宣告破产；

（三）法律规定的其他原因。

法人终止，法律、行政法规规定须经有关机关批准的，依照其规定。

第六十九条　【法人解散的情形】有下列情形之一的，法人解散：

（一）法人章程规定的存续期间届满或者法人章程规定的其他解散事由出现；

（二）法人的权力机构决议解散；

（三）因法人合并或者分立需要解散；

（四）法人依法被吊销营业执照、登记证书，被责令关闭或者被撤销；

（五）法律规定的其他情形。

第七十条　【法人解散后的清算】法人解散的，除合并或者分立的情形外，清算义务人应当及时组成清算组进行清算。

法人的董事、理事等执行机构或者决策机构的成员为清算义务人。法律、行政法规另有规定的，依照其规定。

清算义务人未及时履行清算义务，造成损害的，应当承担民事责任；主管机关或者利害关系人可以申请人民法院指定有关人员组成清算组进行清算。

第七十一条　【清算适用的法律依据】法人的清算程序和清算组职权，依照有关法律的规定；没有规定的，参照适用公司法律的有关规定。

第七十二条　【清算中法人地位、清算后剩余财产的处理和法人终止】清算期间法人存续，但是不得从事与清算无关的活动。

法人清算后的剩余财产，按照法人章程的规定或者法人权力机构的决议处理。法律另有规定的，依照其规定。

清算结束并完成法人注销登记时，法人终止；依法不需要办理法人登记的，清算结束时，法人终止。

第七十三条　【法人破产】法人被宣告破产的，依法进行破产清算并完成法人注销登记时，法人终止。

第七十四条　【法人分支机构及其责任承担】法人可以依法设立分支机构。法律、行政法规规定分支机构应当登记的，依照其规定。

分支机构以自己的名义从事民事活动，产生的民事责任由法人承担；也可以先以该分支机构管理的财产承担，不足以承担的，由法人承担。

第七十五条　【法人设立行为的法律后果】设立人为设立法人从事的民事活动，其法律后果由法人承受；法人未成立的，其法律后果由设立人承受，设立人为二人以上的，享有连带债权，承担连带债务。

设立人为设立法人以自己的名义从事民事活动产生的民事责任，第三人有权选择请求法人或者设立人承担。

第二节　营利法人

第七十六条　【营利法人的定义及类型】以取得利润并分配给股东等出资人为目的成立的法人，为营利法人。

营利法人包括有限责任公司、股份有限公司和其他企业法人等。

第七十七条　【营利法人的成立】营利法人经依法登记成立。

第七十八条　【营利法人的营业执照】依法设立的营利法人，由登记机关发给营利法人营业执照。营业执照签发日期为营利法人的成立日期。

第七十九条　【营利法人的章程】设立营利法人应当依法制定法人章程。

第八十条　【营利法人的权力机构】营利法人应当设权力机构。

权力机构行使修改法人章程，选举或者更换执行机构、监督机构成员，以及法人章程规定的其他职权。

第八十一条　【营利法人的执行机构】营利法人应当设执行机构。

执行机构行使召集权力机构会议，决定法人的经营计划和投资方案，决定法人内部管理机构的设置，以及法人章程规定的其他职权。

执行机构为董事会或者执行董事的，董事长、执行董事或者经理按照法人章程的规定担任法定代表人；未设董事会或者执行董事的，法人章程规定的主要负责人为其执行机构和法定代表人。

第八十二条　【营利法人的监督机构】营利法人设监事会或者监事等监督机构的，监督机构依法行使检查法人财务，监督执行机构成员、高级管理人员执行法人职务的行为，以及法人章程规定的其他职权。

第八十三条　【出资人滥用权利的责任承担】营利法人的出资人不得滥用出资人权利损害法人或者其他出资人的利益；滥用出资人权利造成法人或者其他出资人损失的，应当依法承担民事责任。

营利法人的出资人不得滥用法人独立地位和出资人有限责任损害法人债权人的利益；滥用法人独立地位和出资人有限责任，逃避债务，严重损害法人债权人的利益的，应当对法人债务承担连带责任。

第八十四条　【限制不当利用关联关系】营利法人的控股出资人、实际控制人、董事、监事、高级管理人员不得利用其关联关系损害法人的利益；利用关联关系造成法人损失的，应当承担赔偿责任。

第八十五条　【决议的撤销】营利法人的权力机构、执行机构作出决议的会议召集程序、表决方式违反法律、行政法规、法人章程，或者决议内容违反法人章程的，营利法人的出资人可以请求人民法院撤销该决议。但是，营利法人依据该决议与善意相对人形成的民事法律关系不受影响。

第八十六条　【营利法人应履行的义务】营利法人从事经营活动，应当遵守商业道德，维护交易安全，接受政府和社会的监督，承担社会责任。

第三节　非营利法人

第八十七条　【非营利法人的定义及类型】为公益目的或者其他非营利目的成立，不向出资人、设立人或者会员分配所取得利润的法人，为非营利法人。

非营利法人包括事业单位、社会团体、基金会、社会服务机构等。

第八十八条　【事业单位法人资格的取得】具备法人条件，为适应经济社会发展需要，提供公益服务设立的事业单位，经依法登记成立，取得事业单位法人资格；依法不需要办理法人登记的，从成立之日起，具有事业单位法人资格。

第八十九条　【事业单位法人的组织机构及法定代表人】事业单位法人设理事会的，除法律另有规定外，理事会为其决策机构。事业单位法人的法定代表人依照法律、行政法规或者法人章程的规定产生。

第九十条　【社会团体法人资格的取得】具备法人条件，基于会员共同意愿，为公益目的或者会员共同利益等非营利目的设立的社会团体，经依法登记成立，取得社会团体法人资格；依法不需要办理法人登记的，从成立之日起，具有社会团体法人资格。

第九十一条　【社会团体法人的章程及组织机构】设立社会团体法人应当依法制定法人章程。

社会团体法人应当设会员大会或者会员代表大会等权力机构。

社会团体法人应当设理事会等执行机构。理事长或者会长等负责人按照法人章程的规定担任法定代表人。

第九十二条　【捐助法人资格的取得】具备法人条件，为公益目的以捐助财产设立的基金会、社会服务机构等，经依法登记成立，取得捐助法人资格。

依法设立的宗教活动场所，具备法人条件的，可以申请法人登记，取得捐助法人资格。法律、行政法规对宗教活动场所有规定的，依照其规定。

第九十三条　【捐助法人的章程及组织机构】设立捐助法人应当依法制定法人章程。

捐助法人应当设理事会、民主管理组织等决策机构，并设执行机构。理事长等负责人按照法人章程的规定担任法定代表人。

捐助法人应当设监事会等监督机构。

第九十四条　【捐助人的权利】捐助人有权向捐助法人查询捐助财产的使用、管理情况，并提出意见和建议，捐助法人应当及时、如实答复。

捐助法人的决策机构、执行机构或者法定代表人作出决定的程序违反法律、行政法规、法人章程，或者决定内容违反法人章程的，捐助人等利害关系人或者主管机关可以请求人民法院撤销该决定。但是，捐助法人依据该决定与善意相对人形成的民事法律关系不受影响。

第九十五条　【非营利法人终止时剩余财产的处理】为公益目的成立的非营利法人终止时，不得向出资人、设立人或者会员分配剩余财产。剩余财产应当按照法人章程的规定或者权力机构的决议用于公益目的；无法按照法人章程的规定或者权力机构的决议处理的，由主管机关主持转给宗旨相同或者相近的法人，并向社会公告。

第四节　特别法人

第九十六条　【特别法人的类型】本节规定的机关法人、农村集体经济组织法人、城镇农村的合作经济组织法人、基层群众性自治组织法人，为特别法人。

第九十七条　【机关法人资格的取得】有独立经费的机关和承担行政职能的法定机构从成立之日起，具有机关法人资格，可以从事为履行职能所需要的民事活动。

第九十八条　【机关法人终止后权利义务的享有和承担】机关法人被撤销的，法人终止，其民事权利和义务由继任的机关法人享有和承担；没有继任的机关法人的，由作出撤销决定的机关法人享有和承担。

第九十九条　【农村集体经济组织法人】农村集体经济组织依法取得法人资格。

法律、行政法规对农村集体经济组织有规定的，依照其规定。

第一百条　【城镇农村的合作经济组织法人】城镇农村的合作经济组织依法取得法人资格。

法律、行政法规对城镇农村的合作经济组织有规定的，依照其规定。

第一百零一条　【基层群众性自治组织法人】居民委员会、村民委员会具有基层群众性自治组织法人资格，可以从事为履行职能所需要的民事活动。

未设立村集体经济组织的，村民委员会可以依法代行村集体经济组织的职能。

第四章　非法人组织

第一百零二条　【非法人组织的定义及类型】非法人组织是不具有法人资格，但是能够依法以自己的名义从事民事活动的组织。

非法人组织包括个人独资企业、合伙企业、不具有法人资格的专业服务机构等。

第一百零三条　【非法人组织的设立程序】非法人组织应当依照法律的规定登记。

设立非法人组织，法律、行政法规规定须经有关机关批准的，依照其规定。

第一百零四条　【非法人组织的债务承担】非法人组织的财产不足以清偿债务的，其出资人或者设立人承担无限责任。法律另有规定的，依照其规定。

第一百零五条　【非法人组织的代表人】非法人组织可以确定一人或者数人代表该组织从事民事活动。

第一百零六条 【非法人组织解散的情形】有下列情形之一的，非法人组织解散：

（一）章程规定的存续期间届满或者章程规定的其他解散事由出现；

（二）出资人或者设立人决定解散；

（三）法律规定的其他情形。

第一百零七条 【非法人组织的清算】非法人组织解散的，应当依法进行清算。

第一百零八条 【参照适用】非法人组织除适用本章规定外，参照适用本编第三章第一节的有关规定。

中华人民共和国教育法（节录）

1. 1995 年 3 月 18 日第八届全国人民代表大会第三次会议通过

2. 根据 2009 年 8 月 27 日第十一届全国人民代表大会常务委员会第十次会议《关于修改部分法律的决定》第一次修正

3. 根据 2015 年 12 月 27 日第十二届全国人民代表大会常务委员会第十八次会议《关于修改〈中华人民共和国教育法〉的决定》第二次修正

4. 根据 2021 年 4 月 29 日第十三届全国人民代表大会常务委员会第二十八次会议《关于修改〈中华人民共和国教育法〉的决定》第三次修正

第二十六条 【举办学校及其他教育机构】国家制定教育发展规划，并举办学校及其他教育机构。

国家鼓励企业事业组织、社会团体、其他社会组织及公民个人依法举办学校及其他教育机构。

国家举办学校及其他教育机构，应当坚持勤俭节约的原则。

以财政性经费、捐赠资产举办或者参与举办的学校及其他教育机构不得设立为营利性组织。

第二十八条 【审批、注册和备案制度】学校及其他教育机构的设立、变更和终止，应当按照国家有关规定办理审核、批准、注册或者备案手续。

第三十二条 【学校的法律地位】学校及其他教育机构具备法人条件的，自批准设立或者登记注册之日起取得法人资格。

学校及其他教育机构在民事活动中依法享有民事权利，承担民事责任。

学校及其他教育机构中的国有资产属于国家所有。

学校及其他教育机构兴办的校办产业独立承担民事责任。

第五十四条　【经费筹措体制】国家建立以财政拨款为主、其他多种渠道筹措教育经费为辅的体制，逐步增加对教育的投入，保证国家举办的学校教育经费的稳定来源。

企业事业组织、社会团体及其他社会组织和个人依法举办的学校及其他教育机构，办学经费由举办者负责筹措，各级人民政府可以给予适当支持。

中华人民共和国民办教育促进法（节录）

1. 2002年12月28日第九届全国人民代表大会常务委员会第三十一次会议通过

2. 根据2013年6月29日第十二届全国人民代表大会常务委员会第三次会议《关于修改〈中华人民共和国文物保护法〉等十二部法律的决定》第一次修正

3. 根据2016年11月7日第十二届全国人民代表大会常务委员会第二十四次会议《关于修改〈中华人民共和国民办教育促进法〉的决定》第二次修正

4. 根据2018年12月29日第十三届全国人民代表大会常务委员会第七次会议《关于修改〈中华人民共和国劳动法〉等七部法律的决定》第三次修正

第二条　【调整范围】国家机构以外的社会组织或者个人，利用非国家财政性经费，面向社会举办学校及其他教育机构的活动，适用本法。本法未作规定的，依照教育法和其他有关教育法律执行。

第十条　【举办资格】举办民办学校的社会组织，应当具有法人资格。

举办民办学校的个人，应当具有政治权利和完全民事行为能力。

民办学校应当具备法人条件。

第十九条　【设立登记手续】民办学校的举办者可以自主选择设立非营利性或者营利性民办学校。但是，不得设立实施义务教育的营利性民办学校。

非营利性民办学校的举办者不得取得办学收益，学校的办学结余全部用于办学。

营利性民办学校的举办者可以取得办学收益，学校的办学结余依照公司法等有关法律、行政法规的规定处理。

民办学校取得办学许可证后，进行法人登记，登记机关应当依法予以办理。

第三十五条　【财会和资产管理制度】民办学校应当依法建立财务、会计制度和资产管理制度，并按照国家有关规定设置会计帐簿。

第三十六条　【法人财产权】民办学校对举办者投入民办学校的资产、国有资产、受赠的财产以及办学积累，享有法人财产权。

第三十七条　【财产保护】民办学校存续期间，所有资产由民办学校依法管理和使用，任何组织和个人不得侵占。

任何组织和个人都不得违反法律、法规向民办教育机构收取任何费用。

第四十五条　【政府财政支持】县级以上各级人民政府可以设立专项资金，用于资助民办学校的发展，奖励和表彰有突出贡献的集体和个人。

第四十六条　【政府扶持】县级以上各级人民政府可以采取购买服务、助学贷款、奖助学金和出租、转让闲置的国有资产等措施对民办学校予以扶持；对非营利性民办学校还可以采取政府补贴、基金奖励、捐资激励等扶持措施。

第四十七条　【税收优惠】民办学校享受国家规定的税收优惠政策；其中，非营利性民办学校享受与公办学校同等的税收优惠政策。

第四十八条　【鼓励捐赠】民办学校依照国家有关法律、法规，可以接受公民、法人或者其他组织的捐赠。

国家对向民办学校捐赠财产的公民、法人或者其他组织按照有关规定给予税收优惠，并予以表彰。

第四十九条　【信贷支持】国家鼓励金融机构运用信贷手段，支持民办教育事业的发展。

第五十条　【拨付教育经费】人民政府委托民办学校承担义务教育任务，应当按照委托协议拨付相应的教育经费。

第五十一条　【用地优惠措施】新建、扩建非营利性民办学校，人民政府应当按照与公办学校同等原则，以划拨等方式给予用地优惠。新建、扩建营利性民办学校，人民政府应当按照国家规定供给土地。

教育用地不得用于其他用途。

第五十三条　【分立、合并】民办学校的分立、合并，在进行财务清算后，由学校理事会或者董事会报审批机关批准。

申请分立、合并民办学校的，审批机关应当自受理之日起三个月内以书面形式答复；其中申请分立、合并民办高等学校的，审批机关也可以自受理之日起六个月内以书面形式答复。

第五十四条　【举办者的变更】民办学校举办者的变更，须由举办者提出，在进行财务清算后，经学校理事会或者董事会同意，报审批机关核准。

第五十五条　【名称、层次、类别的变更】民办学校名称、层次、类别的变更，由学校理事会或者董事会报审批机关批准。

申请变更为其他民办学校，审批机关应当自受理之日起三个月内以书面形式答复；其中申请变更为民办高等学校的，审批机关也可以自受理之日起六个月内以书面形式答复。

第五十八条　【终止时的财务清算】民办学校终止时，应当依法进行财务清算。

民办学校自己要求终止的，由民办学校组织清算；被审批机关依法撤销的，由审批机关组织清算；因资不抵债无法继续办学而被终止的，由人民法院组织清算。

第五十九条　【财产清偿】对民办学校的财产按照下列顺序清偿：

（一）应退受教育者学费、杂费和其他费用；

（二）应发教职工的工资及应缴纳的社会保险费用；

（三）偿还其他债务。

非营利性民办学校清偿上述债务后的剩余财产继续用于其他非营利性学校办学；营利性民办学校清偿上述债务后的剩余财产，依照公司法的有关规定处理。

中华人民共和国职业教育法（节录）

1．1996年5月15日第八届全国人民代表大会常务委员会第十九次会议通过

2．2022年4月20日第十三届全国人民代表大会常务委员会第三十四次会议修订

第二条　【职业教育概念及适用范围】本法所称职业教育，是指为了培养高素质技术技能人才，使受教育者具备从事某种职业或者实现职业发展所需要的职业道德、科学文化与专业知识、技术技能等职业综合素质和行动能力而实施的教育，包括职业学校教育和职业培训。

机关、事业单位对其工作人员实施的专门培训由法律、行政法规另行规定。

第九条　【企业、事业单位以及社会组织在职业教育中的责任】国家鼓励发展多种层次和形式的职业教育，推进多元办学，支持社会力量广泛、平等参与职业教育。

国家发挥企业的重要办学主体作用，推动企业深度参与职业教育，鼓励企业举办高质量职业教育。

有关行业主管部门、工会和中华职业教育社等群团组织、行业组织、企业、事业单位等应当依法履行实施职业教育的义务，参与、支持或者开展职业教育。

第十六条　【职业培训的类型、实施机构】职业培训包括就业前培训、在职培训、再就业培训及其他职业性培训，可以根据实际情况分级分类实施。

职业培训可以由相应的职业培训机构、职业学校实施。

其他学校或者教育机构以及企业、社会组织可以根据办学能力、社会需求，依法开展面向社会的、多种形式的职业培训。

第二十六条　【对社会力量实施职业教育的扶持】国家鼓励、指导、支持企业和其他社会力量依法举办职业学校、职业培训机构。

地方各级人民政府采取购买服务，向学生提供助学贷款、奖助学金等措施，对企业和其他社会力量依法举办的职业学校和职业培训机构予以扶持；对其中的非营利性职业学校和职业培训机构还可以采取政府补贴、基金奖励、捐资激励等扶持措施，参照同级同类公办学校生均经费等相关经费标准和支持政策给予适当补助。

第三十四条　【职业培训机构设立】职业培训机构的设立，应当符合下列基本条件：

（一）有组织机构和管理制度；

（二）有与培训任务相适应的课程体系、教师或者其他授课人员、管理人员；

（三）有与培训任务相适应、符合安全要求的场所、设施、设备；

（四）有相应的经费。

职业培训机构的设立、变更和终止，按照国家有关规定执行。

第五十九条　【国家鼓励金融机构支持发展职业教育】国家鼓励金融机构通过提供金融服务支持发展职业教育。

第六十条　【对职业教育提供资助和捐赠】国家鼓励企业、事业单位、社会组织及公民个人对职业教育捐资助学，鼓励境外的组织和个人对职业教育提供资助和捐赠。提供的资助和捐赠，必须用于职业教育。

中华人民共和国基本医疗卫生与健康促进法（节录）

1．2019年12月28日第十三届全国人民代表大会常务委员会第十五次会议通过

2．2019年12月28日中华人民共和国主席令第38号公布

3．自2020年6月1日起施行

第十二条　【鼓励多种方式参与医疗卫生事业】国家鼓励和支持公民、法人和其他组织通过依法举办机构和捐赠、资助等方式，参与医疗卫生与健康事业，满足公民多样化、差异化、个性化健康需求。

公民、法人和其他组织捐赠财产用于医疗卫生与健康事业的，依法享受税收优惠。

第二十九条　【基本医疗服务提供者】基本医疗服务主要由政府举办的医疗卫生机构提供。鼓励社会力量举办的医疗卫生机构提供基本医疗服务。

第三十九条　【医疗卫生机构的分类管理】国家对医疗卫生机构实行分类管理。

医疗卫生服务体系坚持以非营利性医疗卫生机构为主体、营利性医疗卫生机构为补充。政府举办非营利性医疗卫生机构，在基本医疗卫生事业中发挥主导作用，保障基本医疗卫生服务公平可及。

以政府资金、捐赠资产举办或者参与举办的医疗卫生机构不得设立为营利性医疗卫生机构。

医疗卫生机构不得对外出租、承包医疗科室。非营利性医疗卫生机构不得向出资人、举办者分配或者变相分配收益。

第四十一条　【鼓励引导社会力量举办医疗卫生机构】国家采取多种措施，鼓励和引导社会力量依法举办医疗卫生机构，支持和规范社会力量举办的医疗卫生机构与政府举办的医疗卫生机构开展多种类型的医疗业务、学科建设、人才培养等合作。

社会力量举办的医疗卫生机构在基本医疗保险定点、重点专科建设、科研教学、等级评审、特定医疗技术准入、医疗卫生人员职称评定等方面享有与政府举办的医疗卫生机构同等的权利。

社会力量可以选择设立非营利性或者营利性医疗卫生机构。社会力量举办的非营利性医疗卫生机构按照规定享受与政府举办的医疗卫生机构同等的税收、财政补助、用地、用水、用电、用气、用热等政策，并依法接受监督管理。

中华人民共和国科学技术进步法（节录）

1. 1993年7月2日第八届全国人民代表大会常务委员会第二次会议通过
2. 2007年12月29日第十届全国人民代表大会常务委员会第三十一次会议第一次修订
3. 2021年12月24日第十三届全国人民代表大会常务委员会第三十二次会议第二次修订

第一条　【立法宗旨】为了全面促进科学技术进步，发挥科学技术第一生产力、创新第一动力、人才第一资源的作用，促进科技成果向现实生产力转化，推动科技创新支撑和引领经济社会发展，全面建设社会主义现代化国家，根据宪法，制定本法。

第十九条　【政策支持】国家加强基础研究能力建设，尊重科学发展规律和人才成长规律，强化项目、人才、基地系统布局，为基础研究发展提供良好的物质条件和有力的制度保障。

国家加强规划和部署，推动基础研究自由探索和目标导向有机结合，围绕科学技术前沿、经济社会发展、国家安全重大需求和人民生命健康，聚焦重大关键技术问题，加强新兴和战略产业等领域基础研究，提升科学技术的源头供给能力。

国家鼓励科学技术研究开发机构、高等学校、企业等发挥自身优势，加强基础研究，推动原始创新。

第二十条　【财政支持】国家财政建立稳定支持基础研究的投入机制。

国家鼓励有条件的地方人民政府结合本地区经济社会发展需要，合理确定基础研究财政投入，加强对基础研究的支持。

国家引导企业加大基础研究投入，鼓励社会力量通过捐赠、设立基金等方式多渠道投入基础研究，给予财政、金融、税收等政策支持。

逐步提高基础研究经费在全社会科学技术研究开发经费总额中的比例，与创新型国家和科技强国建设要求相适应。

第四十条　【鼓励企业开发技术创新活动】国家鼓励企业开展下列活动：

（一）设立内部科学技术研究开发机构；

（二）同其他企业或者科学技术研究开发机构、高等学校开展合作研究，联合建立科学技术研究开发机构和平台，设立科技企业孵化机构和创新创业平台，或者以委托等方式开展科学技术研究开发；

（三）培养、吸引和使用科学技术人员；

（四）同科学技术研究开发机构、高等学校、职业院校或者培训机构联合培养专业技术人才和高技能人才，吸引高等学校毕业生到企业工作；

（五）设立博士后工作站或者流动站；

（六）结合技术创新和职工技能培训，开展科学技术普及活动，设立向公众开放的普及科学技术的场馆或者设施。

第四十三条　【税收优惠】下列企业按照国家有关规定享受税收优惠：

（一）从事高新技术产品研究开发、生产的企业；

（二）科技型中小企业；

（三）投资初创科技型企业的创业投资企业；

（四）法律、行政法规规定的与科学技术进步有关的其他企业。

第四十九条　【科研开发机构的设立】自然人、法人和非法人组织有权依法设立科学技术研究开发机构。境外的组织或者个人可以在中国境内依法独立设立科学技术研究开发机构，也可以与中国境内的组织或者个人联合设立科学技术研究开发机构。

从事基础研究、前沿技术研究、社会公益性技术研究的科学技术研究开发机构，可以利用财政性资金设立。利用财政性资金设立科学技术研究开发机构，应当优化配置，防止重复设置。

科学技术研究开发机构、高等学校可以设立博士后流动站或者工作站。科学技术研究开发机构可以依法在国外设立分支机构。

第五十条　【科研开发机构的权利】科学技术研究开发机构享有下列权利：

（一）依法组织或者参加学术活动；

（二）按照国家有关规定，自主确定科学技术研究开发方向和项目，自主决定经费使用、机构设置、绩效考核及薪酬分配、职称评审、科技成果转化及收益分配、岗位设置、人员聘用及合理流动等内部管理事务；

（三）与其他科学技术研究开发机构、高等学校和企业联合开展科学技术研究开发、技术咨询、技术服务等活动；

（四）获得社会捐赠和资助；

（五）法律、行政法规规定的其他权利。

第五十五条 **【鼓励社会力量创办科研机构】**国家鼓励企业和其他社会力量自行创办科学技术研究开发机构，保障其合法权益。

社会力量设立的科学技术研究开发机构有权按照国家有关规定，平等竞争和参与实施利用财政性资金设立的科学技术计划项目。

国家完善对社会力量设立的非营利性科学技术研究开发机构税收优惠制度。

第八十条 **【国际科技合作的目标】**中华人民共和国政府发展同外国政府、国际组织之间的科学技术合作与交流。

国家鼓励科学技术研究开发机构、高等学校、科学技术社会团体、企业和科学技术人员等各类创新主体开展国际科学技术合作与交流，积极参与科学研究活动，促进国际科学技术资源开放流动，形成高水平的科技开放合作格局，推动世界科学技术进步。

第九十条 **【税收优惠的活动】**从事下列活动的，按照国家有关规定享受税收优惠：

（一）技术开发、技术转让、技术许可、技术咨询、技术服务；

（二）进口国内不能生产或者性能不能满足需要的科学研究、技术开发或者科学技术普及的用品；

（三）为实施国家重大科学技术专项、国家科学技术计划重大项目，进口国内不能生产的关键设备、原材料或者零部件；

（四）科学技术普及场馆、基地等开展面向公众开放的科学技术普及活动；

（五）捐赠资助开展科学技术活动；

（六）法律、国家有关规定规定的其他科学研究、技术开发与科学技术应用活动。

第九十一条 **【政府采购】**对境内自然人、法人和非法人组织的科技创新产品、服务，在功能、质量等指标能够满足政府采购需求的条件下，政府采购应当购买；首次投放市场的，政府采购应当率先购买，不得以商业业绩为由予以限制。

政府采购的产品尚待研究开发的，通过订购方式实施。采购人应当优先采用竞争性方式确定科学技术研究开发机构、高等学校或者企业进行研究开发，产品研发合格后按约定采购。

中华人民共和国体育法（节录）

1. 1995年8月29日第八届全国人民代表大会常务委员会第十五次会议通过
2. 根据2009年8月27日第十一届全国人民代表大会常务委员会第十次会议《关于修改部分法律的决定》第一次修正
3. 根据2016年11月7日第十二届全国人民代表大会常务委员会第二十四次会议《关于修改〈中华人民共和国对外贸易法〉等十二部法律的决定》第二次修正
4. 2022年6月24日第十三届全国人民代表大会常务委员会第三十五次会议修订

第十一条　【体育产业】国家支持体育产业发展，完善体育产业体系，规范体育市场秩序，鼓励扩大体育市场供给，拓宽体育产业投融资渠道，促进体育消费。

第七十条　【融合发展】国家支持和规范发展体育用品制造、体育服务等体育产业，促进体育与健康、文化、旅游、养老、科技等融合发展。

第七十四条　【社会资本投入】国家鼓励社会资本投入体育产业，建设体育设施，开发体育产品，提供体育服务。

第七十八条　【鼓励社会力量发展体育事业】国家鼓励社会力量发展体育事业，鼓励对体育事业的捐赠和赞助，保障参与主体的合法权益。

通过捐赠财产等方式支持体育事业发展的，依法享受税收优惠等政策。

中华人民共和国老年人权益保障法（节录）

1. 1996年8月29日第八届全国人民代表大会常务委员会第二十一次会议通过
2. 根据2009年8月27日第十一届全国人民代表大会常务委员会第十次会议《关于修改部分法律的决定》第一次修正
3. 2012年12月28日第十一届全国人民代表大会常务委员会第三十次会议修订
4. 根据2015年4月24日第十二届全国人民代表大会常务委员会第十四次会议《关于修改〈中华人民共和国电力法〉等六部法律的决定》第二次修正
5. 根据2018年12月29日第十三届全国人民代表大会常务委员会第七次会议《关于修改〈中华人民共和国劳动法〉等七部法律的决定》第三次修正

第三十七条　【社区养老服务】地方各级人民政府和有关部门应当采取措施，发展城乡社区养老服务，鼓励、扶持专业服务机构及其他组织和个人，为居家的老年人提供生活照料、紧急救援、医疗护理、精神慰藉、心理咨询等多种形式的服务。

对经济困难的老年人，地方各级人民政府应当逐步给予养老服务补贴。

第三十九条　【政策支持】各级人民政府应当根据经济发展水平和老年人服务需求，逐步增加对养老服务的投入。

各级人民政府和有关部门在财政、税费、土地、融资等方面采取措施，鼓励、扶持企业事业单位、社会组织或者个人兴办、运营养老、老年人日间照料、老年文化体育活动等设施。

第四十三条　【养老机构的许可、登记】设立公益性养老机构，应当依法办理相应的登记。

设立经营性养老机构，应当在市场监督管理部门办理登记。

养老机构登记后即可开展服务活动，并向县级以上人民政府民政部门备案。

第五十二条　【老龄产业】国家采取措施，发展老龄产业，将老龄产业列入国家扶持行业目录。扶持和引导企业开发、生产、经营适应老年人需要的用品和提供相关的服务。

中华人民共和国家庭教育促进法（节录）

1. 2021年10月23日第十三届全国人民代表大会常务委员会第三十一次会议通过

2. 2021年10月23日中华人民共和国主席令第98号公布

3. 自2022年1月1日起施行

第十条　【公益性服务活动】国家鼓励和支持企业事业单位、社会组织及个人依法开展公益性家庭教育服务活动。

第十二条　【捐赠和志愿服务】国家鼓励和支持自然人、法人和非法人组织为家庭教育事业进行捐赠或者提供志愿服务，对符合条件的，依法给予税收优惠。

国家对在家庭教育工作中做出突出贡献的组织和个人，按照有关规定给予表彰、奖励。

第二十八条　【家庭教育指导机构】县级以上地方人民政府可以结合当地实际情况和需要，通过多种途径和方式确定家庭教育指导机构。

家庭教育指导机构对辖区内社区家长学校、学校家长学校及其他家庭教育指导服务站点进行指导，同时开展家庭教育研究、服务人员队伍建设和培训、公共服务产品研发。

第三十六条　【依法设立非营利性家庭教育服务机构】自然人、法人和非法人组织可以依法设立非营利性家庭教育服务机构。

县级以上地方人民政府及有关部门可以采取政府补贴、奖励激励、购买服务等扶持措施，培育家庭教育服务机构。

教育、民政、卫生健康、市场监督管理等有关部门应当在各自职责范围内，依法对家庭教育服务机构及从业人员进行指导和监督。

第四十七条　【家庭教育服务机构制定服务规范】家庭教育服务机构应当加强自律管理，制定家庭教育服务规范，组织从业人员培训，提高从业人员的业务素质和能力。

中华人民共和国劳动法（节录）

1. 1994年7月5日第八届全国人民代表大会常务委员会第八次会议通过

2. 根据2009年8月27日第十一届全国人民代表大会常务委员会第十次会议《关于修改部分法律的决定》第一次修正

3. 根据2018年12月29日第十三届全国人民代表大会常务委员会第七次会议《关于修改〈中华人民共和国劳动法〉等七部法律的决定》第二次修正

第五条　【国家措施】国家采取各种措施，促进劳动就业，发展职业教育，制定劳动标准，调节社会收入，完善社会保险，协调劳动关系，逐步提高劳动者的生活水平。

第十条　【国家扶持就业】国家通过促进经济和社会发展，创造就业条件，扩大就业机会。

国家鼓励企业、事业组织、社会团体在法律、行政法规规定的范围内兴办产业或者拓展经营，增加就业。

国家支持劳动者自愿组织起来就业和从事个体经营实现就业。

第六十六条　【发展目标】国家通过各种途径，采取各种措施，发展职业培训事业，开发劳动者的职业技能，提高劳动者素质，增强劳动者的就业能力和工作能力。

第六十七条　【政府支持】各级人民政府应当把发展职业培训纳入社会经济发展的规划，鼓励和支持有条件的企业、事业组织、社会团体和个人进行各种形式的职业培训。

第六十九条　【职业技能标准和资格证书】国家确定职业分类，对规定的职业制定职业技能标准，实行职业资格证书制度，由经备案的考核鉴定机构负责对劳动者实施职业技能考核鉴定。

中华人民共和国就业促进法（节录）

1．2007年8月30日第十届全国人民代表大会常务委员会第二十九次会议通过

2．根据2015年4月24日第十二届全国人民代表大会常务委员会第十四次会议《关于修改〈中华人民共和国电力法〉等六部法律的决定》修正

第三十二条　【培育和完善人力资源市场】县级以上人民政府培育和完善统一开放、竞争有序的人力资源市场，为劳动者就业提供服务。

第三十三条　【发展就业服务机构】县级以上人民政府鼓励社会各方面依法开展就业服务活动，加强对公共就业服务和职业中介服务的指导和监督，逐步完善覆盖城乡的就业服务体系。

第三十四条　【建立人力资源市场信息服务体系】县级以上人民政府加强人力资源市场信息网络及相关设施建设，建立健全人力资源市场信息服务体系，完善市场信息发布制度。

第三十六条　【公益性就业服务】县级以上地方人民政府对职业中介机构提供公益性就业服务的，按照规定给予补贴。

国家鼓励社会各界为公益性就业服务提供捐赠、资助。

第四十条　【设立职业中介机构的条件和程序】设立职业中介机构应当具备下列条件：

（一）有明确的章程和管理制度；

（二）有开展业务必备的固定场所、办公设施和一定数额的开办资金；

（三）有一定数量具备相应职业资格的专职工作人员；

（四）法律、法规规定的其他条件。

设立职业中介机构应当在工商行政管理部门办理登记后，向劳动行政部门申请行政许可。

未经依法许可和登记的机构，不得从事职业中介活动。

国家对外商投资职业中介机构和向劳动者提供境外就业服务的职业中介机构另有规定的，依照其规定。

第四十六条　【鼓励职业院校等开展就业培训】县级以上人民政府加强统筹协调，鼓励和支持各类职业院校、职业技能培训机构和用人单位依法开展就业前培训、在职培训、再就业培训和创业培训；鼓励劳动者参加各种形式的培训。

第四十七条　【企业提取职工教育经费】县级以上地方人民政府和有关部门根据市场需求和产业发展方向，鼓励、指导企业加强职业教育和培训。

职业院校、职业技能培训机构与企业应当密切联系，实行产教结合，为经济建设服务，培养实用人才和熟练劳动者。

企业应当按照国家有关规定提取职工教育经费，对劳动者进行职业技能培训和继续教育培训。

中华人民共和国公司法（节录）

1. 1993年12月29日第八届全国人民代表大会常务委员会第五次会议通过

2. 根据1999年12月25日第九届全国人民代表大会常务委员会第十三次会议《关于修改〈中华人民共和国公司法〉的决定》第一次修正

3. 根据2004年8月28日第十届全国人民代表大会常务委员会第十一次会议《关于修改〈中华人民共和国公司法〉的决定》第二次修正

4. 2005年10月27日第十届全国人民代表大会常务委员会第十八次会议第一次修订

5. 根据2013年12月28日第十二届全国人民代表大会常务委员会第六次会议《关于修改〈中华人民共和国海洋环境保护法〉等七部法律的决定》第三次修正

6. 根据2018年10月26日第十三届全国人民代表大会常务委员会第六次会议《关于修改〈中华人民共和国公司法〉的决定》第四次修正

7. 2023年12月29日第十四届全国人民代表大会常务委员会第七次会议第二次修订

第一条　【立法目的】为了规范公司的组织和行为，保护公司、股东、职工和债权人的合法权益，完善中国特色现代企业制度，弘扬企业家精神，维护社会经济秩序，促进社会主义市场经济的发展，根据宪法，制定本法。

第二条　【调整范围】本法所称公司，是指依照本法在中华人民共和国境内设立的有限责任公司和股份有限公司。

第三条　【公司法律地位及权益保护】公司是企业法人，有独立的法人财产，享有法人财产权。公司以其全部财产对公司的债务承担责任。

公司的合法权益受法律保护，不受侵犯。

第四条　【股东责任形式和股东权利】有限责任公司的股东以其认缴的出资额为限对公司承担责任；股份有限公司的股东以其认购的股份为限对公司承担责任。

公司股东对公司依法享有资产收益、参与重大决策和选择管理者等权利。

第九条　【公司经营范围】公司的经营范围由公司章程规定。公司可以修改公司章程，变更经营范围。

公司的经营范围中属于法律、行政法规规定须经批准的项目，应当依法经过批准。

第十二条　【公司形式变更】有限责任公司变更为股份有限公司，应当符合本法规定的股份有限公司的条件。股份有限公司变更为有限责任公司，应当符合本法规定的有限责任公司的条件。

有限责任公司变更为股份有限公司的，或者股份有限公司变更为有限责任公司的，公司变更前的债权、债务由变更后的公司承继。

第九十五条　【股份有限公司章程法定记载事项】股份有限公司章程应当载明下列事项：

（一）公司名称和住所；

（二）公司经营范围；

（三）公司设立方式；

（四）公司注册资本、已发行的股份数和设立时发行的股份数，面额股的每股金额；

（五）发行类别股的，每一类别股的股份数及其权利和义务；

（六）发起人的姓名或者名称、认购的股份数、出资方式；

（七）董事会的组成、职权和议事规则；

（八）公司法定代表人的产生、变更办法；

（九）监事会的组成、职权和议事规则；

（十）公司利润分配办法；

（十一）公司的解散事由与清算办法；

（十二）公司的通知和公告办法；

（十三）股东会认为需要规定的其他事项。

中华人民共和国企业国有资产法（节录）

1. 2008 年 10 月 28 日第十一届全国人民代表大会常务委员会第五次会议通过

2. 2008 年 10 月 28 日中华人民共和国主席令第 5 号公布

3. 自 2009 年 5 月 1 日起施行

第三十条　【重大事项的范围】 国家出资企业合并、分立、改制、上市，增加或者减少注册资本，发行债券，进行重大投资，为他人提供大额担保，转让重大财产，进行大额捐赠，分配利润，以及解散、申请破产等重大事项，应当遵守法律、行政法规以及企业章程的规定，不得损害出资人和债权人的权益。

第三十七条　【听取职工意见和建议】 国家出资企业的合并、分立、改制、解散、申请破产等重大事项，应当听取企业工会的意见，并通过职工代表大会或者其他形式听取职工的意见和建议。

第三十九条　【企业改制的定义】 本法所称企业改制是指：

（一）国有独资企业改为国有独资公司；

（二）国有独资企业、国有独资公司改为国有资本控股公司或者非国有资本控股公司；

（三）国有资本控股公司改为非国有资本控股公司。

第四十条　【企业改制的决定】 企业改制应当依照法定程序，由履行出资人职责的机构决定或者由公司股东会、股东大会决定。

重要的国有独资企业、国有独资公司、国有资本控股公司的改制，履行出资人职责的机构在作出决定或者向其委派参加国有资本控股公司股东会会议、股东大会会议的股东代表作出指示前，应当将改制方案报请本级人民政府批准。

第四十一条　【改制方案】 企业改制应当制定改制方案，载明改制后的企业组织形式、企业资产和债权债务处理方案、股权变动方案、改制的操作程序、资产评估和财务审计等中介机构的选聘等事项。

企业改制涉及重新安置企业职工的，还应当制定职工安置方案，并经职工代表大会或者职工大会审议通过。

第四十二条 **【资产清查、评估和作价】**企业改制应当按照规定进行清产核资、财务审计、资产评估，准确界定和核实资产，客观、公正地确定资产的价值。

企业改制涉及以企业的实物、知识产权、土地使用权等非货币财产折算为国有资本出资或者股份的，应当按照规定对折价财产进行评估，以评估确认价格作为确定国有资本出资额或者股份数额的依据。不得将财产低价折股或者有其他损害出资人权益的行为。

（二）行政法规

民办非企业单位登记管理暂行条例

1998年10月25日国务院令第251号发布施行

第一章　总　　则

第一条　为了规范民办非企业单位的登记管理，保障民办非企业单位的合法权益，促进社会主义物质文明、精神文明建设，制定本条例。

第二条　本条例所称民办非企业单位，是指企业事业单位、社会团体和其他社会力量以及公民个人利用非国有资产举办的，从事非营利性社会服务活动的社会组织。

第三条　成立民办非企业单位，应当经其业务主管单位审查同意，并依照本条例的规定登记。

第四条　民办非企业单位应当遵守宪法、法律、法规和国家政策，不得反对宪法确定的基本原则，不得危害国家的统一、安全和民族的团结，不得损害国家利益、社会公共利益以及其他社会组织和公民的合法权益，不得违背社会道德风尚。

民办非企业单位不得从事营利性经营活动。

第五条　国务院民政部门和县级以上地方各级人民政府民政部门是本级人民政府的民办非企业单位登记管理机关（以下简称登记管理机关）。

国务院有关部门和县级以上地方各级人民政府的有关部门、国务院或者县级以上地方各级人民政府授权的组织，是有关行业、业务范围内民办非企业单位的业务主管单位（以下简称业务主管单位）。

法律、行政法规对民办非企业单位的监督管理另有规定的，依照有关法律、行政法规的规定执行。

第二章 管　辖

第六条 登记管理机关负责同级业务主管单位审查同意的民办非企业单位的登记管理。

第七条 登记管理机关、业务主管单位与其管辖的民办非企业单位的住所不在一地的，可以委托民办非企业单位住所地的登记管理机关、业务主管单位负责委托范围内的监督管理工作。

第三章 登　记

第八条 申请登记民办非企业单位，应当具备下列条件：

（一）经业务主管单位审查同意；

（二）有规范的名称、必要的组织机构；

（三）有与其业务活动相适应的从业人员；

（四）有与其业务活动相适应的合法财产；

（五）有必要的场所。

民办非企业单位的名称应当符合国务院民政部门的规定，不得冠以“中国”、“全国”、“中华”等字样。

第九条 申请民办非企业单位登记，举办者应当向登记管理机关提交下列文件：

（一）登记申请书；

（二）业务主管单位的批准文件；

（三）场所使用权证明；

（四）验资报告；

（五）拟任负责人的基本情况、身份证明；

（六）章程草案。

第十条 民办非企业单位的章程应当包括下列事项：

（一）名称、住所；

（二）宗旨和业务范围；

（三）组织管理制度；

（四）法定代表人或者负责人的产生、罢免的程序；

（五）资产管理和使用的原则；

（六）章程的修改程序；

（七）终止程序和终止后资产的处理；

（八）需要由章程规定的其他事项。

第十一条 登记管理机关应当自收到成立登记申请的全部有效文件之日起60日内作出准予登记或者不予登记的决定。

有下列情形之一的，登记管理机关不予登记，并向申请人说明理由：

（一）有根据证明申请登记的民办非企业单位的宗旨、业务范围不符合本条例第四条规定的；

（二）在申请成立时弄虚作假的；

（三）在同一行政区域内已有业务范围相同或者相似的民办非企业单位，没有必要成立的；

（四）拟任负责人正在或者曾经受到剥夺政治权利的刑事处罚，或者不具有完全民事行为能力的；

（五）有法律、行政法规禁止的其他情形的。

第十二条 准予登记的民办非企业单位，由登记管理机关登记民办非企业单位的名称、住所、宗旨和业务范围、法定代表人或者负责人、开办资金、业务主管单位，并根据其依法承担民事责任的不同方式，分别发给《民办非企业单位（法人）登记证书》、《民办非企业单位（合伙）登记证书》、《民办非企业单位（个体）登记证书》。

依照法律、其他行政法规规定，经有关主管部门依法审核或者登记，已经取得相应的执业许可证书的民办非企业单位，登记管理机关应当简化登记手续，凭有关主管部门出具的执业许可证明文件，发给相应的民办非企业单位登记证书。

第十三条 民办非企业单位不得设立分支机构。

第十四条 民办非企业单位凭登记证书申请刻制印章，开立银行帐户。民办非企业单位应当将印章式样、银行帐号报登记管理机关备案。

第十五条 民办非企业单位的登记事项需要变更的，应当自业务主管单位审查同意之日起30日内，向登记管理机关申请变更登记。

民办非企业单位修改章程，应当自业务主管单位审查同意之日起30日内，报登记管理机关核准。

第十六条 民办非企业单位自行解散的，分立、合并的，或者由于其他原因需要注销登记的，应当向登记管理机关办理注销登记。

民办非企业单位在办理注销登记前，应当在业务主管单位和其他有关机关的指导下，成立清算组织，完成清算工作。清算期间，民办非企业单位不得开展清算以外的活动。

第十七条 民办非企业单位法定代表人或者负责人应当自完成清算之日起 15 日内，向登记管理机关办理注销登记。办理注销登记，须提交注销登记申请书、业务主管单位的审查文件和清算报告。

登记管理机关准予注销登记的，发给注销证明文件，收缴登记证书、印章和财务凭证。

第十八条 民办非企业单位成立、注销以及变更名称、住所、法定代表人或者负责人，由登记管理机关予以公告。

第四章 监督管理

第十九条 登记管理机关履行下列监督管理职责：

（一）负责民办非企业单位的成立、变更、注销登记；

（二）对民办非企业单位实施年度检查；

（三）对民办非企业单位违反本条例的问题进行监督检查，对民办非企业单位违反本条例的行为给予行政处罚。

第二十条 业务主管单位履行下列监督管理职责：

（一）负责民办非企业单位成立、变更、注销登记前的审查；

（二）监督、指导民办非企业单位遵守宪法、法律、法规和国家政策，按照章程开展活动；

（三）负责民办非企业单位年度检查的初审；

（四）协助登记管理机关和其他有关部门查处民办非企业单位的违法行为；

（五）会同有关机关指导民办非企业单位的清算事宜。

业务主管单位履行前款规定的职责，不得向民办非企业单位收取费用。

第二十一条 民办非企业单位的资产来源必须合法，任何单位和个人不得侵占、私分或者挪用民办非企业单位的资产。

民办非企业单位开展章程规定的活动，按照国家有关规定取得的合法收入，必须用于章程规定的业务活动。

民办非企业单位接受捐赠、资助，必须符合章程规定的宗旨和业务范围，必须根据与捐赠人、资助人约定的期限、方式和合法用途使用。民办非企业单位应当向业务主管单位报告接受、使用捐赠、资助的有关情况，并应当将有关情况以适当方式向社会公布。

第二十二条 民办非企业单位必须执行国家规定的财务管理制度，接受财政部门的监督；资产来源属于国家资助或者社会捐赠、资助的，还应当接受审计机关的监督。

民办非企业单位变更法定代表人或者负责人，登记管理机关、业务主管单位应当组织对其进行财务审计。

第二十三条 民办非企业单位应当于每年3月31日前向业务主管单位报送上一年度的工作报告，经业务主管单位初审同意后，于5月31日前报送登记管理机关，接受年度检查。工作报告内容包括：本民办非企业单位遵守法律法规和国家政策的情况、依照本条例履行登记手续的情况、按照章程开展活动的情况、人员和机构变动的情况以及财务管理的情况。

对于依照本条例第十二条第二款的规定发给登记证书的民办非企业单位，登记管理机关对其应当简化年度检查的内容。

第五章　罚　　则

第二十四条 民办非企业单位在申请登记时弄虚作假，骗取登记的，或者业务主管单位撤销批准的，由登记管理机关予以撤销登记。

第二十五条 民办非企业单位有下列情形之一的，由登记管理机关予以警告，责令改正，可以限期停止活动；情节严重的，予以撤销登记；构成犯罪的，依法追究刑事责任：

（一）涂改、出租、出借民办非企业单位登记证书，或者出租、出借民办非企业单位印章的；

（二）超出其章程规定的宗旨和业务范围进行活动的；

（三）拒不接受或者不按照规定接受监督检查的；

（四）不按照规定办理变更登记的；

（五）设立分支机构的；

（六）从事营利性的经营活动的；

（七）侵占、私分、挪用民办非企业单位的资产或者所接受的捐赠、资助的；

（八）违反国家有关规定收取费用、筹集资金或者接受使用捐赠、资助的。

前款规定的行为有违法经营额或者违法所得的，予以没收，可以并处违法经营额1倍以上3倍以下或者违法所得3倍以上5倍以下的罚款。

第二十六条 民办非企业单位的活动违反其他法律、法规的，由有关国家机关依法处理；有关国家机关认为应当撤销登记的，由登记管理机关撤销登记。

第二十七条 未经登记，擅自以民办非企业单位名义进行活动的，或者被撤销登记的民办非企业单位继续以民办非企业单位名义进行活动的，由登记管理机关予以取缔，没收非法财产；构成犯罪的，依法追究刑事责任；尚不构成犯罪的，依法给予治安管理处罚。

第二十八条 民办非企业单位被限期停止活动的，由登记管理机关封存其登记证书、印章和财务凭证。

民办非企业单位被撤销登记的，由登记管理机关收缴登记证书和印章。

第二十九条 登记管理机关、业务主管单位的工作人员滥用职权、徇私舞弊、玩忽职守构成犯罪的，依法追究刑事责任；尚不构成犯罪的，依法给予行政处分。

第六章 附 则

第三十条 民办非企业单位登记证书的式样由国务院民政部门制定。

对民办非企业单位进行年度检查不得收取费用。

第三十一条 本条例施行前已经成立的民办非企业单位，应当自本条例实施之日起1年内依照本条例有关规定申请登记。

第三十二条 本条例自发布之日起施行。

中华人民共和国市场主体登记管理条例

1. 2021年7月27日国务院令第746号公布

2. 自2022年3月1日起施行

第一章 总 则

第一条 为了规范市场主体登记管理行为，推进法治化市场建设，维护良好市场秩序和市场主体合法权益，优化营商环境，制定本条例。

第二条 本条例所称市场主体，是指在中华人民共和国境内以营利为目的从事经营活动的下列自然人、法人及非法人组织：

（一）公司、非公司企业法人及其分支机构；

（二）个人独资企业、合伙企业及其分支机构；

（三）农民专业合作社（联合社）及其分支机构；

（四）个体工商户；

（五）外国公司分支机构；

（六）法律、行政法规规定的其他市场主体。

第三条 市场主体应当依照本条例办理登记。未经登记，不得以市场主体名义从事经营活动。法律、行政法规规定无需办理登记的除外。

市场主体登记包括设立登记、变更登记和注销登记。

第四条 市场主体登记管理应当遵循依法合规、规范统一、公开透明、便捷高效的原则。

第五条 国务院市场监督管理部门主管全国市场主体登记管理工作。

县级以上地方人民政府市场监督管理部门主管本辖区市场主体登记管理工作，加强统筹指导和监督管理。

第六条 国务院市场监督管理部门应当加强信息化建设，制定统一的市场主体登记数据和系统建设规范。

县级以上地方人民政府承担市场主体登记工作的部门（以下称登记机关）应当优化市场主体登记办理流程，提高市场主体登记效率，推行当场办结、一次办结、限时办结等制度，实现集中办理、就近办理、网上办理、异地可办，提升市场主体登记便利化程度。

第七条 国务院市场监督管理部门和国务院有关部门应当推动市场主体登记信息与其他政府信息的共享和运用，提升政府服务效能。

第二章 登记事项

第八条 市场主体的一般登记事项包括：

（一）名称；

（二）主体类型；

（三）经营范围；

（四）住所或者主要经营场所；

（五）注册资本或者出资额；

（六）法定代表人、执行事务合伙人或者负责人姓名。

除前款规定外，还应当根据市场主体类型登记下列事项：

（一）有限责任公司股东、股份有限公司发起人、非公司企业法人出资人的姓名或者名称；

（二）个人独资企业的投资人姓名及居所；

（三）合伙企业的合伙人名称或者姓名、住所、承担责任方式；

（四）个体工商户的经营者姓名、住所、经营场所；

（五）法律、行政法规规定的其他事项。

第九条 市场主体的下列事项应当向登记机关办理备案：

（一）章程或者合伙协议；

（二）经营期限或者合伙期限；

（三）有限责任公司股东或者股份有限公司发起人认缴的出资数额，合伙企业合伙人认缴或者实际缴付的出资数额、缴付期限和出资方式；

（四）公司董事、监事、高级管理人员；

（五）农民专业合作社（联合社）成员；

（六）参加经营的个体工商户家庭成员姓名；

（七）市场主体登记联络员、外商投资企业法律文件送达接受人；

（八）公司、合伙企业等市场主体受益所有人相关信息；

（九）法律、行政法规规定的其他事项。

第十条 市场主体只能登记一个名称，经登记的市场主体名称受法律保护。

市场主体名称由申请人依法自主申报。

第十一条 市场主体只能登记一个住所或者主要经营场所。

电子商务平台内的自然人经营者可以根据国家有关规定，将电子商务平台提供的网络经营场所作为经营场所。

省、自治区、直辖市人民政府可以根据有关法律、行政法规的规定和本地区实际情况，自行或者授权下级人民政府对住所或者主要经营场所作出更加便利市场主体从事经营活动的具体规定。

第十二条 有下列情形之一的，不得担任公司、非公司企业法人的法定代表人：

（一）无民事行为能力或者限制民事行为能力；

（二）因贪污、贿赂、侵占财产、挪用财产或者破坏社会主义市场经济秩序被判处刑罚，执行期满未逾 5 年，或者因犯罪被剥夺政治权利，执行期满未逾 5 年；

（三）担任破产清算的公司、非公司企业法人的法定代表人、董事或者厂长、经理，对破产负有个人责任的，自破产清算完结之日起未逾 3 年；

（四）担任因违法被吊销营业执照、责令关闭的公司、非公司企业法人的法定代表人，并负有个人责任的，自被吊销营业执照之日起未逾 3 年；

（五）个人所负数额较大的债务到期未清偿；

（六）法律、行政法规规定的其他情形。

第十三条 除法律、行政法规或者国务院决定另有规定外，市场主体的注册资本或者出资额实行认缴登记制，以人民币表示。

出资方式应当符合法律、行政法规的规定。公司股东、非公司企业法人出资人、农民专业合作社（联合社）成员不得以劳务、信用、自然人姓名、商誉、特许经营权或者设定担保的财产等作价出资。

第十四条 市场主体的经营范围包括一般经营项目和许可经营项目。经营范围中属于在登记前依法须经批准的许可经营项目，市场主体应当在申请登记时提交有关批准文件。

市场主体应当按照登记机关公布的经营项目分类标准办理经营范围登记。

第三章 登记规范

第十五条 市场主体实行实名登记。申请人应当配合登记机关核验身份信息。

第十六条 申请办理市场主体登记，应当提交下列材料：

（一）申请书；

（二）申请人资格文件、自然人身份证明；

（三）住所或者主要经营场所相关文件；

（四）公司、非公司企业法人、农民专业合作社（联合社）章程或者合伙企业合伙协议；

（五）法律、行政法规和国务院市场监督管理部门规定提交的其他材料。

国务院市场监督管理部门应当根据市场主体类型分别制定登记材料清单和文书格式样本，通过政府网站、登记机关服务窗口等向社会公开。

登记机关能够通过政务信息共享平台获取的市场主体登记相关信息，不得要求申请人重复提供。

第十七条 申请人应当对提交材料的真实性、合法性和有效性负责。

第十八条 申请人可以委托其他自然人或者中介机构代其办理市场主体登记。受委托的自然人或者中介机构代为办理登记事宜应当遵守有关规定，不得提供虚假信息和材料。

第十九条 登记机关应当对申请材料进行形式审查。对申请材料齐全、符合法定形式的予以确认并当场登记。不能当场登记的，应当在3个工作日内予以登记；情形复杂的，经登记机关负责人批准，可以再延长3个工作日。

申请材料不齐全或者不符合法定形式的，登记机关应当一次性告知申请人需要补正的材料。

第二十条 登记申请不符合法律、行政法规规定，或者可能危害国家安全、社会公共利益的，登记机关不予登记并说明理由。

第二十一条 申请人申请市场主体设立登记，登记机关依法予以登记的，签发营业执照。营业执照签发日期为市场主体的成立日期。

法律、行政法规或者国务院决定规定设立市场主体须经批准的，应当在批准文件有效期内向登记机关申请登记。

第二十二条 营业执照分为正本和副本，具有同等法律效力。

电子营业执照与纸质营业执照具有同等法律效力。

营业执照样式、电子营业执照标准由国务院市场监督管理部门统一制定。

第二十三条 市场主体设立分支机构，应当向分支机构所在地的登记机关申请登记。

第二十四条 市场主体变更登记事项，应当自作出变更决议、决定或者法定变更事项发生之日起30日内向登记机关申请变更登记。

市场主体变更登记事项属于依法须经批准的，申请人应当在批准文件有效期内向登记机关申请变更登记。

第二十五条 公司、非公司企业法人的法定代表人在任职期间发生本条例第十二条所列情形之一的，应当向登记机关申请变更登记。

第二十六条 市场主体变更经营范围，属于依法须经批准的项目的，应当自批准之日起30日内申请变更登记。许可证或者批准文件被吊销、撤销或者有效期届满的，应当自许可证或者批准文件被吊销、撤销或者有效期届满之日起30日内向登记机关申请变更登记或者办理注销登记。

第二十七条 市场主体变更住所或者主要经营场所跨登记机关辖区的，应当在迁入新的住所或者主要经营场所前，向迁入地登记机关申请变更登记。迁出地登记机关无正当理由不得拒绝移交市场主体档案等相关材料。

第二十八条 市场主体变更登记涉及营业执照记载事项的，登记机关应当及时为市场主体换发营业执照。

第二十九条 市场主体变更本条例第九条规定的备案事项的，应当自作出变更决议、决定或者法定变更事项发生之日起30日内向登记机关办理备案。农民专业合作社（联合社）成员发生变更的，应当自本会计年度终了之日起90日内向登记机关办理备案。

第三十条 因自然灾害、事故灾难、公共卫生事件、社会安全事件等原因造成经营困难的，市场主体可以自主决定在一定时期内歇业。法律、行政法规另有规定的除外。

市场主体应当在歇业前与职工依法协商劳动关系处理等有关事项。

市场主体应当在歇业前向登记机关办理备案。登记机关通过国家企业信用信息公示系统向社会公示歇业期限、法律文书送达地址等信息。

市场主体歇业的期限最长不得超过 3 年。市场主体在歇业期间开展经营活动的，视为恢复营业，市场主体应当通过国家企业信用信息公示系统向社会公示。

市场主体歇业期间，可以以法律文书送达地址代替住所或者主要经营场所。

第三十一条 市场主体因解散、被宣告破产或者其他法定事由需要终止的，应当依法向登记机关申请注销登记。经登记机关注销登记，市场主体终止。

市场主体注销依法须经批准的，应当经批准后向登记机关申请注销登记。

第三十二条 市场主体注销登记前依法应当清算的，清算组应当自成立之日起 10 日内将清算组成员、清算组负责人名单通过国家企业信用信息公示系统公告。清算组可以通过国家企业信用信息公示系统发布债权人公告。

清算组应当自清算结束之日起 30 日内向登记机关申请注销登记。市场主体申请注销登记前，应当依法办理分支机构注销登记。

第三十三条 市场主体未发生债权债务或者已将债权债务清偿完结，未发生或者已结清清偿费用、职工工资、社会保险费用、法定补偿金、应缴纳税款（滞纳金、罚款），并由全体投资人书面承诺对上述情况的真实性承担法律责任的，可以按照简易程序办理注销登记。

市场主体应当将承诺书及注销登记申请通过国家企业信用信息公示系统公示，公示期为 20 日。在公示期内无相关部门、债权人及其他利害关系人提出异议的，市场主体可以于公示期届满之日起 20 日内向登记机关申请注销登记。

个体工商户按照简易程序办理注销登记的，无需公示，由登记机关将个体工商户的注销登记申请推送至税务等有关部门，有关部门在 10 日内没有提出异议的，可以直接办理注销登记。

市场主体注销依法须经批准的，或者市场主体被吊销营业执照、责令关闭、撤销，或者被列入经营异常名录的，不适用简易注销程序。

第三十四条 人民法院裁定强制清算或者裁定宣告破产的，有关清算组、破产管理人可以持人民法院终结强制清算程序的裁定或者终结破产程序的裁定，直接向登记机关申请办理注销登记。

第四章　监 督 管 理

第三十五条　市场主体应当按照国家有关规定公示年度报告和登记相关信息。

第三十六条　市场主体应当将营业执照置于住所或者主要经营场所的醒目位置。从事电子商务经营的市场主体应当在其首页显著位置持续公示营业执照信息或者相关链接标识。

第三十七条　任何单位和个人不得伪造、涂改、出租、出借、转让营业执照。

营业执照遗失或者毁坏的，市场主体应当通过国家企业信用信息公示系统声明作废，申请补领。

登记机关依法作出变更登记、注销登记和撤销登记决定的，市场主体应当缴回营业执照。拒不缴回或者无法缴回营业执照的，由登记机关通过国家企业信用信息公示系统公告营业执照作废。

第三十八条　登记机关应当根据市场主体的信用风险状况实施分级分类监管。

登记机关应当采取随机抽取检查对象、随机选派执法检查人员的方式，对市场主体登记事项进行监督检查，并及时向社会公开监督检查结果。

第三十九条　登记机关对市场主体涉嫌违反本条例规定的行为进行查处，可以行使下列职权：

（一）进入市场主体的经营场所实施现场检查；

（二）查阅、复制、收集与市场主体经营活动有关的合同、票据、账簿以及其他资料；

（三）向与市场主体经营活动有关的单位和个人调查了解情况；

（四）依法责令市场主体停止相关经营活动；

（五）依法查询涉嫌违法的市场主体的银行账户；

（六）法律、行政法规规定的其他职权。

登记机关行使前款第四项、第五项规定的职权的，应当经登记机关主要负责人批准。

第四十条　提交虚假材料或者采取其他欺诈手段隐瞒重要事实取得市场主体登记的，受虚假市场主体登记影响的自然人、法人和其他组织可以向登记机关提出撤销市场主体登记的申请。

登记机关受理申请后，应当及时开展调查。经调查认定存在虚假市场主体登记情形的，登记机关应当撤销市场主体登记。相关市场主体和人员无法联系或者拒不配合的，登记机关可以将相关市场主体的登记时间、登记事项等通过国家企业信用信息公示系统向社会公示，公示期为45日。相关市场主体及其利害关系人在公示期内没有提出异议的，登记机关可以撤销市场主体登记。

因虚假市场主体登记被撤销的市场主体，其直接责任人自市场主体登记被撤销之日起3年内不得再次申请市场主体登记。登记机关应当通过国家企业信用信息公示系统予以公示。

第四十一条 有下列情形之一的，登记机关可以不予撤销市场主体登记：

（一）撤销市场主体登记可能对社会公共利益造成重大损害；

（二）撤销市场主体登记后无法恢复到登记前的状态；

（三）法律、行政法规规定的其他情形。

第四十二条 登记机关或者其上级机关认定撤销市场主体登记决定错误的，可以撤销该决定，恢复原登记状态，并通过国家企业信用信息公示系统公示。

第五章 法律责任

第四十三条 未经设立登记从事经营活动的，由登记机关责令改正，没收违法所得；拒不改正的，处1万元以上10万元以下的罚款；情节严重的，依法责令关闭停业，并处10万元以上50万元以下的罚款。

第四十四条 提交虚假材料或者采取其他欺诈手段隐瞒重要事实取得市场主体登记的，由登记机关责令改正，没收违法所得，并处5万元以上20万元以下的罚款；情节严重的，处20万元以上100万元以下的罚款，吊销营业执照。

第四十五条 实行注册资本实缴登记制的市场主体虚报注册资本取得市场主体登记的，由登记机关责令改正，处虚报注册资本金额5%以上15%以下的罚款；情节严重的，吊销营业执照。

实行注册资本实缴登记制的市场主体的发起人、股东虚假出资，未交付或者未按期交付作为出资的货币或者非货币财产的，或者在市场主体成立后抽逃出资的，由登记机关责令改正，处虚假出资金额5%以上15%以下的罚款。

第四十六条 市场主体未依照本条例办理变更登记的，由登记机关责令改正；拒不改正的，处1万元以上10万元以下的罚款；情节严重的，吊销营业执照。

第四十七条 市场主体未依照本条例办理备案的，由登记机关责令改正；拒不改正的，处5万元以下的罚款。

第四十八条 市场主体未依照本条例将营业执照置于住所或者主要经营场所醒目位置的，由登记机关责令改正；拒不改正的，处3万元以下的罚款。

从事电子商务经营的市场主体未在其首页显著位置持续公示营业执照信息或者相关链接标识的，由登记机关依照《中华人民共和国电子商务法》处罚。

市场主体伪造、涂改、出租、出借、转让营业执照的，由登记机关没收违法所得，处10万元以下的罚款；情节严重的，处10万元以上50万元以下的罚款，吊销营业执照。

第四十九条 违反本条例规定的，登记机关确定罚款金额时，应当综合考虑市场主体的类型、规模、违法情节等因素。

第五十条 登记机关及其工作人员违反本条例规定未履行职责或者履行职责不当的，对直接负责的主管人员和其他直接责任人员依法给予处分。

第五十一条 违反本条例规定，构成犯罪的，依法追究刑事责任。

第五十二条 法律、行政法规对市场主体登记管理违法行为处罚另有规定的，从其规定。

第六章 附 则

第五十三条 国务院市场监督管理部门可以依照本条例制定市场主体登记和监督管理的具体办法。

第五十四条 无固定经营场所摊贩的管理办法，由省、自治区、直辖市人民政府根据当地实际情况另行规定。

第五十五条 本条例自2022年3月1日起施行。《中华人民共和国公司登记管理条例》、《中华人民共和国企业法人登记管理条例》、《中华人民共和国合伙企业登记管理办法》、《农民专业合作社登记管理条例》、《企业法人法定代表人登记管理规定》同时废止。

中华人民共和国民办教育促进法实施条例（节录）

1. 2004年3月5日国务院令第399号公布

2. 2021年4月7日国务院令第741号修订

3. 自2021年9月1日起施行

第一章 总 则

第一条 根据《中华人民共和国民办教育促进法》（以下简称民办教育促进法），制定本条例。

第二条 国家机构以外的社会组织或者个人可以利用非国家财政性经费举办各级各类民办学校；但是，不得举办实施军事、警察、政治等特殊性质教育的民办学校。

民办教育促进法和本条例所称国家财政性经费，是指财政拨款、依法取得并应当上缴国库或者财政专户的财政性资金。

第三条 各级人民政府应当依法支持和规范社会力量举办民办教育，保障民办学校依法办学、自主管理，鼓励、引导民办学校提高质量、办出特色，满足多样化教育需求。

对于举办民办学校表现突出或者为发展民办教育事业做出突出贡献的社会组织或者个人，按照国家有关规定给予奖励和表彰。

第四条 民办学校应当坚持中国共产党的领导，坚持社会主义办学方向，坚持教育公益性，对受教育者加强社会主义核心价值观教育，落实立德树人根本任务。

民办学校中的中国共产党基层组织贯彻党的方针政策，依照法律、行政法规和国家有关规定参与学校重大决策并实施监督。

第二章 民办学校的设立

第五条 国家机构以外的社会组织或者个人可以单独或者联合举办民办学校。联合举办民办学校的，应当签订联合办学协议，明确合作方式、各方权利义务和争议解决方式等。

国家鼓励以捐资、设立基金会等方式依法举办民办学校。以捐资等方式举办民办学校，无举办者的，其办学过程中的举办者权责由发起人履行。

在中国境内设立的外商投资企业以及外方为实际控制人的社会组织不得举办、参与举办或者实际控制实施义务教育的民办学校；举办其他类型民办学校的，应当符合国家有关外商投资的规定。

第六条 举办民办学校的社会组织或者个人应当有良好的信用状况。举办民办学校可以用货币出资，也可以用实物、建设用地使用权、知识产权等可以用货币估价并可以依法转让的非货币财产作价出资；但是，法律、行政法规规定不得作为出资的财产除外。

第七条 实施义务教育的公办学校不得举办或者参与举办民办学校，也不得转为民办学校。其他公办学校不得举办或者参与举办营利性民办学校。但是，实施职业教育的公办学校可以吸引企业的资本、技术、管理等要素，举办或者参与举办实施职业教育的营利性民办学校。

公办学校举办或者参与举办民办学校，不得利用国家财政性经费，不得影响公办学校教学活动，不得仅以品牌输出方式参与办学，并应当经其主管部门批准。公办学校举办或者参与举办非营利性民办学校，不得以管理费等方式取得或者变相取得办学收益。

公办学校举办或者参与举办的民办学校应当具有独立的法人资格，具有与公办学校相分离的校园、基本教育教学设施和独立的专任教师队伍，按照国家统一的会计制度独立进行会计核算，独立招生，独立颁发学业证书。

举办或者参与举办民办学校的公办学校依法享有举办者权益，依法履行国有资产管理义务。

第八条 地方人民政府不得利用国有企业、公办教育资源举办或者参与举办实施义务教育的民办学校。

以国有资产参与举办民办学校的，应当根据国家有关国有资产监督管理的规定，聘请具有评估资格的中介机构依法进行评估，根据评估结果合理确定出资额，并报对该国有资产负有监管职责的机构备案。

第九条 国家鼓励企业以独资、合资、合作等方式依法举办或者参与举办实施职业教育的民办学校。

第十条 举办民办学校，应当按时、足额履行出资义务。民办学校存续期间，举办者不得抽逃出资，不得挪用办学经费。

举办者可以依法募集资金举办营利性民办学校，所募集资金应当主要用于办学，不得擅自改变用途，并按规定履行信息披露义务。民办学校及其举办者不得以赞助费等名目向学生、学生家长收取或者变相收取与入学关联的费用。

第十一条 举办者依法制定学校章程，负责推选民办学校首届理事会、董事会或者其他形式决策机构的组成人员。

举办者可以依据法律、法规和学校章程规定的程序和要求参加或者委派代表参加理事会、董事会或者其他形式决策机构，并依据学校章程规定的权限行使相应的决策权、管理权。

第十二条 民办学校举办者变更的，应当签订变更协议，但不得涉及学校的法人财产，也不得影响学校发展，不得损害师生权益；现有民办学校的举办者变更的，可以根据其依法享有的合法权益与继任举办者协议约定变更收益。

民办学校的举办者不再具备法定条件的，应当在6个月内向审批机关提出变更；逾期不变更的，由审批机关责令变更。

举办者为法人的，其控股股东和实际控制人应当符合法律、行政法规规定的举办民办学校的条件，控股股东和实际控制人变更的，应当报主管部门备案并公示。

举办者变更，符合法定条件的，审批机关应当在规定的期限内予以办理。

第十三条 同时举办或者实际控制多所民办学校的，举办者或者实际控制人应当具备与其所开展办学活动相适应的资金、人员、组织机构等条件与能力，并对所举办民办学校承担管理和监督职责。

同时举办或者实际控制多所民办学校的举办者或者实际控制人向所举办或者实际控制的民办学校提供教材、课程、技术支持等服务以及组织教育教学活动，应当符合国家有关规定并建立相应的质量标准和保障机制。

同时举办或者实际控制多所民办学校的，应当保障所举办或者实际控制的民办学校依法独立开展办学活动，存续期间所有资产由学校依法管理和使用；不得改变所举办或者实际控制的非营利性民办学校的性质，直接或者间接取得办学收益；也不得滥用市场支配地位，排除、限制竞争。

任何社会组织和个人不得通过兼并收购、协议控制等方式控制实施义务教育的民办学校、实施学前教育的非营利性民办学校。

第十四条 实施国家认可的教育考试、职业资格考试和职业技能等级考试等考试的机构，举办或者参与举办与其所实施的考试相关的民办学校应当符合国家有关规定。

第十五条 设立民办学校的审批权限，依照有关法律、法规的规定执行。

地方人民政府及其有关部门应当依法履行实施义务教育的职责。设立实施义务教育的民办学校，应当符合当地义务教育发展规划。

第十六条 国家鼓励民办学校利用互联网技术在线实施教育活动。

利用互联网技术在线实施教育活动应当符合国家互联网管理有关法律、行政法规的规定。利用互联网技术在线实施教育活动的民办学校应当取得相应的办学许可。

民办学校利用互联网技术在线实施教育活动，应当依法建立并落实互联网安全管理制度和安全保护技术措施，发现法律、行政法规禁止发布或者传输的信息的，应当立即停止传输，采取消除等处置措施，防止信息扩散，保存有关记录，并向有关主管部门报告。

外籍人员利用互联网技术在线实施教育活动，应当遵守教育和外国人在华工作管理等有关法律、行政法规的规定。

第十七条 民办学校的举办者在获得筹设批准书之日起 3 年内完成筹设的，可以提出正式设立申请。

民办学校在筹设期内不得招生。

第十八条 申请正式设立实施学历教育的民办学校的，审批机关受理申请后，应当组织专家委员会评议，由专家委员会提出咨询意见。

第十九条 民办学校的章程应当规定下列主要事项：

（一）学校的名称、住所、办学地址、法人属性；

（二）举办者的权利义务，举办者变更、权益转让的办法；

（三）办学宗旨、发展定位、层次、类型、规模、形式等；

（四）学校开办资金、注册资本，资产的来源、性质等；

（五）理事会、董事会或者其他形式决策机构和监督机构的产生方法、人员构成、任期、议事规则等；

（六）学校党组织负责人或者代表进入学校决策机构和监督机构的程序；

（七）学校的法定代表人；

（八）学校自行终止的事由，剩余资产处置的办法与程序；

（九）章程修改程序。

民办学校应当将章程向社会公示，修订章程应当事先公告，征求利益相关方意见。完成修订后，报主管部门备案或者核准。

第二十条 民办学校只能使用一个名称。

民办学校的名称应当符合有关法律、行政法规的规定，不得损害社会公共利益，不得含有可能引发歧义的文字或者含有可能误导公众的其他法人名称。营利性民办学校可以在学校牌匾、成绩单、毕业证书、结业证书、学位证书及相关证明、招生广告和简章上使用经审批机关批准的法人简称。

第二十一条 民办学校开办资金、注册资本应当与学校类型、层次、办学规模相适应。民办学校正式设立时，开办资金、注册资本应当缴足。

第二十二条 对批准正式设立的民办学校，审批机关应当颁发办学许可证，并向社会公告。

办学许可的期限应当与民办学校的办学层次和类型相适应。民办学校在许可期限内无违法违规行为的，有效期届满可以自动延续、换领新证。

民办学校办学许可证的管理办法由国务院教育行政部门、人力资源社会保障行政部门依据职责分工分别制定。

第二十三条 民办学校增设校区应当向审批机关申请地址变更；设立分校应当向分校所在地审批机关单独申请办学许可，并报原审批机关备案。

第二十四条 民办学校依照有关法律、行政法规的规定申请法人登记，登记机关应当依法予以办理。

第五章　民办学校的资产与财务管理

第四十一条　民办学校应当依照《中华人民共和国会计法》和国家统一的会计制度进行会计核算，编制财务会计报告。

第四十二条　民办学校应当建立办学成本核算制度，基于办学成本和市场需求等因素，遵循公平、合法和诚实信用原则，考虑经济效益与社会效益，合理确定收费项目和标准。对公办学校参与举办、使用国有资产或者接受政府生均经费补助的非营利性民办学校，省、自治区、直辖市人民政府可以对其收费制定最高限价。

第四十三条　民办学校资产中的国有资产的监督、管理，按照国家有关规定执行。

民办学校依法接受的捐赠财产的使用和管理，依照有关法律、行政法规执行。

第四十四条　非营利性民办学校收取费用、开展活动的资金往来，应当使用在有关主管部门备案的账户。有关主管部门应当对该账户实施监督。

营利性民办学校收入应当全部纳入学校开设的银行结算账户，办学结余分配应当在年度财务结算后进行。

第四十五条　实施义务教育的民办学校不得与利益关联方进行交易。其他民办学校与利益关联方进行交易的，应当遵循公开、公平、公允的原则，合理定价、规范决策，不得损害国家利益、学校利益和师生权益。

民办学校应当建立利益关联方交易的信息披露制度。教育、人力资源社会保障以及财政等有关部门应当加强对非营利性民办学校与利益关联方签订协议的监管，并按年度对关联交易进行审查。

前款所称利益关联方是指民办学校的举办者、实际控制人、校长、理事、董事、监事、财务负责人等以及与上述组织或者个人之间存在互相控制和影响关系、可能导致民办学校利益被转移的组织或者个人。

第四十六条　在每个会计年度结束时，民办学校应当委托会计师事务所对年度财务报告进行审计。非营利性民办学校应当从经审计的年度非限定性净资产增加额中，营利性民办学校应当从经审计的年度净收益中，按不低于年度非限定性净资产增加额或者净收益的10%的比例提取发展基金，用于学校的发展。

第七章　支持与奖励

第五十二条　各级人民政府及有关部门应当依法健全对民办学校的支持政策，优先扶持办学质量高、特色明显、社会效益显著的民办学校。

县级以上地方人民政府可以参照同级同类公办学校生均经费等相关经费标准和支持

政策，对非营利性民办学校给予适当补助。

地方人民政府出租、转让闲置的国有资产应当优先扶持非营利性民办学校。

第五十三条 民办学校可以依法以捐赠者的姓名、名称命名学校的校舍或者其他教育教学设施、生活设施。捐赠者对民办学校发展做出特殊贡献的，实施高等学历教育的民办学校经国务院教育行政部门按照国家规定的条件批准，其他民办学校经省、自治区、直辖市人民政府教育行政部门或者人力资源社会保障行政部门按照国家规定的条件批准，可以以捐赠者的姓名或者名称作为学校校名。

第五十四条 民办学校享受国家规定的税收优惠政策；其中，非营利性民办学校享受与公办学校同等的税收优惠政策。

第五十五条 地方人民政府在制定闲置校园综合利用方案时，应当考虑当地民办教育发展需求。

新建、扩建非营利性民办学校，地方人民政府应当按照与公办学校同等原则，以划拨等方式给予用地优惠。

实施学前教育、学历教育的民办学校使用土地，地方人民政府可以依法以协议、招标、拍卖等方式供应土地，也可以采取长期租赁、先租后让、租让结合的方式供应土地，土地出让价款和租金可以在规定期限内按合同约定分期缴纳。

第五十六条 在西部地区、边远地区和少数民族地区举办的民办学校申请贷款用于学校自身发展的，享受国家相关的信贷优惠政策。

第五十七条 县级以上地方人民政府可以根据本行政区域的具体情况，设立民办教育发展专项资金，用于支持民办学校提高教育质量和办学水平、奖励举办者等。

国家鼓励社会力量依法设立民办教育发展方面的基金会或者专项基金，用于支持民办教育发展。

第五十八条 县级人民政府根据本行政区域实施学前教育、义务教育或者其他公共教育服务的需要，可以与民办学校签订协议，以购买服务等方式，委托其承担相应教育任务。

委托民办学校承担普惠性学前教育、义务教育或者其他公共教育任务的，应当根据当地相关教育阶段的委托协议，拨付相应的教育经费。

第五十九条 县级以上地方人民政府可以采取政府补贴、以奖代补等方式鼓励、支持非营利性民办学校保障教师待遇。

第六十条 国家鼓励、支持保险机构设立适合民办学校的保险产品，探索建立行业互助保险等机制，为民办学校重大事故处理、终止善后、教职工权益保障等事项提供风险保障。

金融机构可以在风险可控前提下开发适合民办学校特点的金融产品。民办学校可以以未来经营收入、知识产权等进行融资。

第六十一条 除民办教育促进法和本条例规定的支持与奖励措施外，省、自治区、直辖市人民政府还可以根据实际情况，制定本地区促进民办教育发展的支持与奖励措施。

各级人民政府及有关部门在对现有民办学校实施分类管理改革时，应当充分考虑有关历史和现实情况，保障受教育者、教职工和举办者的合法权益，确保民办学校分类管理改革平稳有序推进。

医疗机构管理条例（节录）

1. 1994年2月26日国务院令第149号发布

2. 根据2016年2月6日国务院令第666号《关于修改部分行政法规的决定》第一次修订

3. 根据2022年3月29日国务院令第752号《关于修改和废止部分行政法规的决定》第二次修订

第二条 本条例适用于从事疾病诊断、治疗活动的医院、卫生院、疗养院、门诊部、诊所、卫生所（室）以及急救站等医疗机构。

第四条 国家扶持医疗机构的发展，鼓励多种形式兴办医疗机构。

第六条 县级以上地方人民政府卫生行政部门应当根据本行政区域内的人口、医疗资源、医疗需求和现有医疗机构的分布状况，制定本行政区域医疗机构设置规划。

机关、企业和事业单位可以根据需要设置医疗机构，并纳入当地医疗机构的设置规划。

第九条 单位或者个人设置医疗机构，按照国务院的规定应当办理设置医疗机构批准书的，应当经县级以上地方人民政府卫生行政部门审查批准，并取得设置医疗机构批准书。

第十四条 医疗机构执业，必须进行登记，领取《医疗机构执业许可证》；诊所按照国务院卫生行政部门的规定向所在地的县级人民政府卫生行政部门备案后，可以执业。

第十七条 医疗机构执业登记的主要事项：

（一）名称、地址、主要负责人；

（二）所有制形式；

（三）诊疗科目、床位；

（四）注册资金。

第十九条 医疗机构改变名称、场所、主要负责人、诊疗科目、床位，必须向原登记机关办理变更登记或者向原备案机关备案。

第二十条 医疗机构歇业，必须向原登记机关办理注销登记或者向原备案机关备案。经登记机关核准后，收缴《医疗机构执业许可证》。

医疗机构非因改建、扩建、迁建原因停业超过1年的，视为歇业。

中华人民共和国中外合作办学条例（节录）

1．2003年3月1日国务院令第372号公布

2．根据2013年7月18日国务院令第638号《关于废止和修改部分行政法规的决定》第一次修订

3．根据2019年3月2日国务院令第709号《关于修改部分行政法规的决定》第二次修订

第一条 为了规范中外合作办学活动，加强教育对外交流与合作，促进教育事业的发展，根据《中华人民共和国教育法》、《中华人民共和国职业教育法》和《中华人民共和国民办教育促进法》，制定本条例。

第二条 外国教育机构同中国教育机构（以下简称中外合作办学者）在中国境内合作举办以中国公民为主要招生对象的教育机构（以下简称中外合作办学机构）的活动，适用本条例。

第三条 中外合作办学属于公益性事业，是中国教育事业的组成部分。

国家对中外合作办学实行扩大开放、规范办学、依法管理、促进发展的方针。

国家鼓励引进外国优质教育资源的中外合作办学。

国家鼓励在高等教育、职业教育领域开展中外合作办学，鼓励中国高等教育机构与外国知名的高等教育机构合作办学。

第四条 中外合作办学者、中外合作办学机构的合法权益，受中国法律保护。

中外合作办学机构依法享受国家规定的优惠政策，依法自主开展教育教学活动。

第五条 中外合作办学必须遵守中国法律，贯彻中国的教育方针，符合中国的公共道德，不得损害中国的国家主权、安全和社会公共利益。

中外合作办学应当符合中国教育事业发展的需要，保证教育教学质量，致力于培养中国社会主义建设事业的各类人才。

第六条 中外合作办学者可以合作举办各级各类教育机构。但是，不得举办实施义务教育和实施军事、警察、政治等特殊性质教育的机构。

第七条 外国宗教组织、宗教机构、宗教院校和宗教教职人员不得在中国境内从事合作办学活动。

中外合作办学机构不得进行宗教教育和开展宗教活动。

第九条 申请设立中外合作办学机构的教育机构应当具有法人资格。

第十条 中外合作办学者可以用资金、实物、土地使用权、知识产权以及其他财产作为办学投入。

中外合作办学者的知识产权投入不得超过各自投入的1/3。但是，接受国务院教育行政部门、劳动行政部门或者省、自治区、直辖市人民政府邀请前来中国合作办学的外国教育机构的知识产权投入可以超过其投入的1/3。

第十一条 中外合作办学机构应当具备《中华人民共和国教育法》、《中华人民共和国职业教育法》、《中华人民共和国高等教育法》等法律和有关行政法规规定的基本条件，并具有法人资格。但是，外国教育机构同中国实施学历教育的高等学校设立的实施高等教育的中外合作办学机构，可以不具有法人资格。

设立中外合作办学机构，参照国家举办的同级同类教育机构的设置标准执行。

第十二条 申请设立实施本科以上高等学历教育的中外合作办学机构，由国务院教育行政部门审批；申请设立实施高等专科教育和非学历高等教育的中外合作办学机构，由拟设立机构所在地的省、自治区、直辖市人民政府审批。

申请设立实施中等学历教育和自学考试助学、文化补习、学前教育等的中外合作办学机构，由拟设立机构所在地的省、自治区、直辖市人民政府教育行政部门审批。

申请设立实施职业技能培训的中外合作办学机构，由拟设立机构所在地的省、自治区、直辖市人民政府劳动行政部门审批。

第十三条 设立中外合作办学机构，分为筹备设立和正式设立两个步骤。但是，具备办学条件，达到设置标准的，可以直接申请正式设立。

第二十条 中外合作办学机构取得中外合作办学许可证后，应当依照有关的法律、行政法规进行登记，登记机关应当依照有关规定即时予以办理。

第二十一条 具有法人资格的中外合作办学机构应当设立理事会或者董事会，不具有法人资格的中外合作办学机构应当设立联合管理委员会。理事会、董事会或者联合管理委员会的中方组成人员不得少于1/2。

理事会、董事会或者联合管理委员会由5人以上组成，设理事长、副理事长，董事长、副董事长或者主任、副主任各1人。中外合作办学者一方担任理事长、董事长或者主任的，由另一方担任副理事长、副董事长或者副主任。

具有法人资格的中外合作办学机构的法定代表人，由中外合作办学者协商，在理事长、董事长或者校长中确定。

第四十二条 中外合作办学机构的分立、合并，在进行财务清算后，由该机构理事会、董事会或者联合管理委员会报审批机关批准。

申请分立、合并实施非学历教育的中外合作办学机构的，审批机关应当自受理申请之日起3个月内以书面形式答复；申请分立、合并实施学历教育的中外合作办学机构的，审批机关应当自受理申请之日起6个月内以书面形式答复。

第四十三条 中外合作办学机构合作办学者的变更，应当由合作办学者提出，在进行财务清算后，经该机构理事会、董事会或者联合管理委员会同意，报审批机关核准，并办理相应的变更手续。

中外合作办学机构住所、法定代表人的变更，应当经审批机关核准，并办理相应的变更手续。中外合作办学机构校长或者主要行政负责人的变更，应当及时办理变更手续。

第四十四条 中外合作办学机构名称、层次、类别的变更，由该机构理事会、董事会或者联合管理委员会报审批机关批准。

申请变更为实施非学历教育的中外合作办学机构的，审批机关应当自受理申请之日起3个月内以书面形式答复；申请变更为实施学历教育的中外合作办学机构的，审批机关应当自受理申请之日起6个月内以书面形式答复。

第四十七条 中外合作办学机构清算时，应当按照下列顺序清偿：

（一）应当退还学生的学费和其他费用；

（二）应当支付给教职工的工资和应当缴纳的社会保险费用；

（三）应当偿还的其他债务。

中外合作办学机构清偿上述债务后的剩余财产，依照有关法律、行政法规的规定处理。

第六十条 在市场监督管理部门登记注册的经营性的中外合作举办的培训机构的管理办法，由国务院另行规定。

人力资源市场暂行条例（节录）

1. 2018年6月29日国务院令第700号公布

2. 自2018年10月1日起施行

第一条 为了规范人力资源市场活动，促进人力资源合理流动和优化配置，促进就业创业，根据《中华人民共和国就业促进法》和有关法律，制定本条例。

第二条 在中华人民共和国境内通过人力资源市场求职、招聘和开展人力资源服务，适用本条例。

法律、行政法规和国务院规定对求职、招聘和开展人力资源服务另有规定的，从其规定。

第七条 国家建立统一开放、竞争有序的人力资源市场体系，发挥市场在人力资源配置中的决定性作用，健全人力资源开发机制，激发人力资源创新创造创业活力，促进人力资源市场繁荣发展。

第八条 国家建立政府宏观调控、市场公平竞争、单位自主用人、个人自主择业、人力资源服务机构诚信服务的人力资源流动配置机制，促进人力资源自由有序流动。

第九条 县级以上人民政府应当将人力资源市场建设纳入国民经济和社会发展规划，运用区域、产业、土地等政策，推进人力资源市场建设，发展专业性、行业性人力资源市场，鼓励并规范高端人力资源服务等业态发展，提高人力资源服务业发展水平。

国家鼓励社会力量参与人力资源市场建设。

第十四条 本条例所称人力资源服务机构，包括公共人力资源服务机构和经营性人力资源服务机构。

公共人力资源服务机构，是指县级以上人民政府设立的公共就业和人才服务机构。

经营性人力资源服务机构，是指依法设立的从事人力资源服务经营活动的机构。

第十七条 国家通过政府购买服务等方式支持经营性人力资源服务机构提供公益性人力资源服务。

第十八条 经营性人力资源服务机构从事职业中介活动的，应当依法向人力资源社会保障行政部门申请行政许可，取得人力资源服务许可证。

经营性人力资源服务机构开展人力资源供求信息的收集和发布、就业和创业指导、人力资源管理咨询、人力资源测评、人力资源培训、承接人力资源服务外包等人力资源服务业务的，应当自开展业务之日起15日内向人力资源社会保障行政部门备案。

经营性人力资源服务机构从事劳务派遣业务的，执行国家有关劳务派遣的规定。

第二十一条 经营性人力资源服务机构变更名称、住所、法定代表人或者终止经营活动的，应当自工商变更登记或者注销登记办理完毕之日起15日内，书面报告人力资源社会保障行政部门。

第三十六条 经营性人力资源服务机构应当在规定期限内，向人力资源社会保障行政部门提交经营情况年度报告。人力资源社会保障行政部门可以依法公示或者引导经营性人力资源服务机构依法公示年度报告的有关内容。

人力资源社会保障行政部门应当加强与市场监督管理等部门的信息共享。通过信息共享可以获取的信息，不得要求经营性人力资源服务机构重复提供。

志愿服务条例（节录）

1. 2017年8月22日国务院令第685号公布

2. 自2017年12月1日起施行

第一条 为了保障志愿者、志愿服务组织、志愿服务对象的合法权益，鼓励和规范志愿服务，发展志愿服务事业，培育和践行社会主义核心价值观，促进社会文明进步，制定本条例。

第二条 本条例适用于在中华人民共和国境内开展的志愿服务以及与志愿服务有关的活动。

本条例所称志愿服务，是指志愿者、志愿服务组织和其他组织自愿、无偿向社会或者他人提供的公益服务。

第六条 本条例所称志愿者，是指以自己的时间、知识、技能、体力等从事志愿服务的自然人。

本条例所称志愿服务组织，是指依法成立，以开展志愿服务为宗旨的非营利性组织。

第七条 志愿者可以将其身份信息、服务技能、服务时间、联系方式等个人基本信息，通过国务院民政部门指定的志愿服务信息系统自行注册，也可以通过志愿服务组织进行注册。

志愿者提供的个人基本信息应当真实、准确、完整。

第八条 志愿服务组织可以采取社会团体、社会服务机构、基金会等组织形式。志愿服务组织的登记管理按照有关法律、行政法规的规定执行。

第九条 志愿服务组织可以依法成立行业组织，反映行业诉求，推动行业交流，促进志愿服务事业发展。

促进个体工商户发展条例

1. 2022年10月1日国务院令第755号公布

2. 自2022年11月1日起施行

第一条 为了鼓励、支持和引导个体经济健康发展，维护个体工商户合法权益，稳定和扩大城乡就业，充分发挥个体工商户在国民经济和社会发展中的重要作用，制定本条例。

第二条 有经营能力的公民在中华人民共和国境内从事工商业经营，依法登记为个体工商户的，适用本条例。

第三条 促进个体工商户发展工作坚持中国共产党的领导，发挥党组织在个体工商户发展中的引领作用和党员先锋模范作用。

个体工商户中的党组织和党员按照中国共产党章程的规定开展党的活动。

第四条 个体经济是社会主义市场经济的重要组成部分，个体工商户是重要的市场主体，在繁荣经济、增加就业、推动创业创新、方便群众生活等方面发挥着重要作用。

国家持续深化简政放权、放管结合、优化服务改革，优化营商环境，积极扶持、加强引导、依法规范，为个体工商户健康发展创造有利条件。

第五条 国家对个体工商户实行市场平等准入、公平待遇的原则。

第六条 个体工商户可以个人经营，也可以家庭经营。个体工商户的财产权、经营自主权等合法权益受法律保护，任何单位和个人不得侵害或者非法干预。

第七条 国务院建立促进个体工商户发展部际联席会议制度，研究并推进实施促进个体工商户发展的重大政策措施，统筹协调促进个体工商户发展工作中的重大事项。

国务院市场监督管理部门会同有关部门加强对促进个体工商户发展工作的宏观指导、综合协调和监督检查。

第八条 国务院发展改革、财政、人力资源社会保障、住房城乡建设、商务、金融、税务、市场监督管理等有关部门在各自职责范围内研究制定税费支持、创业扶持、职业技能培训、社会保障、金融服务、登记注册、权益保护等方面的政策措施，做好促进个体工商户发展工作。

第九条 县级以上地方人民政府应当将促进个体工商户发展纳入本级国民经济和社会发展规划，结合本行政区域个体工商户发展情况制定具体措施并组织实施，为个体工商户发展提供支持。

第十条 国家加强个体工商户发展状况监测分析，定期开展抽样调查、监测统计和活跃度分析，强化个体工商户发展信息的归集、共享和运用。

第十一条 市场主体登记机关应当为个体工商户提供依法合规、规范统一、公开透明、便捷高效的登记服务。

第十二条 国务院市场监督管理部门应当根据个体工商户发展特点，改革完善个体工商户年度报告制度，简化内容、优化流程，提供简易便捷的年度报告服务。

第十三条 个体工商户可以自愿变更经营者或者转型为企业。变更经营者的，可以直接向市场主体登记机关申请办理变更登记。涉及有关行政许可的，行政许可部门应当简化手续，依法为个体工商户提供便利。

个体工商户变更经营者或者转型为企业的，应当结清依法应缴纳的税款等，对原有债权债务作出妥善处理，不得损害他人的合法权益。

第十四条 国家加强个体工商户公共服务平台体系建设，为个体工商户提供法律政策、市场供求、招聘用工、创业培训、金融支持等信息服务。

第十五条 依法成立的个体劳动者协会在市场监督管理部门指导下，充分发挥桥梁纽带作用，推动个体工商户党的建设，为个体工商户提供服务，维护个体工商户合法权益，引导个体工商户诚信自律。

个体工商户自愿加入个体劳动者协会。

第十六条 政府及其有关部门在制定相关政策措施时，应当充分听取个体工商户以及相关行业组织的意见，不得违反规定在资质许可、项目申报、政府采购、招标投标等方面对个体工商户制定或者实施歧视性政策措施。

第十七条 县级以上地方人民政府应当结合本行政区域实际情况，根据个体工商户的行业类型、经营规模、经营特点等，对个体工商户实施分型分类培育和精准帮扶。

第十八条 县级以上地方人民政府应当采取有效措施，为个体工商户增加经营场所供给，降低经营场所使用成本。

第十九条 国家鼓励和引导创业投资机构和社会资金支持个体工商户发展。

县级以上地方人民政府应当充分发挥各类资金作用，为个体工商户在创业创新、贷款融资、职业技能培训等方面提供资金支持。

第二十条 国家实行有利于个体工商户发展的财税政策。

县级以上地方人民政府及其有关部门应当严格落实相关财税支持政策，确保精准、及时惠及个体工商户。

第二十一条 国家推动建立和完善个体工商户信用评价体系，鼓励金融机构开发和提供适合个体工商户发展特点的金融产品和服务，扩大个体工商户贷款规模和覆盖面，提高贷款精准性和便利度。

第二十二条 县级以上地方人民政府应当支持个体工商户参加社会保险，对符合条件的个体工商户给予相应的支持。

第二十三条 县级以上地方人民政府应当完善创业扶持政策，支持个体工商户参加职业技能培训，鼓励各类公共就业服务机构为个体工商户提供招聘用工服务。

第二十四条 县级以上地方人民政府应当结合城乡社区服务体系建设，支持个体工商户在社区从事与居民日常生活密切相关的经营活动，满足居民日常生活消费需求。

第二十五条 国家引导和支持个体工商户加快数字化发展、实现线上线下一体化经营。

平台经营者应当在入驻条件、服务规则、收费标准等方面，为个体工商户线上经营提供支持，不得利用服务协议、平台规则、数据算法、技术等手段，对平台内个体工商户进行不合理限制、附加不合理条件或者收取不合理费用。

第二十六条 国家加大对个体工商户的字号、商标、专利、商业秘密等权利的保护力度。

国家鼓励和支持个体工商户提升知识产权的创造运用水平、增强市场竞争力。

第二十七条 县级以上地方人民政府制定实施城乡建设规划及城市和交通管理、市容环境治理、产业升级等相关政策措施，应当充分考虑个体工商户经营需要和实际困难，实施引导帮扶。

第二十八条 各级人民政府对因自然灾害、事故灾难、公共卫生事件、社会安全事件等原因造成经营困难的个体工商户，结合实际情况及时采取纾困帮扶措施。

第二十九条 政府及其有关部门按照国家有关规定，对个体工商户先进典型进行表彰奖励，不断提升个体工商户经营者的荣誉感。

第三十条 任何单位和个人不得违反法律法规和国家有关规定向个体工商户收费或者变相收费，不得擅自扩大收费范围或者提高收费标准，不得向个体工商户集资、摊派，不得强行要求个体工商户提供赞助或者接受有偿服务。

任何单位和个人不得诱导、强迫劳动者登记注册为个体工商户。

第三十一条 机关、企业事业单位不得要求个体工商户接受不合理的付款期限、方式、条件和违约责任等交易条件，不得违约拖欠个体工商户账款，不得通过强制个体工商户接受商业汇票等非现金支付方式变相拖欠账款。

第三十二条 县级以上地方人民政府应当提升个体工商户发展质量，不得将个体工商户数量增长率、年度报告率等作为绩效考核评价指标。

第三十三条 个体工商户对违反本条例规定、侵害自身合法权益的行为，有权向有关部门投诉、举报。

县级以上地方人民政府及其有关部门应当畅通投诉、举报途径，并依法及时处理。

第三十四条 个体工商户应当依法经营、诚实守信，自觉履行劳动用工、安全生产、食品安全、职业卫生、环境保护、公平竞争等方面的法定义务。

对涉及公共安全和人民群众生命健康等重点领域，有关行政部门应当加强监督管理，维护良好市场秩序。

第三十五条 个体工商户开展经营活动违反有关法律规定的，有关行政部门应当按照教育和惩戒相结合、过罚相当的原则，依法予以处理。

第三十六条 政府及其有关部门的工作人员在促进个体工商户发展工作中不履行或者不正确履行职责，损害个体工商户合法权益，造成严重后果的，依法依规给予处分；构成犯罪的，依法追究刑事责任。

第三十七条 香港特别行政区、澳门特别行政区永久性居民中的中国公民，台湾地区居民可以按照国家有关规定，申请登记为个体工商户。

第三十八条 省、自治区、直辖市可以结合本行政区域实际情况，制定促进个体工商户发展的具体办法。

第三十九条 本条例自 2022 年 11 月 1 日起施行。《个体工商户条例》同时废止。

（三）部门规章

民办非企业单位登记暂行办法

1．1999年12月28日民政部令第18号发布

2．根据2010年12月27日民政部令第38号《关于废止、修改部分规章的决定》修订

第一条 根据《民办非企业单位登记管理暂行条例》（以下简称条例）制定本办法。

第二条 民办非企业单位根据其依法承担民事责任的不同方式分为民办非企业单位（法人）、民办非企业单位（合伙）和民办非企业单位（个体）三种。

个人出资且担任民办非企业单位负责人的，可申请办理民办非企业单位（个体）登记；

两人或两人以上合伙举办的，可申请办理民办非企业单位（合伙）登记；

两人或两人以上举办且具备法人条件的，可申请办理民办非企业单位（法人）登记。

由企业事业单位、社会团体和其他社会力量举办的或由上述组织与个人共同举办的，应当申请民办非企业单位（法人）登记。

第三条 民办非企业单位登记管理机关（以下简称登记管理机关）审核登记的程序是受理、审查、核准、发证、公告。

（一）受理。申请登记的举办者所提交的文件、证件和填报的登记申请表齐全、有效后，方可受理。

（二）审查。审查提交的文件、证件和填报的登记申请的真实性、合法性、有效性，并核实有关登记事项和条件。

（三）核准。经审查和核实后，作出准予登记或者不予登记的决定，并及时通知申请登记的单位或个人。

（四）发证。对核准登记的民办非企业单位，分别颁发有关证书，并办理领证签字手续。

（五）公告。对核准登记的民办非企业单位，由登记管理机关发布公告。

第四条 举办民办非企业单位，应按照下列所属行（事）业申请登记：

（一）教育事业，如民办幼儿园，民办小学、中学、学校、学院、大学，民办专修（进修）学院或学校，民办培训（补习）学校或中心等；

（二）卫生事业，如民办门诊部（所）、医院，民办健康、保健、卫生、疗养院（所）等；

（三）文化事业，如民办艺术表演团体、文化馆（活动中心）、图书馆（室）、博物馆（院）、美术馆、画院、名人纪念馆、收藏馆、艺术研究院（所）等；

（四）科技事业，如民办科学研究院（所、中心），民办科技传播或普及中心、科技服务中心、技术评估所（中心）等；

（五）体育事业，如民办体育俱乐部，民办体育场、馆、院、社、学校等；

（六）劳动事业，如民办职业培训学校中心，民办职业介绍所等；

（七）民政事业，如民办福利院、敬老院、托老所、老年公寓，民办婚姻介绍所，民办社区服务中心（站）等；

（八）社会中介服务业，如民办评估咨询服务中心（所），民办信息咨询调查中心（所），民办人才交流中心等；

（九）法律服务业；

（十）其他。

第五条 申请登记民办非企业单位，应当具备条例第八条规定的条件。

民办非企业单位的名称，必须符合国务院民政部门制订的《民办非企业单位名称管理暂行规定》。

民办非企业单位必须拥有与其业务活动相适应的合法财产，且其合法财产中的非国有资产份额不得低于总财产的三分之二。开办资金必须达到本行（事）业所规定的最低限额。

第六条 申请民办非企业单位成立登记，举办者应当提交条例第九条规定的文件。

民办非企业单位的登记申请书应当包括：举办者单位名称或申请人姓名；拟任法定代表人或单位负责人的基本情况；住所情况；开办资金情况；申请登记理由等。

业务主管单位的批准文件，应当包括对举办者章程草案、资金情况（特别是资产的非国有性）、拟任法定代表人或单位负责人基本情况、从业人员资格、场所设备、组织机构等内容的审查结论。

民办非企业单位的活动场所须有产权证明或一年期以上的使用权证明。

民办非企业单位的验资报告应由会计师事务所或其他有验资资格的机构出具。

拟任法定代表人或单位负责人的基本情况应当包括姓名、性别、民族、年龄、目前人事关系所在单位、有否受到剥夺政治权利的刑事处罚、个人简历等。拟任法定代表人或单位负责人的身份证明为身份证的复印件，登记管理机关认为必要时可验证身份证原件。

对合伙制的民办非企业单位，拟任单位负责人指所有合伙人。

民办非企业单位的章程草案应当符合条例第十条的规定。合伙制的民办非企业单位的章程可为其合伙协议，合伙协议应当包括条例第十条第一、二、三、五、六、七、八项的内容。民办非企业单位须在其章程草案或合伙协议中载明该单位的盈利不得分配，解体时财产不得私分。

第七条 民办非企业单位的登记事项为：名称、住所、宗旨和业务范围、法定代表人或者单位负责人、开办资金、业务主管单位。

住所是指民办非企业单位的办公场所，须按所在市、县、乡（镇）及街道门牌号码的详细地址登记。

宗旨和业务范围必须符合法律法规及政策规定。

开办资金应当与实有资金相一致。

业务主管单位应登记其全称。

第八条 经审核准予登记的，登记管理机关应当书面通知民办非企业单位，并根据其依法承担民事责任的不同方式，分别发给《民办非企业单位（法人）登记证书》《民办非企业单位（合伙）登记证书》或《民办非企业单位（个体）登记证书》。对不予登记的，登记管理机关应当书面通知申请单位或个人。

民办非企业单位可凭据登记证书依照有关规定办理组织机构代码和税务登记、刻制印章、开立银行帐户，在核准的业务范围内开展活动。

第九条 按照条例第十二条第二款的规定，应当简化登记手续的民办非企业单位，办理登记时，应向登记管理机关提交下列文件：

（一）登记申请书；

（二）章程草案；

（三）拟任法定代表人或单位负责人的基本情况、身份证明；

（四）业务主管单位出具的执业许可证明文件。

第十条 条例施行前已经成立的民办非企业单位，应当依照条例及本办法的规定办理申请登记。

已在各级人民政府的编制部门或工商行政管理部门注册登记的民办非企业单位办理补办登记手续，还应向登记管理机关提交编制部门或工商行政管理部门准予注销的证明文件。

第十一条 民办非企业单位根据条例第十五条规定申请变更登记事项时，应向登记管理机关提交下列文件：

（一）法定代表人或单位负责人签署并加盖公章的变更登记申请书。申请书应载明变更的理由，并附决定变更时依照章程履行程序的原始纪要，法定代表人或单位负责人因故不能签署变更登记申请书的，申请单位还应提交不能签署的理由的文件；

（二）业务主管单位对变更登记事项审查同意文件；

（三）登记管理机关要求提交的其他文件。

第十二条 民办非企业单位的住所、业务范围、法定代表人或单位负责人、开办资金、业务主管单位发生变更的，除向登记管理机关提交本办法第十一条规定的文件外，还须分别提交下列材料：变更后新住所的产权或使用权证明；变更后的业务范围；变更后法定代表人或单位负责人的身份证明，及本办法第六条第六款涉及的其他材料；变更后的验资报告；原业务主管单位不再承担业务主管的文件。

第十三条 登记管理机关核准变更登记的，民办非企业单位应交回民办非企业单位登记证书正副本，由登记管理机关换发新的登记证书。

第十四条 民办非企业单位修改章程或合伙协议的，应当报原登记管理机关核准。报请核准时，应提交下列文件：

（一）法定代表人或单位负责人签署并加盖公章的核准申请书；

（二）业务主管单位审查同意的文件；

（三）章程或合伙协议的修改说明及修改后的章程或合伙协议；

（四）有关的文件材料。

第十五条 民办非企业单位变更业务主管单位，须在原业务主管单位出具不再担任业务主管的文件之日起 90 日内找到新的业务主管单位，并到登记管理机关申请变更登记。

在登记管理机关作出准予变更登记决定之前，原业务主管单位应继续履行条例第二十条规定的监督管理职责。

第十六条 登记管理机关应在收到民办非企业单位申请变更登记的全部有效文件后，在法定期限内作出准予变更或不准予变更的决定，并书面通知民办非企业单位。

第十七条 民办非企业单位有下列情况之一的，必须申请注销登记：

（一）章程规定的解散事由出现；

（二）不再具备条例第八条规定条件的；

（三）宗旨发生根本变化的；

（四）由于其他变更原因，出现与原登记管理机关管辖范围不一致的；

（五）作为分立母体的民办非企业单位因分立而解散的；

（六）作为合并源的民办非企业单位因合并而解散的；

（七）民办非企业单位原业务主管单位不再担当其业务主管单位，且在90日内找不到新的业务主管单位的；

（八）有关行政管理机关根据法律、行政法规规定认为需要注销的；

（九）其他原因需要解散的。

属于本条第一款第七项规定的情形，民办非企业单位的原业务主管单位须继续履行职责，至民办非企业单位完成注销登记。

第十八条 民办非企业单位根据条例第十六条的规定申请注销登记时，应向登记管理机关提交下列文件：

（一）法定代表人或单位负责人签署并加盖单位公章的注销登记申请书，法定代表人或单位负责人因故不能签署的，还应提交不能签署的理由的文件；

（二）业务主管单位审查同意的文件；

（三）清算组织提出的清算报告；

（四）民办非企业单位登记证书（正、副本）；

（五）民办非企业单位的印章和财务凭证；

（六）登记管理机关认为需要提交的其他文件。

第十九条 登记管理机关应在收到民办非企业单位申请注销登记的全部有效文件后，在法定期限内作出准予注销或不准予注销的决定，并书面通知民办非企业单位。

登记管理机关准予注销登记的，应发给民办非企业单位注销证明文件。

第二十条 民办非企业单位登记公告分为成立登记公告、注销登记公告和变更登记公告。

登记管理机关发布的公告须刊登在公开发行的、发行范围覆盖同级政府所辖行政区域的报刊上。

第二十一条 成立登记公告的内容包括：名称、住所、法定代表人或单位负责人、开办资金、宗旨和业务范围、业务主管单位、登记时间、登记证号。

第二十二条 变更登记公告的内容除变更事项外，还应包括名称、登记证号、变更时间。

第二十三条 注销登记公告的内容包括名称、住所、法定代表人或单位负责人、登记证号、业务主管单位、注销时间。

第二十四条 民办非企业单位登记证书分为正本和副本，正本和副本具有同等法律效力。

民办非企业单位登记证书的正本应当悬挂于民办非企业单位住所的醒目位置。

民办非企业单位登记证书副本的有效期为 4 年。

第二十五条 民办非企业单位登记证书遗失的，应当及时在公开发行的报刊上声明作废，并到登记管理机关申请办理补发证书手续。

第二十六条 民办非企业单位申请补发登记证书，应当向登记管理机关提交下列文件：

（一）补发登记证书申请书；

（二）在报刊上刊登的原登记证书作废的声明。

第二十七条 经核准登记的民办非企业单位开立银行帐户，应按照民政部、中国人民银行联合发布的《关于民办非企业单位开立银行帐户有关问题的通知》的有关规定办理。

第二十八条 经核准登记的民办非企业单位刻制印章，应按照民政部、公安部联合发布的《民办非企业单位印章管理规定》的有关规定办理。

第二十九条 本办法自发布之日起施行。

社会组织名称管理办法

1. 2024 年 1 月 8 日民政部令第 69 号公布

2. 自 2024 年 5 月 1 日起施行

第一条 为加强和完善社会组织名称管理，保护社会组织合法权益，根据社会组织登记管理相关法律、行政法规和国家有关规定，制定本办法。

第二条 本办法适用于依法办理登记的社会组织。

本办法所称的社会组织，包括社会团体、基金会和民办非企业单位。

第三条 国务院民政部门主管全国社会组织名称管理工作，县级以上人民政府民政部门（以下称登记管理机关）负责本机关登记的社会组织名称管理工作。

第四条 国务院民政部门建立全国社会组织信用信息公示平台，为社会组织名称信息查询提供支持。

第五条 社会组织只能登记一个名称，社会组织名称受法律保护。

第六条 社会组织名称应当符合法律、行政法规、规章和国家有关规定，准确反映其特征，具有显著识别性。

社会团体的名称应当与其业务范围、会员分布、活动地域相一致。基金会、民办非企业单位的名称应当与其业务范围、公益目的相一致。

第七条 社会组织命名应当遵循含义明确健康、文字规范简洁的原则。

民族自治地方的社会组织名称可以同时使用本民族自治地方通用的民族文字。

社会组织名称需要翻译成外文使用的，应当按照文字翻译的原则翻译使用。

第八条 社会团体名称由行政区划名称、行（事）业领域或者会员组成、组织形式依次构成。异地商会名称由行政区划名称、原籍地行政区划专名和“商会”字样依次构成。

基金会、民办非企业单位名称由行政区划名称、字号、行（事）业领域、组织形式依次构成。

国务院民政部门登记的社会组织名称一般不冠以行政区划名称；按照国家有关规定经过批准的，可以冠以“中国”、“全国”、“中华”等字词。

第九条 社会组织名称中的行政区划名称应当是社会组织住所地的县级以上地方行政区划名称。市辖区名称在社会组织名称中使用时，应当同时冠以其所属的设区的市的行政区划名称。开发区等区域名称在社会组织名称中使用时，应当与行政区划名称连用，不得单独使用。

城乡社区社会组织名称可以在县级行政区划名称后，缀以其住所地的乡镇（街道）或者村（社区）名称。

第十条 基金会和民办非企业单位的字号应当由两个以上汉字组成，不得使用语句和句群，且应当与行（事）业领域显著区分。

县级以上地方行政区划名称（专名或者简称）、行（事）业领域不得作为字号，但具有其他含义且可以明确识别的除外。

基金会不得使用姓氏作为字号。冠以“中国”、“全国”、“中华”等字词以及符合国务院民政部门规定的其他情形的基金会，可以不使用字号。

第十一条 社会组织名称中的行（事）业领域表述应当明确、清晰，与社会组织主要业务范围相一致。

社会组织名称中的行（事）业领域应当根据国民经济行业分类标准、学科分类标准和社会组织的主要业务等标明。社会团体名称中的会员组成应当根据国家职业分类标准、会员共同特点等标明。没有相关规定的，社会组织可以参照国家有关政策进行表述。行（事）业领域不得使用“第一”、“最高”、“国家级”等具有误导性的文字，但具有其他含义的除外。

县级以上地方人民政府的登记管理机关登记的社会组织名称中间含有“中国”、“全国”、“中华”、“国际”、“世界”等字词的，该字词应当是行（事）业领域限定语，并且符合国家有关规定。

第十二条 社会组织名称应当规范标明其组织形式。

社会团体名称应当以“协会”、“商会”、“学会”、“研究会”、“促进会”、“联合会”等字样结束。

基金会名称应当以“基金会”字样结束。

民办非企业单位名称应当以“学校”、“大学”、“学院”、“医院”、“中心”、“院”、“园”、“所”、“馆”、“站”、“社”等字样结束。结束字样中不得含有“总”、“连锁”、“集团”等。

第十三条 社会组织名称不得有下列情形：

（一）损害国家尊严或者利益；

（二）损害社会公共利益或者妨碍社会公共秩序；

（三）含有淫秽、色情、赌博、迷信、恐怖、暴力的内容；

（四）含有民族、种族、宗教、性别歧视的内容；

（五）违背公序良俗或者可能有其他不良影响；

（六）含有外国文字、汉语拼音字母、阿拉伯数字；

（七）可能使公众受骗或者产生误解；

（八）法律、行政法规、规章和国家有关规定禁止的其他情形。

第十四条 社会团体名称中确有必要含有法人、非法人组织名称的，仅限于作为行（事）业领域限定语且符合国家有关规定。

基金会名称不得使用政党名称、国家机关名称、部队番号以及其他基金会名称，使用其他法人或者非法人组织名称的，仅限于作为字号使用，并应当符合下列要求：

（一）不得含有营利法人或者其他营利组织的组织形式；

（二）经该法人或者非法人组织依法授权；

（三）该法人或者非法人组织应当为基金会的捐赠人。

民办非企业单位名称中不得含有法人、非法人组织名称。

第十五条 社会组织一般不得以党和国家领导人、老一辈革命家、政治活动家的姓名命名。

社会团体名称一般不以自然人姓名命名，确有需要的，仅限于在科技、文化、卫生、教育、艺术领域内有重大贡献、在国内国际享有盛誉的杰出人物。

基金会、民办非企业单位名称以自然人姓名作为字号的，需经该自然人同意。使用已故名人的姓名作为字号的，该名人应当是在相关公益领域内有重大贡献、在国内国际享有盛誉的杰出人物。

社会组织名称使用自然人姓名的，该自然人不得具有正在或者曾经受到剥夺政治权利的情形。

法律、行政法规和国家有关规定关于使用自然人姓名另有规定的，从其规定。

第十六条 在同一登记管理机关，申请人拟使用的社会组织名称或者名称中的字号，不得与下列同行（事）业领域且同组织形式的社会组织名称或者名称中的字号相同：

（一）已经登记的社会组织；

（二）已经名称变更登记或者注销登记未满 1 年的原社会组织；

（三）被撤销成立登记或者被撤销名称变更登记未满 3 年的社会组织。

第十七条 社会团体、基金会依法设立的分支机构、代表机构名称，应当冠以其所从属社会组织名称的规范全称。社会团体分支机构名称应当以“分会”、“专业委员会”、“工作委员会”、“专家委员会”、“技术委员会”等准确体现其性质和业务领域的字样结束；基金会分支机构名称一般以“专项基金管理委员会”等字样结束。社会团体、基金会代表机构名称应当以“代表处”、“办事处”、“联络处”字样结束。

社会团体、基金会的分支机构、代表机构名称，除冠以其所从属社会组织名称外，不得以法人组织名称命名；在名称中使用“中国”、“全国”、“中华”等字词的，仅限于作为行（事）业领域限定语。

第十八条 社会组织内部设立的办事机构名称，应当以“部”、“处”、“室”等字样结束，除冠以其所从属社会组织名称外，不得以法人组织名称命名，且区别于分支机构、代表机构名称。

第十九条 社会组织名称由申请人自主拟定，并向登记管理机关提交有关申请材料。申请人提交的申请材料应当真实、准确、完整。

实行双重管理的社会组织的名称，应当先经其业务主管单位审查同意。

第二十条 登记管理机关在办理社会组织登记时，认为社会组织名称符合本办法的，按照登记程序办理；发现社会组织名称不符合本办法的，不予登记并说明理由。

登记管理机关审查名称时，可以听取相关管理部门、利益相关方的意见。

第二十一条 社会组织应当在其住所或者主要活动场所标明社会组织名称。社会组织的印章、银行账户、法律文书、门户网站、新媒体平台等使用的社会组织名称，应当与其登记证书上的社会组织名称相一致。

使用社会组织名称应当遵守法律法规，诚实守信，不得损害国家利益、社会利益或者他人合法权益。

第二十二条 登记管理机关依法对本机关登记的社会组织使用名称的行为进行监督，为社会组织提供名称管理政策指导和咨询服务。

第二十三条 登记管理机关应当及时纠正本机关登记的不符合规定的社会组织名称。

第二十四条 社会组织申请登记或者使用名称违反本办法的，依照社会组织登记管理相关法律、行政法规的规定予以处罚。

登记管理机关工作人员在社会组织名称管理工作中利用职务之便弄虚作假、玩忽职守的，依法追究责任。

第二十五条 本办法自2024年5月1日起施行。《基金会名称管理规定》（民政部令第26号）、《民政部关于印发〈民办非企业单位名称管理暂行规定〉的通知》（民发〔1999〕129号）同时废止。

民办非企业单位印章管理规定

1. 2000年1月19日民政部、公安部令第20号发布

2. 根据2010年12月27日民政部令第38号《关于废止、修改部分规章的决定》修订

为了保障民办非企业单位的合法权益，加强对民办非企业单位印章的管理，根据《民办非企业单位登记管理暂行条例》和《国务院关于国家行政机关和企业事业单位社会团体印章管理的规定》（国发〔1999〕25号），制定本规定：

一、印章的规格、式样

民办非企业单位的印章分为名称印章、办事机构印章和专用印章（专用印章分为钢印、财务专用章、合同专用章等），一律为圆形。

由国务院民政部门核准登记的民办非企业单位，名称印章直径为4.5厘米，办事机构的印章直径为4.2厘米。由地方各级人民政府民政部门核准登记的民办非企业单位，名称印章直径为4.2厘米，办事机构的印章直径为4厘米。民办非企业单位的专用印章必须小于名称印章且直径最大不超过4.2厘米，最小不小于3厘米。

民办非企业单位的印章，中央刊五角星，五角星外刊单位名称，自左而右环行。其中办事机构印章中的办事机构名称及财务专用章、合同专用章中的财务专用、合同专用等字样，刊在五角星下面，自左而右横排。

二、印章的名称、文字、文体

印章所刊的单位名称，应为民办非企业单位的法定名称；民族自治地方的民办非企业单位的印章应当并列刊汉文和当地通用的民族文字；有国际交往的民办非企业单位印章，需要刻制外文名称的，将核准登记注册的中文名称译成相应的外国文字，并列刊汉文和外文。

印章印文中的汉字，应当使用国务院公布的简化字，字体为宋体。

三、印章的制发程序

民办非企业单位刻制印章须在取得登记证书后向登记管理机关提出书面申请及印章式样，持登记管理机关开具的同意刻制印章介绍信及登记证书到所在地县、市（区）以上公安机关办理备案手续后刻制。

四、印章的管理和缴销

（一）民办非企业单位的印章经登记管理机关、公安机关备案后，方可启用。

（二）民办非企业单位应当建立健全印章使用管理制度，印章应当有专人保管。对违反规定使用印章造成严重后果的，应当追究保管人或责任人的行政责任或法律责任。

（三）民办非企业单位因变更登记、印章损坏等原因需要更换印章时，应到登记管理机关交回原印章，按本规定程序申请重新刻制。

（四）民办非企业单位印章丢失，经声明作废后，可以按本规定程序申请重新刻制。重新刻制的印章应与原印章有所区别。如五角星两侧加横线。

（五）民办非企业单位办理注销登记后，应当及时将全部印章交回登记管理机关封存。

（六）民办非企业单位被撤销，应当由登记管理机关收缴其全部印章。

（七）登记管理机关对收缴的和民办非企业单位交回的印章，要登记造册，送当地公安机关销毁。

（八）民办非企业单位非法刻制印章的，由公安机关处以500元以下罚款或警告，并收缴其非法刻制的印章。

（九）对未经公安机关批准，擅自承制民办非企业单位印章的企业，由公安机关按《中华人民共和国治安管理处罚法》的规定予以处罚。

五、本规定发布之前已按国家有关规定成立的民办非企业单位，在民办非企业单位复查登记过程中，通过复查登记的，其印章规格、式样、名称、文字、文体符合本规定的，在登记管理机关备案后可继续使用；不符合的应重新申请刻制；未通过复查登记的应停止活动，向业务主管单位交回原有印章，并由业务主管单位登记造册，送当地公安机关销毁。

六、本规定自发布之日起施行。

民办非企业单位年度检查办法

1. 2005年4月7日民政部令第27号公布

2. 自2005年6月1日起施行

第一条 为促进民办非企业单位健康发展，保障民办非企业单位的合法权益，加强对民办非企业单位的规范管理，根据《民办非企业单位登记管理暂行条例》，制定本办法。

第二条 民办非企业单位年度检查（以下简称年检），是指登记管理机关对民办非企业单位，依法按年度进行检查和监督管理的制度。

第三条 经登记管理机关核准登记的民办非企业单位，应当按照本办法的规定，接受登记管理机关的年检。

截至上年度12月31日，成立登记时间未超过6个月的民办非企业单位，不参加当年的年检。

第四条 民办非企业单位年检的程序是：

（一）民办非企业单位领取或从互联网下载《民办非企业单位年检报告书》及其他有关材料；

（二）民办非企业单位于每年3月31日前向业务主管单位报送年检材料，经业务主管单位出具初审意见后，于5月31日前报送登记管理机关；

（三）登记管理机关审查年检材料；

（四）登记管理机关作出年检结论，发布年检结论公告。

第五条 民办非企业单位接受年检时，应当提交下列材料：

（一）已填具的《民办非企业单位年检报告书》；

（二）《民办非企业单位登记证书》副本；

（三）财务会计报告；

（四）其他需要提交的有关材料。

已经取得执业许可证的民办非企业单位，应当提交执业许可证副本。

登记管理机关在年检期间，可以根据情况，要求民办非企业单位提交注册会计师审计报告、其他补充说明材料及有关文件。登记管理机关可以要求有关人员说明情况，必要时进行实地检查。

第六条 年检的主要内容包括：

（一）遵守法律法规和国家政策情况；

（二）登记事项变动及履行登记手续情况；

（三）按照章程开展活动情况；

（四）财务状况、资金来源和使用情况；

（五）机构变动和人员聘用情况；

（六）其他需要检查的情况。

第七条 民办非企业单位年检结论，分为“年检合格”、“年检基本合格”和“年检不合格”三种。

年检结束，登记管理机关应当在《民办非企业单位登记证书》（副本）上加盖年检结论戳记。民办非企业单位更换登记证书，应当保留原有年检记录。

第八条 民办非企业单位有下列情形之一，由登记管理机关责令改正，情节轻微的，确定为“年检基本合格”；情节严重的，确定为“年检不合格”：

（一）违反国家法律、法规和有关政策规定的；

（二）违反规定使用登记证书、印章或者财务凭证的；

（三）本年度未开展业务活动，或者不按照章程的规定进行活动的；

（四）无固定住所或必要的活动场所的；

（五）内部管理混乱，不能正常开展活动的；

（六）拒不接受或者不按照规定接受登记管理机关监督检查或年检的；

（七）不按照规定办理变更登记，修改章程未按规定核准备案的；

（八）设立分支机构的；

（九）财务制度不健全，资金来源和使用违反有关规定的；

（十）现有净资产低于国家有关行业主管部门规定的最低标准的；

（十一）侵占、私分、挪用民办非企业单位的资产或者所接受的捐赠、资助的；

（十二）违反国家有关规定收取费用、筹集资金或者接受使用捐赠、资助的；

（十三）年检中隐瞒真实情况，弄虚作假的。

第九条 “年检基本合格”和“年检不合格”的民办非企业单位，应当进行整改，整改期限为3个月。整改期结束，民办非企业单位应当向登记管理机关报送整改报告，登记管理机关对整改结果进行评定并出具意见。

对“年检不合格”的民办非企业单位，登记管理机关根据情况，可以责令其在整改期间停止活动。民办非企业单位被限期停止活动的，登记管理机关可以封存其登记证书、印章和财务凭证。

第十条 登记管理机关对连续两年不参加年检，或连续两年“年检不合格”的民办非企业单位，予以撤销登记并公告。

第十一条 登记管理机关实施停止活动、撤销登记行政处罚的，应当按照有关法律、法规的规定办理。

第十二条 登记管理机关工作人员在年检工作中，应当依法行政，不得滥用职权、徇私舞弊。

第十三条 《民办非企业单位年检报告书》格式，由国务院民政部门制订。

第十四条 登记管理机关可以采取网上年检的方式，对民办非企业单位进行年检。

第十五条 各省、自治区、直辖市登记管理机关可以根据实际情况，制定本地区民办非企业单位年检实施办法。

第十六条 本办法自2005年6月1日起施行。

教育类民办非企业单位登记办法（试行）

1．2001年10月19日

2．民发〔2001〕306号

第一条 根据《社会力量办学条例》、《民办非企业单位登记管理暂行条例》，结合社会力量办学的特点，制定本办法。

第二条 本办法所称的教育类民办非企业单位，主要指：经县级以上地方人民政府和县级以上地方人民政府教育行政部门审批设立的，由企业事业组织、社会团体及其他社会组织和公民个人，利用国家非财政性教育经费，面向社会举办的学校及其他教育机构。

第三条 教育类民办非企业单位须按照《社会力量办学条例》的规定审批设立，由县级以上地方人民政府教育行政部门发给《社会力量办学许可证》后，到同级民政部门进行登记。

第四条 按照《社会力量办学条例》的规定，国务院教育行政部门负责力量办学工作的统筹规划，综合协调，宏观管理。县级以上各级教育行政部门根据省、自治区、直辖市人民政府规定的职责，负责有关职业培训机构的管理工作。各级人民政府民政部门是教育类民办非企业单位的登记管理机关。县级以上民政部门负责同级教育行政部门审批设立教育类民办非企业单位的登记工作。

第五条 申请登记的教育类民办非企业单位应当向民政部门提交下列文件和材料：

（一）登记申请书；

（二）章程草案；

（三）拟任法定代表人或负责人的基本情况、身份证明；

（四）办学许可证（副本）

第六条 民政部门对符合登记条件的单位，依法简化登记手续并核准登记。对不符合登记条件的单位，不予登记，并向申请人说明理由。

第七条 教育类民办非企业单位变更登记事项，应当向教育行政部门提出书面申请，在申请书上应当载明变更事项、原因和方案等。

修改章程的，应附原章程和新章程草案；变更法定代表人或负责人的，应出具变更后法定代表人或负责人的身份证明及《民办非企业单位登记暂行办法》第六条第六款规定的其他材料；变更资金的，应当提交有关资产变更证明文件等。教育行政部门同意变更后，由民政部门核验变更登记，民办非企业单位应当交回民办非企业单位登记证书正副本，由民政部门换发新的登记证书。

第八条 教育类民办非企业单位申请注销登记，应当向民政部门提交下列文件：

（一）法定代表人签署并加盖公章的注销登记申请书，法定代表人因故不能签署的，还应当提交不能签署的理由的文件；

（二）教育行政部门审查同意的文件；

（三）清算组织出具的清算报告；

（四）民办非企业单位登记证书（正、副本）；

（五）民办非企业单位的印章和财务凭证。

民政部门准予注销登记的，应当发给教育类民办非企业单位注销证明文件。

第九条 教育行政部门做出对教育类民办非企业单位吊销《社会力量办学许可证》的行政处罚决定后，应当及时通知同级民政部门，民政部门应当及时对该机构撤消登记。

第十条 在本办法下发之前已经取得《社会力量办学许可证》的教育类民办非企业单位，应当进行民办非企业单位复查登记。复查登记工作自本办法下发之日开始，至2001年12月31日结束。

对经审查不符合登记条件的，或未按规定的期限办理复查登记手续的单位，民政部门不予登记。

第十一条 民政部门对依法登记的教育类民办非企业单位颁发相应的民办非企业单位登记证书。

第十二条 本办法自发布之日起施行。

体育类民办非企业单位登记审查与管理暂行办法

2000年11月10日国家体育总局、民政部令第5号发布施行

第一条 为适应体育类民办非企业单位发展的需要，根据国务院《民办非企业单位登记管理暂行条例》（以下简称《条例》）等有关规定，结合体育事业的实际情况，制定本办法。

第二条 本办法所称体育类民办非企业单位，是指由企业事业单位、社会团体、其他社会力量和公民个人利用非国有资产举办的，不以营利为目的的，以开展体育活动为主要内容的民办的中心、院、社、俱乐部、场馆等社会组织。

第三条 体育行政部门是体育类民办非企业单位的业务主管单位。国务院体育行政部门负责指导全国体育类民办非企业单位的登记审查工作，并负责在民政部登记的体育类民办非企业单位的登记审查工作。县级以上地方各级人民政府体育行政部门负责本辖区内体育类民办非企业单位的设立审查工作。

第四条 体育类民办非企业单位的业务主管单位履行下列职责：

（一）负责体育类民办非企业单位设立、变更、注销登记前的审查；

（二）监督、指导体育类民办非企业单位遵守国家宪法、法律法规和政策并按照其章 程开展活动；

（三）对体育类民办非企业单位进行业务指导；

（四）负责对体育类民办非企业单位年度检查的初审；

（五）组织经验交流，表彰先进；

（六）会同有关机关指导体育类民办非企业单位的清算事宜；

（七）协助登记管理机关和其他有关部门查处体育类民办非企业单位的违法行为；

（八）其他应由业务主管单位履行的以责。

第五条 申请设立体育类民办非企业单位应当具备以下条件：

（一）业务和活动范围必须符合发展体育事业的相关政策、法规，并遵守国家规定的行业标准；

（二）有与业务范围和业务量相当的体育专业技术人员，关键业务岗位的主要负责人应由体育专业技术人员担任；

（三）有与所从事的业务范围相适应的体育场所和条件；

（四）法律、法规规定的其他条件。

第六条 体育类民办非企业单位可以从事以下业务：

（一）体育健身的技术指导与服务；

（二）体育娱乐与休闲的技术指导、组织、服务；

（三）体育竞赛的表演、组织、服务；

（四）体育人才的培养与技术培训；

（五）其他体育活动。

第七条 申请设立体育类民办非企业单位，必须向体育行政部门提交以下材料：

（一）从业人员中体育专业技术人员的专业技术资格证明材料，包括学历证明、工作简历、在体育运动中获得成绩证明、体现运动技术水平的其他证明材料等。

（二）体育场所使用权证明材料和从事业务所必需的器材清单。

（三）体育行政部门要求提供的其他材料。

第八条 体育行政部门自收到全部有效文件之日起 40 个工作日内，应作出审查同意或不同意的决定。审查同意的，向申请人出具批准文件；审查不同意的，书面通知申请人，并说明理由。

第九条 体育类民办非企业单位变更登记事项，应向体育行政部门提出书面申请，载明变更事项、原因和方案等。体育类民办非企业单位修改章程的，应提交原章 程、修改说明以及修改后的新章 程；变更住所的，应出具新住所的产权或使用权证明；变更法定代表人或负责人的，应出具变更后法定代表人或负责人的身份证明及相关材料；变更业务主管单位的，应提交变更业务主管单位申请书；变更资金的，应提交有关资产变更证明文件等材料。

第十条 体育类民办非企业单位所从事的业务活动超出本办法第六条规定范围，或改变其设立宗旨的，应办理业务主管单位变更手续，体育行政部门不再承担业务主管单位的职责，并以书面形式通知该民办非企业单位和相应登记管理机关。

第十一条 体育行政部门自收到全部有效文件之日起 20 个工作日内，应作出同意变更或不同意变更的批复。同意变更法定代表人或负责人的，对该体育类民办非企业单位进行财务审计。

第十二条 体育类民办非企业单位申请注销登记的，应向体育行政部门提交以下文件：

（一）注销申请书；

（二）登记证书副本；

（三）依法成立的清算组织出具的清算报告；

（四）法律、法规规定的其他文件。

第十三条 体育行政部门应自收到注销申请书及全部有效文件之日起 20 个工作日内出具审查意见。体育类民办非企业单位申请变更业务主管单位，但在 90 日内未找到新的业务主管单位的，原体育行政部门应继续履行职责，直至该民办非企业单位完成注销登记手续。

第十四条 县级以上地方各级人民政府体育行政部门应将所辖范围内体育类民办非企业单位登记、注销的审查结果报上一级体育行政部门备案。

第十五条 体育类民办非企业单位可以依法通过以下方式获得发展资金：

（一）接受捐赠、资助；

（二）接受政府、企事业单位、社会团体、其他社会组织和个人的委托项目资金；

（三）为社会提供与业务相关的有偿服务所获得的报酬；

（四）其他合法收入。

第十六条 体育类民办非企业单位接受、使用捐赠、资助时，在实际占有、使用前向体育行政部门报告接受和使用捐赠、资助是否符合章 程规定，捐赠和资助主体的基本情况；

与捐赠、资助主体约定的期限、方式和合法用途：向社会公布的内容和方式等情况。

第十七条 体育类民办非企业单位应参照执行体育事业单位财务制度。

第十八条 体育类民办非企业单位应在每年 3 月 31 日前向体育行政部门提交上一年度的工作报告。体育行政部门自收到该工作报告之日起 30 个工作日内作出初审意见。截止到 3 月 31 日成立时间未超过六个月的体育类民办非企业单位，可不参加当年的年检工作，一并参加下一年度的年检工作。

第十九条 体育类民办非企业单位出现下列情形之一，情节严重的，体育行政部门有权撤销已出具的登记审查批准文件，并以书面形式通知该民办非企业单位和相应的登记管理机关。

（一）涂改、出租、出借民办非企业单位登记证书，或者出租、出借民办非企业单位印章的；

（二）超出其章 程规定的宗旨和业务范围进行活动的；

（三）拒不接受或者不按照规定接受监督检查的；

（四）不按照规定办理变更登记的；

（五）设立分支机构的；

（六）从事营利性的经营活动的；

（七）侵占、私分、挪用民办非企业单位的资产或者所接受的捐赠、资助的；

（八）违反国家有关规定收取费用、筹集资金或者接受使用捐赠、资助的。

第二十条 本办法由国家体育总局和民政部负责解释。

第二十一条 本办法自发布之日起施行。

职业培训类民办非企业单位登记办法（试行）

1. 2001 年 9 月 29 日

2. 民发〔2000〕263 号

第一条 据《社会力量办学条例》、《民办非企业单位登记管理暂行条例》，结合职业培训机构的特点，制定本办法。

第二条 办法所称的职业培训机构，主要指：经县级以上地方各级人民政府劳动和社会保障行政部门审批设立的，由企业事业单位、社会团体及其他社会组织和公民个人，利用国家非财政性教育经费，面向社会举办实施以职业技能为主的职业资格培训、技术等级培训的教育机构。

第三条 业培训机构须按《社会力量办学条例》的规定审批设立，由县级以上地方各级人民政府劳动和社会保障行政部门发给《社会力量办学许可证》后，到同级民政部门进行登记。

第四条 照《社会力量办学条例》的规定，国务院劳动和社会保障行政部门负责职业培训机构的综合管理。县级以上地方各级人民政府劳动和社会保障行政部门根据省、自治区、直辖市人民政府规定的职责，负责有关职业培训机构的管理工作。

各级人民政府民政部门是职业培训机构的登记管理机关（以下简称登记管理机关）。县级以上地方各级人民政府民政部门负责同级劳动和社会保障行政部门审批设立的职业培训机构的登记工作。

第五条 申请登记的职业培训机构应当向登记管理机关提交下列文件和材料：

（一）登记申请书；

（二）章程草案；

（三）拟任法定代表人或负责人的基本情况、身份证明；

（四）办学许可证（副本）；

（五）其他材料。

第六条 登记管理机关对符合登记条件的单位，应当依法简化手续，核准登记。对不符合登记条件的单位，不予登记，并向申请人说明理由。

第七条 职业培训机构变更登记事项，应当向劳动和社会保障行政部门提出书面申请，申请书上应当载明变更事项、原因和方案等。

修改章程的，应当附原章程和新章程草案；变更法定代表人或负责人的，应出具变更后法定代表人或负责人的身份证明及《民办非企业单位登记暂行办法》第六条第六款规定的其他材料；变更资金的，应当提交有关资产变更证明文件等。劳动和社会保障行政部门同意变更后，由登记管理机关核准变更登记，民办非企业单位应当交回民办非企业单位登记证书正副本，由登记管理机关换发新的登记证书。

第八条 职业培训机构申请注销登记，应当向登记管理机关提交下列文件：

（一）法定代表人签署并加盖公章的注销登记申请书，法定代表人因故不能签署的，还应提交不能签署的理由的文件；

（二）劳动和社会保障行政部门审查同意的文件；

（三）清算组织出具的清算报告；

（四）民办非企业单位登记证书（正、副本）；

（五）民办非企业单位的印章和财务凭证；

（六）其他文件。

登记管理机关准予注销登记的，应当发给民办非企业单位注销证明文件。

第九条 劳动和社会保障行政部门做出对职业培训机构吊销《社会力量办学许可证》的行政处罚决定后，应当及时通知登记管理机关，登记管理机关应当及时对该机构撤销登记。

第十条 在本办法下发之前已经取得《社会力量办学许可证》的职业培训机构，须进行民办非企业单位复查登记。

复查登记工作自本办法下发之日开始，至2001年12月31日结束。

对经审查不符合登记条件的，或未按规定的期限办理复查登记手续的单位，登记管理机关不予登记。

第十一条 登记管理机关对依法登记的职业培训机构颁发相应的民办非企业单位登记证书。

第十二条 办法自发布之日起施行。

科技类民办非企业单位登记审查与管理暂行办法

1. 2000年5月24日

2. 国科发政字〔2000〕209号

第一条 根据《民办非企业单位登记管理暂行条例》（以下简称《条例》）和民政部《民办非企业单位登记暂行办法》（以下简称《办法》）的规定，结合科技事业发展特点，制定本办法。

第二条 本办法所称科技类民办非企业单位，是指主要利用非国有资产举办，不以营利为目的，专门从事科学研究与技术开发、成果转让、科技咨询与服务、科技成果评估以及科学技术知识传播和普及等业务的民办非企业单位。

科技行政管理部门是科技类民办非企业单位的业务主管单位。科技类民办非企业单位的设立需经科技行政管理部门审查，并依照《条例》及《办法》的规定登记。

第三条 申请设立科技类民办非企业单位必须符合《条例》第八条和《办法》第五条的规定，同时应当具备以下条件：

（一）业务范围和活动领域符合国家促进科技进步的相关法律法规和政策；

（二）有与业务范围和业务量相当的科技人员，关键业务岗位主要负责人由科技人员担任；

（三）具备必要的科研设施和条件。

第四条 设立科技类民办非企业单位的最低开办资金，个体单位为 1 万元人民币；合伙单位为 3 万元人民币；法人单位为 5 万元人民币。

第五条 科技类民办非企业单位按其所从事的业务范围，划分为以下类型：

（一）主要从事科学研究与技术开发业务的科学技术研究院（所、中心）；

（二）主要从事科技成果转让与扩散业务的科学技术转移（促进）中心；

（三）主要从事科技咨询、服务和培训业务的科技咨询中心（部）、技术服务中心（部）和技术培训中心（部）；

（四）主要从事科技成果评估业务的科技评估事务中心（所）；

（五）主要从事科学技术知识普及业务的科技普及（传播）中心；

（六）其他从事科学技术活动的科技类民办非企业单位。

第六条 科学技术部负责指导全国科技类民办非企业单位的登记审查工作，并且负责兴办人之一为全国性社团、单位或其他组织，或需要在民政部登记的科技类民办非企业单位的设立审查工作。

县级及其以上科技行政管理部门负责在本辖区同级登记管理机关登记的科技类民办非企业单位的设立审查工作。

第七条 申请设立科技类民办非企业单位，除提交《条例》第九条和《办法》第六条规定的文件外，还须向科技行政管理部门提交以下材料：

（一）从业人员中主要科技人员的专业技术资格证明材料，包括学历证明、工作简历、在科学技术活动中作出的主要贡献和能够体现科技水平的其他证明材料等；

（二）场所使用权证明材料和与开展业务相关的设备清单；

（三）科技行政管理部门要求提供的其他材料。

第八条 科技行政管理部门自收到全部有效文件之日起 40 个工作日内，作出审查同意或不同意的决定。对审查同意的，向申请人出具批准文件；对审查不同意的，书面通知申请人，并说明理由。

第九条 科技类民办非企业单位变更登记事项，应向科技行政管理部门提出书面申请，并提交《办法》第十一条第一项规定的文件。在申请书上应载明变更事项、原因和方案等。

修改章程的，应附原章程和新章程草案；变更法定代表人或负责人的，应出具变更后法定代表人或负责人的身份证明及《办法》第六条第六款规定的其他材料；变更业务主管单位的，应提交变更业务主管单位申请书；变更资金的，应提交有关资产变更证明文件等。

科技行政管理部门自收到全部有效文件之日起 20 个工作日内，作出同意或不同意的批复。

科技行政管理部门配合登记管理机关，按照《条例》和《办法》的要求，对申请变更法定代表人或负责人的科技类民办非企业单位进行财务审计。

科技类民办非企业单位业务活动超出本办法第五条规定范围，或改变其设立宗旨的，应办理业务主管单位变更手续。科技行政管理部门不再承担业务主管单位职责，并以书面形式通知该民办非企业单位和相应登记管理机关。

第十条 科技类民办非企业单位发生《办法》第十七条规定情形，申请注销登记的，应向科技行政管理部门提交以下文件：

（一）《办法》第十八条规定的注销申请书；

（二）登记证书副本；

（三）依法成立的清算组织出具的清算报告；

（四）科技行政管理部门要求的其他文件。

第十一条 科技行政管理部门自收到注销申请书及全部有效文件之日起 20 个工作日内出具审查意见。出现《办法》第十七条第（七）项情形的，原科技行政管理部门应继续履行职责，直至完成该民办非企业单位的注销登记手续。

第十二条 县级及其以上科技行政管理部门应将直接负责的科技类民办非企业单位登记、注销的审查结果报上一级科技行政管理部门备案。

第十三条 科技类民办非企业单位可以依法通过以下方式获得发展资金：

（一）接受捐赠、资助；

（二）接受政府、企事业单位、社会团体及其他社会组织和个人的委托项目资金；

（三）为社会提供与业务相关的有偿服务所获得的报酬；

（四）其他合法收入。

第十四条 科技类民办非企业单位应根据民政部《转发财政部关于对明确民办非企业单位

财务管理制度等问题的函的通知》的规定，参照执行科学事业单位财务制度。

第十五条 科技类民办非企业单位每年3月31日前，应根据《条例》第二十三条的规定，向科技行政管理部门提交上一年度的工作报告。科技管理部门自收到该民办非企业单位年度工作报告之日起30个工作日内作出初审意见。

截至3月31日成立时间未超过六个月的科技类民办非企业单位，可不参加当年的年检工作，一并参加下一年度的年检工作。

第十六条 科技类民办非企业单位接受、使用捐赠、资助时，应根据《条例》第二十一条第三款的规定办理，并在实际占有、使用前向科技行政管理部门报告有关情况，报告应载明接受和使用捐赠、资助款物是否符合章程规定；捐赠和资助主体的基本情况；与捐赠、资助主体约定的期限、方式和合法用途；向社会公布的方式和内容等情况。

第十七条 科技类民办非企业单位出现《条例》第二十五条规定的情形，情节严重的，科技行政管理部门有权撤销已出具的登记审查批准文件，并以书面形式通知该民办非企业单位和相应登记管理机关。

第十八条 本办法由科学技术部和民政部负责解释。

第十九条 本办法自发布之日起施行。

社会组织评估管理办法（节录）

1. 2010年12月27日民政部令第39号公布

2. 自2011年3月1日起施行

第一条 为了规范社会组织评估工作，制定本办法。

第二条 本办法所称社会组织是指经各级人民政府民政部门登记注册的社会团体、基金会、民办非企业单位。

第三条 本办法所称社会组织评估，是指各级人民政府民政部门为依法实施社会组织监督管理职责，促进社会组织健康发展，依照规范的方法和程序，由评估机构根据评估标准，对社会组织进行客观、全面的评估，并作出评估等级结论。

第四条 社会组织评估工作应当坚持分级管理、分类评定、客观公正的原则，实行政府指导、社会参与、独立运作的工作机制。

第五条 各级人民政府民政部门按照登记管理权限，负责本级社会组织评估工作的领导，并对下一级人民政府民政部门社会组织评估工作进行指导。

第八条 对社会组织评估，按照组织类型的不同，实行分类评估。

社会团体、基金会实行综合评估，评估内容包括基础条件、内部治理、工作绩效和社会评价。民办非企业单位实行规范化建设评估，评估内容包括基础条件、内部治理、业务活动和诚信建设、社会评价。

第十六条 社会组织评估工作依照下列程序进行：

（一）发布评估通知或者公告；

（二）审核社会组织参加评估资格；

（三）组织实地考察和提出初步评估意见；

（四）审核初步评估意见并确定评估等级；

（五）公示评估结果并向社会组织送达通知书；

（六）受理复核申请和举报；

（七）民政部门确认社会组织评估等级、发布公告，并向获得3A以上评估等级的社会组织颁发证书和牌匾。

第二十六条 社会组织评估结果分为5个等级，由高至低依次为5A级（AAAAA）、4A级（AAAA）、3A级（AAA）、2A级（AA）、1A级（A）。

第二十七条 获得评估等级的社会组织在开展对外活动和宣传时，可以将评估等级证书作为信誉证明出示。评估等级牌匾应当悬挂在服务场所或者办公场所的明显位置，自觉接受社会监督。

第二十八条 社会组织评估等级有效期为5年。

获得3A以上评估等级的社会组织，可以优先接受政府职能转移，可以优先获得政府购买服务，可以优先获得政府奖励。

获得3A以上评估等级的基金会、慈善组织等公益性社会团体可以按照规定申请公益性捐赠税前扣除资格。

获得4A以上评估等级的社会组织在年度检查时，可以简化年度检查程序。

第三十六条 社会组织评估标准和内容、评估等级证书牌匾式样由民政部统一制定。

中华人民共和国市场主体登记管理条例实施细则（节录）

2022年3月1日国家市场监督管理总局令第52号公布施行

第一条 根据《中华人民共和国市场主体登记管理条例》（以下简称《条例》）等有关法律法规，制定本实施细则。

第二条 市场主体登记管理应当遵循依法合规、规范统一、公开透明、便捷高效的原则。

第三条 国家市场监督管理总局主管全国市场主体统一登记管理工作，制定市场主体登记管理的制度措施，推进登记全程电子化，规范登记行为，指导地方登记机关依法有序开展登记管理工作。

县级以上地方市场监督管理部门主管本辖区市场主体登记管理工作，加强对辖区内市场主体登记管理工作的统筹指导和监督管理，提升登记管理水平。

县级市场监督管理部门的派出机构可以依法承担个体工商户等市场主体的登记管理职责。

各级登记机关依法履行登记管理职责，执行全国统一的登记管理政策文件和规范要求，使用统一的登记材料、文书格式，以及省级统一的市场主体登记管理系统，优化登记办理流程，推行网上办理等便捷方式，健全数据安全管理制度，提供规范化、标准化登记管理服务。

第六条 市场主体应当按照类型依法登记下列事项：

（一）公司：名称、类型、经营范围、住所、注册资本、法定代表人姓名、有限责任公司股东或者股份有限公司发起人姓名或者名称。

（二）非公司企业法人：名称、类型、经营范围、住所、出资额、法定代表人姓名、出资人（主管部门）名称。

（三）个人独资企业：名称、类型、经营范围、住所、出资额、投资人姓名及居所。

（四）合伙企业：名称、类型、经营范围、主要经营场所、出资额、执行事务合伙人名称或者姓名，合伙人名称或者姓名、住所、承担责任方式。执行事务合伙人是法人或者其他组织的，登记事项还应当包括其委派的代表姓名。

（五）农民专业合作社（联合社）：名称、类型、经营范围、住所、出资额、法定代表人姓名。

（六）分支机构：名称、类型、经营范围、经营场所、负责人姓名。

（七）个体工商户：组成形式、经营范围、经营场所，经营者姓名、住所。个体工商户使用名称的，登记事项还应当包括名称。

（八）法律、行政法规规定的其他事项。

第七条 市场主体应当按照类型依法备案下列事项：

（一）公司：章程、经营期限、有限责任公司股东或者股份有限公司发起人认缴的出资数额、董事、监事、高级管理人员、登记联络员、外商投资公司法律文件送达接受人。

（二）非公司企业法人：章程、经营期限、登记联络员。

（三）个人独资企业：登记联络员。

（四）合伙企业：合伙协议、合伙期限、合伙人认缴或者实际缴付的出资数额、缴付期限和出资方式、登记联络员、外商投资合伙企业法律文件送达接受人。

（五）农民专业合作社（联合社）：章程、成员、登记联络员。

（六）分支机构：登记联络员。

（七）个体工商户：家庭参加经营的家庭成员姓名、登记联络员。

（八）公司、合伙企业等市场主体受益所有人相关信息。

（九）法律、行政法规规定的其他事项。

上述备案事项由登记机关在设立登记时一并进行信息采集。

受益所有人信息管理制度由中国人民银行会同国家市场监督管理总局另行制定。

第八条 市场主体名称由申请人依法自主申报。

第九条 申请人应当依法申请登记下列市场主体类型：

（一）有限责任公司、股份有限公司；

（二）全民所有制企业、集体所有制企业、联营企业；

（三）个人独资企业；

（四）普通合伙（含特殊普通合伙）企业、有限合伙企业；

（五）农民专业合作社、农民专业合作社联合社；

（六）个人经营的个体工商户、家庭经营的个体工商户。

分支机构应当按所属市场主体类型注明分公司或者相应的分支机构。

第十三条 申请人申请登记的市场主体注册资本（出资额）应当符合章程或者协议约定。

市场主体注册资本（出资额）以人民币表示。外商投资企业的注册资本（出资额）可以用可自由兑换的货币表示。

依法以境内公司股权或者债权出资的，应当权属清楚、权能完整，依法可以评估、转让，符合公司章程规定。

第三十七条 公司变更类型，应当按照拟变更公司类型的设立条件，在规定的期限内申请变更登记，并提交有关材料。

非公司企业法人申请改制为公司，应当按照拟变更的公司类型设立条件，在规定期限内申请变更登记，并提交有关材料。

个体工商户申请转变为企业组织形式，应当按照拟变更的企业类型设立条件申请登记。

第八十一条 法律、行政法规或者国务院决定对登记管理另有规定的，从其规定。

第八十二条 本实施细则自公布之日起施行。1988 年 11 月 3 日原国家工商行政管理局令第 1 号公布的《中华人民共和国企业法人登记管理条例施行细则》，2000 年 1 月 13 日原国家工商行政管理局令第 94 号公布的《个人独资企业登记管理办法》，2011 年 9 月 30 日原国家工商行政管理总局令第 56 号公布的《个体工商户登记管理办法》，2014 年 2 月 20 日原国家工商行政管理总局令第 64 号公布的《公司注册资本登记管理规定》，2015 年 8 月 27 日原国家工商行政管理总局令第 76 号公布的《企业经营范围登记管理规定》同时废止。

（四）规范性文件

民政部关于对中外合作办学机构登记有关问题的通知

1. 2003 年 12 月 12 日

2. 民函〔2003〕263 号

各省、自治区、直辖市民政厅（局），计划单列市民政局，新疆生产建设兵团民政局：

国务院颁布的《中华人民共和国中外合作办学条例》（以下简称《条例》）已于今

年9月1日起实施。为了规范中外合作办学机构的登记管理，现将有关事项通知如下：

一、中外合作办学机构取得中外合作办学许可证后申请民办非企业单位登记的，根据《条例》第二十条规定，依照《民办非企业单位登记管理暂行条例》第十二条规定，办理民办非企业单位登记。

二、中外合作办学机构申请民办非企业单位登记，由颁发中外合作办学许可证的政府教育行政部门、劳动行政部门的同级政府民政部门办理。省、自治区、直辖市人民政府审批、颁发中外合作办学许可证的，由省、自治区、直辖市人民政府民政部门办理。

三、中外合作办学机构申请民办非企业单位登记，对外方投入的资金、实物、知识产权及其他财产均可界定为非国有资产。开办资金中的非国有资产份额不得低于总资产的三分之二。

四、中外合作办学机构申请民办非企业单位登记，使用《民办非企业单位（法人）登记证书》；根据《条例》规定，成立不具备法人资格的中外合作办学机构，使用《民办非企业单位（合伙）登记证书》。

五、香港特别行政区、澳门特别行政区和台湾地区的教育机构与内地教育机构合作办学的，参照上述规定执行。

中外合作办学机构申请民办非企业单位登记，政策性强，难度较大，必须切实加强领导。在工作中，遇到新的情况和问题，要及时报部民间组织管理局，以便研究解决。

国务院办公厅转发国务院国有资产监督管理委员会关于规范国有企业改制工作意见的通知（节录）

1．2003年11月30日

2．国办发〔2003〕96号

各省、自治区、直辖市人民政府，国务院各部委、各直属机构：

国务院国有资产监督管理委员会《关于规范国有企业改制工作的意见》已经国务院同意，现转发给你们，请认真贯彻执行。

关于规范国有企业改制工作的意见

（国务院国有资产监督管理委员会　二〇〇三年十一月二十五日）

党的十五大以来，各地认真贯彻国有经济有进有退、有所为有所不为的方针，积极推进国有经济布局和结构调整，探索公有制的多种有效实现形式和国有企业改制的多种途径，取得了显著成效，积累了宝贵经验。但前一阶段国有企业改制工作中出现了一些不够规范的现象，造成国有资产的流失。国有企业改制是一项政策性很强的工作，涉及出资人、债权人、企业和职工等多方面的利益，既要积极探索，又要规范有序。为全面贯彻落实党中央关于国有经济布局结构调整和国有企业改革的精神，保证国有企业改制工作健康、有序、规范地进行，现提出以下意见：

一、健全制度，规范运作

（一）批准制度。国有企业改制应采取重组、联合、兼并、租赁、承包经营、合资、转让国有产权和股份制、股份合作制等多种形式进行。国有企业改制，包括转让国有控股、参股企业国有股权或者通过增资扩股来提高非国有股的比例等，必须制订改制方案。方案可由改制企业国有产权持有单位制订，也可由其委托中介机构或者改制企业（向本企业经营管理者转让国有产权的企业和国有参股企业除外）制订。国有企业改制方案需按照《企业国有资产监督管理暂行条例》（国务院令第378号，以下简称《条例》）和国务院国有资产监督管理委员会（以下简称国资委）的有关规定履行决定或批准程序，未经决定或批准不得实施。国有企业改制涉及财政、劳动保障等事项的，需预先报经同级人民政府有关部门审核，批准后报国有资产监督管理机构协调审批；涉及政府社会公共管理审批事项的，依照国家有关法律法规，报经政府有关部门审批；国有资产监督管理机构所出资企业改制为国有股不控股或不参股的企业（以下简称非国有的企业），改制方案需报同级人民政府批准；转让上市公司国有股权审批暂按现行规定办理，并由国资委会同证监会抓紧研究提出完善意见。

（二）清产核资。国有企业改制，必须对企业各类资产、负债进行全面认真的清查，做到账、卡、物、现金等齐全、准确、一致。要按照“谁投资、谁所有、谁受益”的原则，核实和界定国有资本金及其权益，其中国有企业借贷资金形成的净资产必须界定为国有产权。企业改制中涉及资产损失认定与处理的，必须按有关规定履行批准程序。改制企业法定代表人和财务负责人对清产核资结果的真实性、准确性负责。

（三）财务审计。国有企业改制，必须由直接持有该国有产权的单位决定聘请具备资格的会计师事务所进行财务审计。凡改制为非国有的企业，必须按照国家有关规定对企业法定代表人进行离任审计。改制企业必须按照有关规定向会计师事务所或政府审计部门提供有关财务会计资料和文件，不得妨碍其办理业务。任何人不得授意、指使、强令改制企业会计机构、会计人员提供虚假资料文件或违法办理会计事项。

（四）资产评估。国有企业改制，必须依照《国有资产评估管理办法》（国务院令第 91 号）聘请具备资格的资产评估事务所进行资产和土地使用权评估。国有控股企业进行资产评估，要严格履行有关法律法规规定的程序。向非国有投资者转让国有产权的，由直接持有该国有产权的单位决定聘请资产评估事务所。企业的专利权、非专利技术、商标权、商誉等无形资产必须纳入评估范围。评估结果由依照有关规定批准国有企业改制和转让国有产权的单位核准。

（五）交易管理。非上市企业国有产权转让要进入产权交易市场，不受地区、行业、出资和隶属关系的限制，并按照《企业国有产权转让管理暂行办法》的规定，公开信息，竞价转让。具体转让方式可以采取拍卖、招投标、协议转让以及国家法律法规规定的其他方式。

（八）依法保护债权人利益。国有企业改制要征得债权金融机构同意，保全金融债权，依法落实金融债务，维护其他债权人的利益。要严格防止利用改制逃废金融债务，金融债务未落实的企业不得进行改制。

（九）维护职工合法权益。国有企业改制方案和国有控股企业改制为非国有的企业的方案，必须提交企业职工代表大会或职工大会审议，充分听取职工意见。其中，职工安置方案需经企业职工代表大会或职工大会审议通过后方可实施改制。改制为非国有的企业，要按照有关政策处理好改制企业与职工的劳动关系。改制企业拖欠职工的工资、医疗费和挪用的职工住房公积金以及企业欠缴的社会保险费等要按有关规定予以解决。改制后的企业要按照有关规定按时足额交纳社会保险费，及时为职工接续养老、失业、医疗、工伤、生育等各项社会保险关系。

国务院办公厅转发国资委关于进一步规范国有企业改制工作实施意见的通知（节录）

1. 2005年12月19日

2. 国办发〔2005〕60号

各省、自治区、直辖市人民政府，国务院各部委、各直属机构：

国资委《关于进一步规范国有企业改制工作的实施意见》已经国务院同意，现转发给你们，请认真贯彻执行。

关于进一步规范国有企业改制工作的实施意见

（国资委）

《国务院办公厅转发国务院国有资产监督管理委员会关于规范国有企业改制工作意见的通知》（国办发〔2003〕96号）印发以来，各地区、各有关部门加强组织领导，认真贯彻落实，规范国有企业改制工作取得了重大进展。但在实际工作中还存在改制方案不完善、审批不严格，清产核资、财务审计、资产评估和产权转让不规范，对维护职工合法权益重视不够等问题。为确保国有企业改制工作健康发展，防止国有资产流失，维护职工合法权益，现就进一步规范国有企业改制工作提出以下意见：

一、严格制订和审批企业改制方案

（一）认真制订企业改制方案。改制方案的主要内容应包括：改制的目的及必要性，改制后企业的资产、业务、股权设置和产品开发、技术改造等；改制的具体形式；改制后形成的法人治理结构；企业的债权、债务落实情况；职工安置方案；改制的操作程序，财务审计、资产评估等中介机构和产权交易市场的选择等。

（二）改制方案必须明确保全金融债权，依法落实金融债务，并征得金融机构债权人的同意。审批改制方案的单位（包括各级人民政府、各级国有资产监督管理机构及其所出资企业、各级国有资产监督管理机构以外有权审批改制方案的部门及其授权单位，下同）应认真审查，严格防止企业利用改制逃废金融债务，对未依法保全金融债权、落实金融债务的改制方案不予批准。

（三）企业改制中涉及企业国有产权转让的，应严格按照国家有关法律法规以及《企业国有产权转让管理暂行办法》（国资委、财政部令第3号）、《关于印发〈企业国有产权向管理层转让暂行规定〉的通知》（国资发产权〔2005〕78号）及相关配套文件的规定执行。拟通过增资扩股实施改制的企业，应当通过产权交易市场、媒体或网络等公开企业改制有关情况、投资者条件等信息，择优选择投资者；情况特殊的，经国有资产监督管理机构批准，可通过向多个具备相关资质条件的潜在投资者提供信息等方式，选定投资者。企业改制涉及公开上市发行股票的，按照《中华人民共和国证券法》等有关法律法规执行。

（四）企业改制必须对改制方案出具法律意见书。法律意见书由审批改制方案的单位的法律顾问或该单位决定聘请的律师事务所出具，拟改制为国有控股企业且职工（包括管理层）不持有本企业股权的，可由审批改制方案的单位授权该企业法律顾问出具。

（五）国有企业改制方案需按照《企业国有资产监督管理暂行条例》（国务院令第378号）和国务院国有资产监督管理委员会的有关规定履行决定或批准程序，否则不得实施改制。国有企业改制涉及财政、劳动保障等事项的，须预先报经同级人民政府有关部门审核，批准后报国有资产监督管理机构协调审批；涉及政府社会公共管理审批事项的，依照国家有关法律法规，报经政府有关部门审批；国有资产监督管理机构所出资企业改制为非国有企业（国有股不控股及不参股的企业），改制方案须报同级人民政府批准。

（六）审批改制方案的单位必须按照权利、义务、责任相统一的原则，建立有关审批的程序、权限、责任等制度。

（七）审批改制方案的单位必须就改制方案的审批及清产核资、财务审计、资产评估、进场交易、定价、转让价款、落实债权、职工安置方案等重要资料建立档案管理制度，改制企业的国有产权持有单位要妥善保管相关资料。

二、认真做好清产核资工作

（一）企业改制要按照有关规定进行清产核资。要切实对企业资产进行全面清理、核对和查实，盘点实物、核实账目，核查负债和所有者权益，做好各类应收及预付账款、各项对外投资、账外资产的清查，做好有关抵押、担保等事项的清理工作，按照国家规定调整有关账务。

（二）清产核资结果经国有产权持有单位审核认定，并经国有资产监督管理机构确认后，自清产核资基准日起2年内有效，在有效期内企业实施改制不再另行组织清产核资。

（三）企业实施改制仅涉及引入非国有投资者少量投资，且企业已按照国家有关规定规范进行会计核算的，经本级国有资产监督管理机构批准，可不进行清产核资。

三、加强对改制企业的财务审计和资产评估

（一）企业实施改制必须由审批改制方案的单位确定的中介机构进行财务审计和资产评估。确定中介机构必须考察和了解其资质、信誉及能力；不得聘请改制前两年内在企业财务审计中有违法、违规记录的会计师事务所和注册会计师；不得聘请参与该企业上一次资产评估的中介机构和注册资产评估师；不得聘请同一中介机构开展财务审计与资产评估。

（二）财务审计应依据《中国注册会计师独立审计准则》等有关规定实施。其中，依据国家有关规定计提的各项资产减值准备，必须由会计师事务所逐笔逐项审核并出具专项意见，与审计报告一并提交国有产权持有单位作为改制方案依据，其中不合理的减值准备应予调整。国有独资企业实施改制，计提各项资产减值准备和已核销的各项资产损失凡影响国有产权转让价或折股价的，该计提减值准备的资产和已核销的各项资产损失必须交由改制企业的国有产权持有单位负责处理，国有产权持有单位应采取清理追缴等监管措施，落实监管责任，最大程度地减少损失。国有控股企业实施改制，计提各项减值准备的资产和已核销的各项资产损失由国有产权持有单位与其他股东协商处理。

（三）国有独资企业实施改制，自企业资产评估基准日到企业改制后进行工商变更登记期间，因企业盈利而增加的净资产，应上交国有产权持有单位，或经国有产权持有单位同意，作为改制企业国有权益；因企业亏损而减少的净资产，应由国有产权持有单位补足，或者由改制企业用以后年度国有股份应得的股利补足。国有控股企业实施改制，自企业资产评估基准日到改制后工商变更登记期间的净资产变化，应由改制前企业的各产权持有单位协商处理。

（四）改制为非国有的企业，必须在改制前由国有产权持有单位组织进行法定代表人离任审计，不得以财务审计代替离任审计。离任审计应依照国家有关法律法规和《中央企业经济责任审计管理暂行办法》（国资委令第7号）及相关配套规定执行。财务审计和离任审计工作应由两家会计师事务所分别承担，分别出具审计报告。

（五）企业改制涉及土地使用权的，必须经土地确权登记并明确土地使用权的处置

方式。进入企业改制资产范围的土地使用权必须经具备土地估价资格的中介机构进行评估，并按国家有关规定备案。涉及国有划拨土地使用权的，必须按照国家土地管理有关规定办理土地使用权处置审批手续。

（六）企业改制涉及探矿权、采矿权有关事项的，依照国家有关法律以及《探矿权、采矿权转让管理办法》（国务院令第 242 号）、国土资源部《关于印发〈探矿权采矿权招标拍卖挂牌管理办法（试行）〉的通知》（国土资发〔2003〕197 号）、财政部、国土资源部《关于印发〈探矿权采矿权价款转增国家资本管理办法〉的通知》（财建〔2004〕262 号）等有关规定执行。企业改制必须由国土资源主管部门明确探矿权、采矿权的处置方式，但不得单独转让探矿权、采矿权，涉及由国家出资形成的探矿权、采矿权的，应当按照国家有关规定办理处置审批手续。进入企业改制资产范围的探矿权、采矿权，必须经具有矿业权评估资格的中介机构进行评估作价（采矿权评估结果报国土资源主管部门确认）并纳入企业整体资产中，由审批改制方案的单位商国土资源主管部门审批后处置。

（七）没有进入企业改制资产范围的实物资产和专利权、非专利技术、商标权、土地使用权、探矿权、采矿权、特许经营权等资产，改制后的企业不得无偿使用；若需使用的，有偿使用费或租赁费计算标准应参考资产评估价或同类资产的市场价确定。

（八）非国有投资者以实物资产和专利权、非专利技术、商标权、土地使用权、探矿权、采矿权、特许经营权等资产评估作价参与企业改制，由国有产权持有单位和非国有投资者共同认可的中介机构，对双方进入改制企业的资产按同一基准日进行评估；若一方资产已经评估，可由另一方对资产评估结果进行复核。

（九）在清产核资、财务审计、离任审计、资产评估、落实债务、产权交易等过程中发现造成国有资产流失、逃废金融债务等违法违纪问题的，必须暂停改制并追查有关人员的责任。

四、切实维护职工的合法权益

（一）改制方案必须提交企业职工代表大会或职工大会审议，并按照有关规定和程序及时向广大职工群众公布。应当向广大职工群众讲清楚国家关于国有企业改革的方针政策和改制的规定，讲清楚改制的必要性、紧迫性以及企业的发展思路。在改制方案制订过程中要充分听取职工群众意见，深入细致地做好思想工作，争取广大职工群众对改制的理解和支持。

中共中央、国务院关于分类推进事业单位改革的指导意见（节录）

2011年3月23日

为全面贯彻落实党的十七大和十七届二中、三中、四中、五中全会精神，推动公益事业更好更快发展，不断满足人民群众日益增长的公益服务需求，现就分类推进事业单位改革提出如下意见。

三、科学划分事业单位类别

7. 清理规范现有事业单位。对未按规定设立或原承担特定任务已完成的，予以撤销。对布局结构不合理、设置过于分散、工作任务严重不足或职责相同相近的，予以整合。

8. 划分现有事业单位类别。在清理规范基础上，按照社会功能将现有事业单位划分为承担行政职能、从事生产经营活动和从事公益服务三个类别。对承担行政职能的，逐步将其行政职能划归行政机构或转为行政机构；对从事生产经营活动的，逐步将其转为企业；对从事公益服务的，继续将其保留在事业单位序列、强化其公益属性。今后，不再批准设立承担行政职能的事业单位和从事生产经营活动的事业单位。

9. 细分从事公益服务的事业单位。根据职责任务、服务对象和资源配置方式等情况，将从事公益服务的事业单位细分为两类：承担义务教育、基础性科研、公共文化、公共卫生及基层的基本医疗服务等基本公益服务，不能或不宜由市场配置资源的，划入公益一类；承担高等教育、非营利医疗等公益服务，可部分由市场配置资源的，划入公益二类。具体由各地结合实际研究确定。

五、推进从事生产经营活动事业单位改革

12. 推进转企改制。周密制定从事生产经营活动事业单位转企改制工作方案，按照有关规定进行资产清查、财务审计、资产评估，核实债权债务，界定和核实资产，由同级财政部门依法核定国家资本金。转制单位要按规定注销事业单位法人，核销事业编制，进行国有资产产权登记和工商登记，并依法与在职职工签订劳动合同，建立或接续社会保险关系。事业单位转企改制后，要按照现代企业制度要求，深化内部改革，转变管理机制，并依照政企分开、政资分开的原则，逐步与原行政主管部门脱钩，其国有资产管理除国家另有规定外，由履行国有资产出资人职责的机构负责。

13. 完善过渡政策。为平稳推进转制工作，可给予过渡期，一般为5年。在过渡期内，对转制单位给予适当保留原有税收等优惠政策，原有正常事业费继续拨付。在离退休待遇方面，转制前已离退休人员，原国家规定的离退休费待遇标准不变，支付方式和待遇调整按国家有关规定执行；转制前参加工作、转制后退休的人员，基本养老金的计发和调整按照国家有关规定执行，保证离退休人员待遇水平平稳衔接。在医疗保障方面，离休人员继续执行现行办法，所需资金按原渠道解决；转制前已退休人员，转制后继续按规定享受职工基本医疗保险、补充医疗保障等待遇。有条件的转制单位，可按照有关规定为职工建立补充医疗保险和企业年金。要进一步做好离退休人员的服务管理工作。

中共中央关于全面深化改革若干重大问题的决定（节录）

2013年11月12日中国共产党第十八届中央委员会第三次全体会议通过

为贯彻落实党的十八大关于全面深化改革的战略部署，十八届中央委员会第三次全体会议研究了全面深化改革的若干重大问题，作出如下决定。

一、全面深化改革的重大意义和指导思想

（1）改革开放是党在新的时代条件下带领全国各族人民进行的新的伟大革命，是当代中国最鲜明的特色。党的十一届三中全会召开三十五年来，我们党以巨大的政治勇气，锐意推进经济体制、政治体制、文化体制、社会体制、生态文明体制和党的建设制度改革，不断扩大开放，决心之大、变革之深、影响之广前所未有，成就举世瞩目。

改革开放最主要的成果是开创和发展了中国特色社会主义，为社会主义现代化建设提供了强大动力和有力保障。事实证明，改革开放是决定当代中国命运的关键抉择，是党和人民事业大踏步赶上时代的重要法宝。

实践发展永无止境，解放思想永无止境，改革开放永无止境。面对新形势新任务，全面建成小康社会，进而建成富强民主文明和谐的社会主义现代化国家、实现中华民族伟大复兴的中国梦，必须在新的历史起点上全面深化改革，不断增强中国特色社会主义

道路自信、理论自信、制度自信。

（2）全面深化改革，必须高举中国特色社会主义伟大旗帜，以马克思列宁主义、毛泽东思想、邓小平理论、“三个代表”重要思想、科学发展观为指导，坚定信心，凝聚共识，统筹谋划，协同推进，坚持社会主义市场经济改革方向，以促进社会公平正义、增进人民福祉为出发点和落脚点，进一步解放思想、解放和发展社会生产力、解放和增强社会活力，坚决破除各方面体制机制弊端，努力开拓中国特色社会主义事业更加广阔的前景。

全面深化改革的总目标是完善和发展中国特色社会主义制度，推进国家治理体系和治理能力现代化。必须更加注重改革的系统性、整体性、协同性，加快发展社会主义市场经济、民主政治、先进文化、和谐社会、生态文明，让一切劳动、知识、技术、管理、资本的活力竞相迸发，让一切创造社会财富的源泉充分涌流，让发展成果更多更公平惠及全体人民。

紧紧围绕使市场在资源配置中起决定性作用深化经济体制改革，坚持和完善基本经济制度，加快完善现代市场体系、宏观调控体系、开放型经济体系，加快转变经济发展方式，加快建设创新型国家，推动经济更有效率、更加公平、更可持续发展。

紧紧围绕坚持党的领导、人民当家作主、依法治国有机统一深化政治体制改革，加快推进社会主义民主政治制度化、规范化、程序化，建设社会主义法治国家，发展更加广泛、更加充分、更加健全的人民民主。

紧紧围绕建设社会主义核心价值体系、社会主义文化强国深化文化体制改革，加快完善文化管理体制和文化生产经营机制，建立健全现代公共文化服务体系、现代文化市场体系，推动社会主义文化大发展大繁荣。

紧紧围绕更好保障和改善民生、促进社会公平正义深化社会体制改革，改革收入分配制度，促进共同富裕，推进社会领域制度创新，推进基本公共服务均等化，加快形成科学有效的社会治理体制，确保社会既充满活力又和谐有序。

紧紧围绕建设美丽中国深化生态文明体制改革，加快建立生态文明制度，健全国土空间开发、资源节约利用、生态环境保护的体制机制，推动形成人与自然和谐发展现代化建设新格局。

紧紧围绕提高科学执政、民主执政、依法执政水平深化党的建设制度改革，加强民主集中制建设，完善党的领导体制和执政方式，保持党的先进性和纯洁性，为改革开放和社会主义现代化建设提供坚强政治保证。

（3）全面深化改革，必须立足于我国长期处于社会主义初级阶段这个最大实际，坚持发展仍是解决我国所有问题的关键这个重大战略判断，以经济建设为中心，发挥经济体制改革牵引作用，推动生产关系同生产力、上层建筑同经济基础相适应，推动经济社会持续健康发展。

经济体制改革是全面深化改革的重点，核心问题是处理好政府和市场的关系，使市场在资源配置中起决定性作用和更好发挥政府作用。市场决定资源配置是市场经济的一般规律，健全社会主义市场经济体制必须遵循这条规律，着力解决市场体系不完善、政府干预过多和监管不到位问题。

必须积极稳妥从广度和深度上推进市场化改革，大幅度减少政府对资源的直接配置，推动资源配置依据市场规则、市场价格、市场竞争实现效益最大化和效率最优化。政府的职责和作用主要是保持宏观经济稳定，加强和优化公共服务，保障公平竞争，加强市场监管，维护市场秩序，推动可持续发展，促进共同富裕，弥补市场失灵。

（4）改革开放的成功实践为全面深化改革提供了重要经验，必须长期坚持。最重要的是，坚持党的领导，贯彻党的基本路线，不走封闭僵化的老路，不走改旗易帜的邪路，坚定走中国特色社会主义道路，始终确保改革正确方向；坚持解放思想、实事求是、与时俱进、求真务实，一切从实际出发，总结国内成功做法，借鉴国外有益经验，勇于推进理论和实践创新；坚持以人为本，尊重人民主体地位，发挥群众首创精神，紧紧依靠人民推动改革，促进人的全面发展；坚持正确处理改革发展稳定关系，胆子要大、步子要稳，加强顶层设计和摸着石头过河相结合，整体推进和重点突破相促进，提高改革决策科学性，广泛凝聚共识，形成改革合力。

当前，我国发展进入新阶段，改革进入攻坚期和深水区。必须以强烈的历史使命感，最大限度集中全党全社会智慧，最大限度调动一切积极因素，敢于啃硬骨头，敢于涉险滩，以更大决心冲破思想观念的束缚、突破利益固化的藩篱，推动中国特色社会主义制度自我完善和发展。

到二〇二〇年，在重要领域和关键环节改革上取得决定性成果，完成本决定提出的改革任务，形成系统完备、科学规范、运行有效的制度体系，使各方面制度更加成熟更加定型。

二、坚持和完善基本经济制度

公有制为主体、多种所有制经济共同发展的基本经济制度，是中国特色社会主义制度的重要支柱，也是社会主义市场经济体制的根基。公有制经济和非公有制经济都是社会主义市场经济的重要组成部分，都是我国经济社会发展的重要基础。必须毫不动摇巩固和发展公有制经济，坚持公有制主体地位，发挥国有经济主导作用，不断增强国有经济活力、控制力、影响力。必须毫不动摇鼓励、支持、引导非公有制经济发展，激发非公有制经济活力和创造力。

（5）完善产权保护制度。产权是所有制的核心。健全归属清晰、权责明确、保护严格、流转顺畅的现代产权制度。公有制经济财产权不可侵犯，非公有制经济财产权同样不可侵犯。

国家保护各种所有制经济产权和合法利益，保证各种所有制经济依法平等使用生产要素、公开公平公正参与市场竞争、同等受到法律保护，依法监管各种所有制经济。

（6）积极发展混合所有制经济。国有资本、集体资本、非公有资本等交叉持股、相互融合的混合所有制经济，是基本经济制度的重要实现形式，有利于国有资本放大功能、保值增值、提高竞争力，有利于各种所有制资本取长补短、相互促进、共同发展。允许更多国有经济和其他所有制经济发展成为混合所有制经济。国有资本投资项目允许非国有资本参股。允许混合所有制经济实行企业员工持股，形成资本所有者和劳动者利益共同体。

完善国有资产管理体制，以管资本为主加强国有资产监管，改革国有资本授权经营体制，组建若干国有资本运营公司，支持有条件的国有企业改组为国有资本投资公司。国有资本投资运营要服务于国家战略目标，更多投向关系国家安全、国民经济命脉的重要行业和关键领域，重点提供公共服务、发展重要前瞻性战略性产业、保护生态环境、支持科技进步、保障国家安全。

划转部分国有资本充实社会保障基金。完善国有资本经营预算制度，提高国有资本收益上缴公共财政比例，二〇二〇年提到百分之三十，更多用于保障和改善民生。

（7）推动国有企业完善现代企业制度。国有企业属于全民所有，是推进国家现代化、保障人民共同利益的重要力量。国有企业总体上已经同市场经济相融合，必须适应市场化、国际化新形势，以规范经营决策、资产保值增值、公平参与竞争、提高企业效率、增强企业活力、承担社会责任为重点，进一步深化国有企业改革。

准确界定不同国有企业功能。国有资本加大对公益性企业的投入，在提供公共服务方面作出更大贡献。国有资本继续控股经营的自然垄断行业，实行以政企分开、政资分开、特许经营、政府监管为主要内容的改革，根据不同行业特点实行网运分开、放开竞争性业务，推进公共资源配置市场化。进一步破除各种形式的行政垄断。

健全协调运转、有效制衡的公司法人治理结构。建立职业经理人制度，更好发挥企业家作用。深化企业内部管理人员能上能下、员工能进能出、收入能增能减的制度改革。建立长效激励约束机制，强化国有企业经营投资责任追究。探索推进国有企业财务预算等重大信息公开。

国有企业要合理增加市场化选聘比例，合理确定并严格规范国有企业管理人员薪酬水平、职务待遇、职务消费、业务消费。

（8）支持非公有制经济健康发展。非公有制经济在支撑增长、促进创新、扩大就业、增加税收等方面具有重要作用。坚持权利平等、机会平等、规则平等，废除对非公有制经济各种形式的不合理规定，消除各种隐性壁垒，制定非公有制企业进入特许经营领域具体办法。

鼓励非公有制企业参与国有企业改革，鼓励发展非公有资本控股的混合所有制企业，鼓励有条件的私营企业建立现代企业制度。

十二、推进社会事业改革创新

实现发展成果更多更公平惠及全体人民，必须加快社会事业改革，解决好人民最关心最直接最现实的利益问题，努力为社会提供多样化服务，更好满足人民需求。

（42）深化教育领域综合改革。全面贯彻党的教育方针，坚持立德树人，加强社会主义核心价值体系教育，完善中华优秀传统文化教育，形成爱学习、爱劳动、爱祖国活动的有效形式和长效机制，增强学生社会责任感、创新精神、实践能力。强化体育课和课外锻炼，促进青少年身心健康、体魄强健。改进美育教学，提高学生审美和人文素养。大力促进教育公平，健全家庭经济困难学生资助体系，构建利用信息化手段扩大优质教育资源覆盖面的有效机制，逐步缩小区域、城乡、校际差距。统筹城乡义务教育资源均衡配置，实行公办学校标准化建设和校长教师交流轮岗，不设重点学校重点班，破解择校难题，标本兼治减轻学生课业负担。加快现代职业教育体系建设，深化产教融合、校企合作，培养高素质劳动者和技能型人才。创新高校人才培养机制，促进高校办出特色争创一流。推进学前教育、特殊教育、继续教育改革发展。

推进考试招生制度改革，探索招生和考试相对分离、学生考试多次选择、学校依法自主招生、专业机构组织实施、政府宏观管理、社会参与监督的运行机制，从根本上解决一考定终身的弊端。义务教育免试就近入学，试行学区制和九年一贯对口招生。推行初高中学业水平考试和综合素质评价。加快推进职业院校分类招考或注册入学。逐步推行普通高校基于统一高考和高中学业水平考试成绩的综合评价多元录取机制。探索全国统考减少科目、不分文理科、外语等科目社会化考试一年多考。试行普通高校、高职院校、成人高校之间学分转换，拓宽终身学习通道。

深入推进管办评分离，扩大省级政府教育统筹权和学校办学自主权，完善学校内部治理结构。强化国家教育督导，委托社会组织开展教育评估监测。健全政府补贴、政府购买服务、助学贷款、基金奖励、捐资激励等制度，鼓励社会力量兴办教育。

（43）健全促进就业创业体制机制。建立经济发展和扩大就业的联动机制，健全政府促进就业责任制度。规范招人用人制度，消除城乡、行业、身份、性别等一切影响平等就业的制度障碍和就业歧视。完善扶持创业的优惠政策，形成政府激励创业、社会支持创业、劳动者勇于创业新机制。完善城乡均等的公共就业创业服务体系，构建劳动者终身职业培训体系。增强失业保险制度预防失业、促进就业功能，完善就业失业监测统计制度。创新劳动关系协调机制，畅通职工表达合理诉求渠道。

促进以高校毕业生为重点的青年就业和农村转移劳动力、城镇困难人员、退役军人就业。结合产业升级开发更多适合高校毕业生的就业岗位。政府购买基层公共管理和社会服务岗位更多用于吸纳高校毕业生就业。健全鼓励高校毕业生到基层工作的服务保障机制，提高公务员定向招录和事业单位优先招聘比例。实行激励高校毕业生自主创业政策，整合发展国家和省级高校毕业生就业创业基金。实施离校未就业高校毕业生就业促进计划，把未就业的纳入就业见习、技能培训等就业准备活动之中，对有特殊困难的实行全程就业服务。

（44）形成合理有序的收入分配格局。着重保护劳动所得，努力实现劳动报酬增长和劳动生产率提高同步，提高劳动报酬在初次分配中的比重。健全工资决定和正常增长机制，完善最低工资和工资支付保障制度，完善企业工资集体协商制度。改革机关事业单位工资和津贴补贴制度，完善艰苦边远地区津贴增长机制。健全资本、知识、技术、管理等由要素市场决定的报酬机制。扩展投资和租赁服务等途径，优化上市公司投资者回报机制，保护投资者尤其是中小投资者合法权益，多渠道增加居民财产性收入。

完善以税收、社会保障、转移支付为主要手段的再分配调节机制，加大税收调节力度。建立公共资源出让收益合理共享机制。完善慈善捐助减免税制度，支持慈善事业发挥扶贫济困积极作用。

规范收入分配秩序，完善收入分配调控体制机制和政策体系，建立个人收入和财产信息系统，保护合法收入，调节过高收入，清理规范隐性收入，取缔非法收入，增加低收入者收入，扩大中等收入者比重，努力缩小城乡、区域、行业收入分配差距，逐步形成橄榄型分配格局。

（45）建立更加公平可持续的社会保障制度。坚持社会统筹和个人账户相结合的基本养老保险制度，完善个人账户制度，健全多缴多得激励机制，确保参保人权益，实现基础养老金全国统筹，坚持精算平衡原则。推进机关事业单位养老保险制度改革。整合城乡居民基本养老保险制度、基本医疗保险制度。推进城乡最低生活保障制度统筹发展。建立健全合理兼顾各类人员的社会保障待遇确定和正常调整机制。完善社会保险关系转移接续政策，扩大参保缴费覆盖面，适时适当降低社会保险费率。研究制定渐进式延迟退休年龄政策。加快健全社会保障管理体制和经办服务体系。健全符合国情的住房保障和供应体系，建立公开规范的住房公积金制度，改进住房公积金提取、使用、监管机制。

健全社会保障财政投入制度，完善社会保障预算制度。加强社会保险基金投资管理和监督，推进基金市场化、多元化投资运营。制定实施免税、延期征税等优惠政策，加快发展企业年金、职业年金、商业保险，构建多层次社会保障体系。

积极应对人口老龄化，加快建立社会养老服务体系和发展老年服务产业。健全农村留守儿童、妇女、老年人关爱服务体系，健全残疾人权益保障、困境儿童分类保障制度。

（46）深化医药卫生体制改革。统筹推进医疗保障、医疗服务、公共卫生、药品供应、监管体制综合改革。深化基层医疗卫生机构综合改革，健全网络化城乡基层医疗卫生服务运行机制。加快公立医院改革，落实政府责任，建立科学的医疗绩效评价机制和适应行业特点的人才培养、人事薪酬制度。完善合理分级诊疗模式，建立社区医生和居民契约服务关系。充分利用信息化手段，促进优质医疗资源纵向流动。加强区域公共卫生服务资源整合。取消以药补医，理顺医药价格，建立科学补偿机制。改革医保支付方式，健全全民医保体系。加快健全重特大疾病医疗保险和救助制度。完善中医药事业发展政策和机制。

鼓励社会办医，优先支持举办非营利性医疗机构。社会资金可直接投向资源稀缺及满足多元需求服务领域，多种形式参与公立医院改制重组。允许医师多点执业，允许民办医疗机构纳入医保定点范围。

坚持计划生育的基本国策，启动实施一方是独生子女的夫妇可生育两个孩子的政策，逐步调整完善生育政策，促进人口长期均衡发展。

十三、创新社会治理体制

创新社会治理，必须着眼于维护最广大人民根本利益，最大限度增加和谐因素，增强社会发展活力，提高社会治理水平，全面推进平安中国建设，维护国家安全，确保人民安居乐业、社会安定有序。

（47）改进社会治理方式。坚持系统治理，加强党委领导，发挥政府主导作用，鼓励和支持社会各方面参与，实现政府治理和社会自我调节、居民自治良性互动。坚持依法治理，加强法治保障，运用法治思维和法治方式化解社会矛盾。坚持综合治理，强化道德约束，规范社会行为，调节利益关系，协调社会关系，解决社会问题。坚持源头治理，标本兼治、重在治本，以网格化管理、社会化服务为方向，健全基层综合服务管理平台，及时反映和协调人民群众各方面各层次利益诉求。

（48）激发社会组织活力。正确处理政府和社会关系，加快实施政社分开，推进社会组织明确权责、依法自治、发挥作用。适合由社会组织提供的公共服务和解决的事项，交由社会组织承担。支持和发展志愿服务组织。限期实现行业协会商会与行政机关真正脱钩，重点培育和优先发展行业协会商会类、科技类、公益慈善类、城乡社区服务类社会组织，成立时直接依法申请登记。加强对社会组织和在华境外非政府组织的管理，引导它们依法开展活动。

（49）创新有效预防和化解社会矛盾体制。健全重大决策社会稳定风险评估机制。建立畅通有序的诉求表达、心理干预、矛盾调处、权益保障机制，使群众问题能反映、矛盾能化解、权益有保障。

改革行政复议体制，健全行政复议案件审理机制，纠正违法或不当行政行为。完善人民调解、行政调解、司法调解联动工作体系，建立调处化解矛盾纠纷综合机制。

改革信访工作制度，实行网上受理信访制度，健全及时就地解决群众合理诉求机制。把涉法涉诉信访纳入法治轨道解决，建立涉法涉诉信访依法终结制度。

（50）健全公共安全体系。完善统一权威的食品药品安全监管机构，建立最严格的覆盖全过程的监管制度，建立食品原产地可追溯制度和质量标识制度，保障食品药品安全。深化安全生产管理体制改革，建立隐患排查治理体系和安全预防控制体系，遏制重特大安全事故。健全防灾减灾救灾体制。加强社会治安综合治理，创新立体化社会治安防控体系，依法严密防范和惩治各类违法犯罪活动。

坚持积极利用、科学发展、依法管理、确保安全的方针，加大依法管理网络力度，加快完善互联网管理领导体制，确保国家网络和信息安全。

设立国家安全委员会，完善国家安全体制和国家安全战略，确保国家安全。

中共中央、国务院关于深化科技体制改革加快国家创新体系建设的意见（节录）

2012年9月23日

为加快推进创新型国家建设，全面落实《国家中长期科学和技术发展规划纲要（2006—2020年）》（以下简称科技规划纲要），充分发挥科技对经济社会发展的支撑引领作用，现就深化科技体制改革、加快国家创新体系建设提出如下意见。

三、强化企业技术创新主体地位，促进科技与经济紧密结合

（五）提高科研院所和高等学校服务经济社会发展的能力。加快科研院所和高等学校科研体制改革和机制创新。按照科研机构分类改革的要求，明确定位，优化布局，稳定规模，提升能力，走内涵式发展道路。公益类科研机构要坚持社会公益服务的方向，探索管办分离，建立适应农业、卫生、气象、海洋、环保、水利、国土资源和公共安全等领域特点的科技创新支撑机制。基础研究类科研机构要瞄准科学前沿问题和国家长远战略需求，完善有利于激发创新活力、提升原始创新能力的运行机制。对从事基础研究、前沿技术研究和社会公益研究的科研机构和学科专业，完善财政投入为主、引导社会参与的持续稳定支持机制。技术开发类科研机构要坚持企业化转制方向，完善现代企业制度，建立市场导向的技术创新机制。

充分发挥国家科研机构的骨干和引领作用。建立健全现代科研院所制度，制定科研院所章程，完善治理结构，进一步落实法人自主权，探索实行由主要利益相关方代表构成的理事会制度。实行固定岗位与流动岗位相结合的用人制度，建立开放、竞争、流动的用人机制。推进实施绩效工资。对科研机构实行周期性评估，根据评估结果调整和确定支持方向和投入力度。引导和鼓励民办科研机构发展，在承担国家科技任务、人才引进等方面加大支持力度，符合条件的民办科研机构享受税收优惠等相关政策。

充分发挥高等学校的基础和生力军作用。落实和扩大高等学校办学自主权。根据经济社会发展需要和学科专业优势，明确各类高等学校定位，突出办学特色，建立以服务需求和提升创新能力为导向的科技评价和科技服务体系。高等学校对学科专业实行动态调整，大力推动与产业需求相结合的人才培养，促进交叉学科发展，全面提高人才培养质量。发挥高等学校学科人才优势，在基础研究和前沿技术领域取得原创性突破。建立与产业、区域经济紧密结合的成果转化机制，鼓励支持高等学校教师转化和推广科研成果。以学科建设和协同创新为重点，提升高等学校创新能力。大力推进科技与教育相结合的改革，促进科研与教学互动、科研与人才培养紧密结合，培育跨学科、跨领域的科研教学团队，增强学生创新精神和创业能力，提升高等学校毕业生就业率。

四、加强统筹部署和协同创新，提高创新体系整体效能

（八）推动创新体系协调发展。统筹技术创新、知识创新、国防科技创新、区域创新和科技中介服务体系建设，建立基础研究、应用研究、成果转化和产业化紧密结合、协调发展机制。支持和鼓励各创新主体根据自身特色和优势，探索多种形式的协同创新模式。完善学科布局，推动学科交叉融合和均衡发展，统筹目标导向和自由探索的科学研究，超前部署对国家长远发展具有带动作用的战略先导研究、重要基础研究和交叉前沿研究。加强技术创新基地建设，发挥骨干企业和转制院所作用，提高产业关键技术研发攻关水平，促进技术成果工程化、产业化。完善军民科技融合机制，建设军民两用技术创新基地和转移平台，扩大民口科研机构和科技型企业对国防科技研发的承接范围。培育、支持和引导科技中介服务机构向服务专业化、功能社会化、组织网络化、运行规范化方向发展，壮大专业研发设计服务企业，培育知识产权服务市场，推进检验检测机构市场化服务，完善技术交易市场体系，加快发展科技服务业。充分发挥科技社团在推动全社会创新活动中的作用。建立全国创新调查制度，加强国家创新体系建设监测评估。

文化部、中央组织部、中央宣传部、中央编办、发展改革委、财政部、人力资源社会保障部、税务总局、工商总局关于支持转企改制国有文艺院团改革发展的指导意见（节录）

1. 2013年6月5日

2. 文政法发〔2013〕28号

国有文艺院团是繁荣社会主义文艺的中坚力量。演艺业是极具再开发能力和产品衍生潜力的核心文化产业，演艺企业和演艺市场的发展对推动文化产业成为国民经济支柱性产业具有重要作用。近年来，在党中央、国务院的正确领导下，国有文艺院团顺利完成体制改革阶段性任务。随着大部分国有文艺院团转化为市场主体，以企业为主体、事业为补充，面向市场、面向群众的新型演艺体制格局已经形成，为我国演艺业实现跨越式发展奠定了坚实的基础。但是，当前我国演艺市场发育程度还比较低，大部分转企改制国有文艺院团（以下简称转制院团）底子薄、包袱重、经费自给率低、赢利能力弱，转制后面临巨大的生存发展压力。为深入贯彻落实党的十八大精神和十七届六中全会的有关部署，支持转制院团改革发展，提升我国演艺业发展水平，促进社会主义文化大发展大繁荣，现提出以下意见。

一、落实和强化对转制院团的政策扶持

（一）落实转制院团土地使用政策。转制院团使用的原划拨土地用途符合《划拨用地目录》的，经所在地县级以上人民政府批准，可仍以划拨方式使用；不符合《划拨用地目录》的，应依法办理土地有偿使用手续，经评估确定后，以作价出资（入股）等方式处置，转增国家资本。相关职能部门要采取切实可行的措施，帮助转制院团依法办理土地使用手续。

（三）改善转制院团排练、演出条件。鼓励通过置换、改造现有闲置建筑等方式，为各转制院团解决排练场所问题。采取灵活的产权形式，或以政府购买演出场所的演出时段、提供场租补贴等形式，为各转制院团解决演出场所问题。为转制院团配置的剧场应主要用于演艺项目经营，不得挪作他用，确保所配置的剧场年演出场次达到一定数量。

二、促进转制院团自我发展能力建设

（六）规范国有文艺院团转企改制。国有文艺院团转企改制要规范完成清产核资、企业工商注册登记、核销事业编制、注销事业单位法人、同职工签订劳动合同、按照企业办法参加社会保险等各项任务。转制院团要不断完善企业运营机制，加快公司制股份制改造，建立现代企业制度，完善法人治理结构，鼓励一步到位实行股份制。鼓励艺术名家和其他演职人员以个人持股的方式参与转制院团的股份制改造。

（七）增强转制院团发展内生动力。转制院团要努力提升创新能力、演艺产品营销能力、资本运作能力和知识产权经营能力。强化企业内部运行机制和经营管理创新，实行市场化、企业化的经营者选用机制，努力形成符合现代企业制度要求、体现文化企业特点的资产组织形式和经营管理模式。

（八）着力培育骨干演艺企业。把转企改制与兼并重组结合起来，推动演艺资源向优质企业集中。推动转制院团跨地区、跨行业、跨所有制发展。鼓励转制院团通过股权投资、资源互补等，开展多种形式的联合。确定部分改革到位、成长性好的大型转制院团作为国有演艺企业深化改革加快发展试点单位，加强指导，重点培育，打造一批具有较强竞争力的骨干演艺企业。推动符合条件的演艺企业上市融资。

（九）扶持中小转制院团健康发展。支持中小转制院团走专、精、特发展道路，尽快形成一批特色演艺企业。各级政府出资设立的中小企业融资担保平台，要积极为包括转制院团在内的中小演艺企业融资提供担保。鼓励金融机构在风险可控的情况下，依照市场化原则通过发放小企业贷款、权利质押贷款等方式，支持中小转制院团发展。

三、加强转制院团改革发展支撑体系建设

（十）完善工商登记注册服务。工商行政管理部门要为转制院团开展工商注册、资本投资、股权转让等提供咨询指导，方便企业顺利开展经营活动，积极参与市场竞争。允许转制院团使用原事业单位名称（去掉原主管部门）或者符合企业名称登记规定的其他名称进行登记注册。

（十一）鼓励各类资本投资演艺业。鼓励各类资本依法以投资、控股、参股、并购、重组、项目合作等多种方式，参与国有文艺院团转企改制、股份制改造和演艺经营。鼓励成立演艺业发展基金，支持演艺业发展与创新。鼓励风险投资基金、私募股权基金、各类文化产业投资基金等对转制院团及其战略性、先导性演艺项目进行投资，推动演艺投资多元化。积极培育和发展演艺业保险市场。

国务院关于鼓励社会力量兴办教育促进民办教育健康发展的若干意见（节录）

1. 2016年12月29日

2. 国发〔2016〕81号

社会力量兴办教育是指各种社会力量以捐赠、出资、投资、合作等方式举办或者参与举办法律法规允许的各级各类学校和其他教育机构。改革开放以来，作为社会力量兴办教育主要形式的民办教育不断发展壮大，形成了从学前教育到高等教育、从学历教育到非学历教育，层次类型多样、充满生机活力的发展局面，有效增加了教育服务供给，为推动教育现代化、促进经济社会发展作出了积极贡献，已经成为社会主义教育事业的重要组成部分。同时，民办教育也面临许多制约发展的问题和困难。为鼓励社会力量兴办教育，促进民办教育健康发展，现提出如下意见。

一、总体要求

（二）基本原则。

分类管理，公益导向。实行非营利性和营利性分类管理，实施差别化扶持政策，积极引导社会力量举办非营利性民办学校。坚持教育的公益属性，无论是非营利性民办学校还是营利性民办学校都要始终把社会效益放在首位。

三、创新体制机制

（五）建立分类管理制度。对民办学校（含其他民办教育机构）实行非营利性和营利性分类管理。非营利性民办学校举办者不取得办学收益，办学结余全部用于办学。营利性民办学校举办者可以取得办学收益，办学结余依据国家有关规定进行分配。民办学校依法享有法人财产权。

举办者自主选择举办非营利性民办学校或者营利性民办学校，依法依规办理登记。对现有民办学校按照举办者自愿的原则，通过政策引导，实现分类管理。

（六）建立差别化政策体系。国家积极鼓励和大力支持社会力量举办非营利性民办学校。各级人民政府要完善制度政策，在政府补贴、政府购买服务、基金奖励、捐资激励、土地划拨、税费减免等方面对非营利性民办学校给予扶持。各级人民政府可根据经济社会发展需要和公共服务需求，通过政府购买服务及税收优惠等方式对营利性民办学校给予支持。

（七）放宽办学准入条件。社会力量投入教育，只要是不属于法律法规禁止进入以及不损害第三方利益、社会公共利益、国家安全的领域，政府不得限制。政府制定准入负面清单，列出禁止和限制的办学行为。各地要重新梳理民办学校准入条件和程序，进一步简政放权，吸引更多的社会资源进入教育领域。

（八）拓宽办学筹资渠道。鼓励和吸引社会资金进入教育领域举办学校或者投入项目建设。创新教育投融资机制，多渠道吸引社会资金，扩大办学资金来源。鼓励金融机构在风险可控前提下开发适合民办学校特点的金融产品，探索办理民办学校未来经营收入、知识产权质押贷款业务，提供银行贷款、信托、融资租赁等多样化的金融服务。鼓励社会力量对非营利性民办学校给予捐赠。

（九）探索多元主体合作办学。推广政府和社会资本合作（PPP）模式，鼓励社会资本参与教育基础设施建设和运营管理、提供专业化服务。积极鼓励公办学校与民办学校相互购买管理服务、教学资源、科研成果。探索举办混合所有制职业院校，允许以资本、知识、技术、管理等要素参与办学并享有相应权利。鼓励营利性民办学校建立股权激励机制。

（十）健全学校退出机制。捐资举办的民办学校终止时，清偿后剩余财产统筹用于教育等社会事业。2016 年 11 月 7 日《全国人民代表大会常务委员会关于修改〈中华人民共和国民办教育促进法〉的决定》公布前设立的民办学校，选择登记为非营利性民办学校的，终止时，民办学校的财产依法清偿后有剩余的，按照国家有关规定给予出资者相应的补偿或者奖励，其余财产继续用于其他非营利性学校办学；选择登记为营利性民办学校的，应当进行财务清算，依法明确财产权属，终止时，民办学校的财产依法清偿后有剩余的，依照《中华人民共和国公司法》有关规定处理。具体办法由省、自治区、直辖市制定。2016 年 11 月 7 日后设立的民办学校终止时，财产处置按照有关规定和学校章程处理。各地要结合实际，健全民办学校退出机制，依法保护受教育者的合法权益。

五、加快现代学校制度建设

（十九）完善学校法人治理。民办学校要依法制定章程，按照章程管理学校。健全董事会（理事会）和监事（会）制度，董事会（理事会）和监事（会）成员依据学校章程规定的权限和程序共同参与学校的办学和管理。董事会（理事会）应当优化人员构成，由举办者或者其代表、校长、党组织负责人、教职工代表等共同组成。监事会中应当有党组织领导班子成员。探索实行独立董事（理事）、监事制度。健全党组织参与决策制度，积极推进“双向进入、交叉任职”，学校党组织领导班子成员通过法定程序进入学校决策机构和行政管理机构，党员校长、副校长等行政机构成员可按照党的有关规定进入党组织领导班子。学校党组织要支持学校决策机构和校长依法行使职权，督促其依法治教、规范管理。完善校长选聘机制，依法保障校长行使管理权。民办学校校长应熟悉教育及相关法律法规，具有 5 年以上教育管理经验和良好办学业绩，个人信用状况良好。学校关键管理岗位实行亲属回避制度。完善教职工代表大会和学生代表大会制度。

（二十）健全资产管理和财务会计制度。民办学校应当明确产权关系，建立健全资产管理制度。民办学校举办者应依法履行出资义务，将出资用于办学的土地、校舍和其他资产足额过户到学校名下。存续期间，民办学校对举办者投入学校的资产、国有资产、受赠的财产以及办学积累享有法人财产权，任何组织和个人不得侵占、挪用、抽逃。进一步规范民办学校会计核算，建立健全第三方审计制度。非营利性和营利性民办学校按照登记的法人属性，根据国家有关规定执行相应的会计制度。民办学校要明晰财务管理，依法设置会计账簿。民办学校应将举办者出资、政府补助、受赠、收费、办学积累等各类资产分类登记入账，定期开展资产清查，并将清查结果向社会公布。各地要探索制定符合民办学校特点的财务管理办法，完善民办学校年度财务、决算报告和预算报告报备制度。

中共中央、国务院关于完善产权保护制度依法保护产权的意见（节录）

2016年11月4日

产权制度是社会主义市场经济的基石，保护产权是坚持社会主义基本经济制度的必然要求。有恒产者有恒心，经济主体财产权的有效保障和实现是经济社会持续健康发展的基础。改革开放以来，通过大力推进产权制度改革，我国基本形成了归属清晰、权责明确、保护严格、流转顺畅的现代产权制度和产权保护法律框架，全社会产权保护意识不断增强，保护力度不断加大。同时也要看到，我国产权保护仍然存在一些薄弱环节和问题：国有产权由于所有者和代理人关系不够清晰，存在内部人控制、关联交易等导致国有资产流失的问题；利用公权力侵害私有产权、违法查封扣押冻结民营企业财产等现象时有发生；知识产权保护不力，侵权易发多发。解决这些问题，必须加快完善产权保护制度，依法有效保护各种所有制经济组织和公民财产权，增强人民群众财产财富安全感，增强社会信心，形成良好预期，增强各类经济主体创业创新动力，维护社会公平正义，保持经济社会持续健康发展和国家长治久安。现就完善产权保护制度、依法保护产权提出以下意见。

一、总体要求

加强产权保护，根本之策是全面推进依法治国。要全面贯彻党的十八大和十八届三中、四中、五中、六中全会精神，深入学习贯彻习近平总书记系列重要讲话精神，按照党中央、国务院决策部署，紧紧围绕统筹推进“五位一体”总体布局和协调推进“四个全面”战略布局，牢固树立和贯彻落实新发展理念，着力推进供给侧结构性改革，进一步完善现代产权制度，推进产权保护法治化，在事关产权保护的立法、执法、司法、守法等各方面各环节体现法治理念。要坚持以下原则：

——坚持平等保护。健全以公平为核心原则的产权保护制度，毫不动摇巩固和发展公有制经济，毫不动摇鼓励、支持、引导非公有制经济发展，公有制经济财产权不可侵犯，非公有制经济财产权同样不可侵犯。

——坚持全面保护。保护产权不仅包括保护物权、债权、股权，也包括保护知识产权及其他各种无形财产权。

——坚持依法保护。不断完善社会主义市场经济法律制度，强化法律实施，确保有法可依、有法必依。

——坚持共同参与。做到政府诚信和公众参与相结合，建设法治政府、责任政府、诚信政府，增强公民产权保护观念和契约意识，强化社会监督。

——坚持标本兼治。着眼长远，着力当下，抓紧解决产权保护方面存在的突出问题，提高产权保护精准度，加快建立产权保护长效机制，激发各类经济主体的活力和创造力。

二、加强各种所有制经济产权保护

深化国有企业和国有资产监督管理体制改革，进一步明晰国有产权所有者和代理人关系，推动实现国有企业股权多元化和公司治理现代化，健全涉及财务、采购、营销、投资等方面的内部监督制度和内控机制，强化董事会规范运作和对经理层的监督，完善国有资产交易方式，严格规范国有资产登记、转让、清算、退出等程序和交易行为，以制度化保障促进国有产权保护，防止内部人任意支配国有资产，切实防止国有资产流失。建立健全归属清晰、权责明确、监管有效的自然资源资产产权制度，完善自然资源有偿使用制度，逐步实现各类市场主体按照市场规则和市场价格依法平等使用土地等自然资源。完善农村集体产权确权和保护制度，分类建立健全集体资产清产核资、登记、保管、使用、处置制度和财务管理监督制度，规范农村产权流转交易，切实防止集体经济组织内部少数人侵占、非法处置集体资产，防止外部资本侵吞、非法控制集体资产。坚持权利平等、机会平等、规则平等，废除对非公有制经济各种形式的不合理规定，消除各种隐性壁垒，保证各种所有制经济依法平等使用生产要素、公开公平公正参与市场竞争、同等受到法律保护、共同履行社会责任。

三、完善平等保护产权的法律制度

加快推进民法典编纂工作，完善物权、合同、知识产权相关法律制度，清理有违公平的法律法规条款，将平等保护作为规范财产关系的基本原则。健全以企业组织形式和出资人承担责任方式为主的市场主体法律制度，统筹研究清理、废止按照所有制不同类型制定的市场主体法律和行政法规，开展部门规章和规范性文件专项清理，平等保护各类市场主体。加大对非公有财产的刑法保护力度。

中共中央办公厅、国务院办公厅关于改革社会组织管理制度促进社会组织健康有序发展的意见（节录）

2016年8月21日

为深入贯彻党的十八大和十八届二中、三中、四中、五中全会精神，进一步加强社会组织建设，激发社会组织活力，现就改革社会组织管理制度、促进社会组织健康有序发展提出以下意见。

一、重要性和紧迫性

以社会团体、基金会和社会服务机构为主体组成的社会组织，是我国社会主义现代化建设的重要力量。党中央、国务院历来高度重视社会组织工作，改革开放以来，在各级党委和政府的重视和支持下，我国社会组织不断发展，在促进经济发展、繁荣社会事业、创新社会治理、扩大对外交往等方面发挥了积极作用。同时也要看到，目前社会组织工作中还存在法规制度建设滞后、管理体制不健全、支持引导力度不够、社会组织自身建设不足等问题，从总体上看社会组织发挥作用还不够充分，一些社会组织违法违规现象时有发生。当前，我国正处于全面建成小康社会决胜阶段，改革社会组织管理制度、促进社会组织健康有序发展，有利于厘清政府、市场、社会关系，完善社会主义市场经济体制；有利于改进公共服务供给方式，加强和创新社会治理；有利于激发社会活力，巩固和扩大党的执政基础。各地区各部门要站在战略和全局高度，充分认识做好这项工作的重要性和紧迫性，将其作为一项重要基础性工作来抓，主动适应新形势新任务要求，全面落实相关政策措施，扎扎实实做好各项工作。

二、指导思想、基本原则和总体目标

（一）指导思想。以邓小平理论、“三个代表”重要思想、科学发展观为指导，深入贯彻习近平总书记系列重要讲话精神，按照“四个全面”战略布局要求，贯彻落实创新、协调、绿色、开放、共享发展理念，一手抓积极引导发展，一手抓严格依法管理，充分发挥社会组织服务国家、服务社会、服务群众、服务行业的作用，努力走出一条具有中国特色的社会组织发展之路。

（二）基本原则

——坚持党的领导。按照党中央明确的党组织在社会组织中的功能定位，发挥党组织的政治核心作用，加强社会组织党的建设，注重加强对社会组织的政治引领和示范带动，支持群团组织充分发挥作用，增强联系服务群众的合力，确保社会组织发展的正确政治方向。

——坚持改革创新。改革社会组织管理制度，正确处理政府、市场、社会三者关系，改革制约社会组织发展的体制机制，激发社会组织内在活力和发展动力，促进社会组织真正成为提供服务、反映诉求、规范行为、促进和谐的重要力量。

——坚持放管并重。处理好“放”和“管”的关系，既要简政放权，优化服务，积极培育扶持，又要加强事中事后监管，促进社会组织健康有序发展。

——坚持积极稳妥推进。统筹兼顾，分类指导，抓好试点，确保改革工作平稳过渡、有序推进。

（三）总体目标。到2020年，统一登记、各司其职、协调配合、分级负责、依法监管的中国特色社会组织管理体制建立健全，社会组织法规政策更加完善，综合监管更加有效，党组织作用发挥更加明显，发展环境更加优化；政社分开、权责明确、依法自治的社会组织制度基本建立，结构合理、功能完善、竞争有序、诚信自律、充满活力的社会组织发展格局基本形成。

三、大力培育发展社区社会组织

（一）降低准入门槛。对在城乡社区开展为民服务、养老照护、公益慈善、促进和谐、文体娱乐和农村生产技术服务等活动的社区社会组织，采取降低准入门槛的办法，支持鼓励发展。对符合登记条件的社区社会组织，优化服务，加快审核办理程序，并简化登记程序。对达不到登记条件的社区社会组织，按照不同规模、业务范围、成员构成和服务对象，由街道办事处（乡镇政府）实施管理，加强分类指导和业务指导。鼓励在街道（乡镇）成立社区社会组织联合会，发挥管理服务协调作用。

（二）积极扶持发展。鼓励依托街道（乡镇）综合服务中心和城乡社区服务站等设施，建立社区社会组织综合服务平台，为社区社会组织提供组织运作、活动场地、活动经费、人才队伍等方面支持。采取政府购买服务、设立项目资金、补贴活动经费等措施，加大对社区社会组织扶持力度，重点培育为老年人、妇女、儿童、残疾人、失业人员、农民工、服刑人员未成年子女、困难家庭、严重精神障碍患者、有不良行为青少年、社区矫正人员等特定群体服务的社区社会组织。有条件的地方可探索建立社区社会组织孵化机制，设立孵化培育资金，建设孵化基地。鼓励社会力量支持社区社会组织发展。

（三）增强服务功能。发挥社区社会组织在创新基层社会治理中的积极作用，推动建立多元主体参与的社区治理格局。鼓励社区社会组织开展邻里互助、居民融入、纠纷调解、平安创建等社区活动，组织社区居民参与社区公共事务和公益事业，促进社区和谐稳定。支持社区社会组织承接社区公共服务和基层政府委托事项，开展社区志愿服务。建立社区社会组织与社区建设、社会工作联动机制，促进资源共享、优势互补，把社区社会组织建设成为增强社区自治和服务功能、吸纳社会工作人才的重要载体。

十、抓好组织实施

（一）加快法制建设。加快修订出台社会团体、基金会和民办非企业单位登记管理条例。研究制定志愿服务和行业协会商会等方面的单项法律法规。加快调研论证，适时启动社会组织法的研究起草工作。鼓励和支持有条件的地方根据本意见精神出台地方性法规、地方政府规章。

中央编办、民政部关于加强事业单位和民办非企业单位登记管理工作中信息共享与业务协同的通知

2017年1月20日

各省、自治区、直辖市编办、民政厅（局），新疆生产建设兵团编办、民政局：

做好事业单位、民办非企业单位登记管理工作，是促进社会公益事业发展的重要保障。为贯彻落实党中央、国务院关于简政放权、放管结合、优化服务的决策部署，进一步提高服务质量效率，现就加强事业单位法人、民办非企业单位登记管理工作中的信息

共享与业务协同通知如下：

一、严格依法依规登记。申请人依法自愿向登记管理机关提出申请。对符合《事业单位登记管理暂行条例》规定的有关申请，事业单位登记管理机关应依照规定予以办理。对符合《民办非企业单位登记管理暂行条例》规定的有关申请，民办非企业单位登记管理机关应依照规定予以办理。对登记申请适用法规不明确的，由两个登记管理机关共同商议作出处理决定。

二、加强信息开放共享。各级事业单位、民办非企业单位登记管理机关要加强工作协同，打通“信息孤岛”，积极推进登记管理信息统一归集、互联共享。依托全国信用信息共享平台和“信用中国”网站，实现事业单位和民办非企业单位基础信息、信用信息等数据无缝链接和高效共享。对已登记的组织，限制申请其他法人资格，避免重复登记。

三、优化登记管理服务。各级事业单位、民办非企业单位登记管理机关要简化优化申请、受理、审查、决定、送达等流程，缩短办理时限。加强登记管理“窗口”建设，细化标准，规范服务，营造良好办事环境。以“互联网＋政务服务”为依托，优化完善网上登记管理，大力推进线上线下服务一体化。

四、建立健全协商机制。各级事业单位、民办非企业单位登记管理机关要在登记服务、信息共享、事中事后监管等方面建立沟通协商机制。对共享的信息，定期进行整理分析，确保数据准确完善。对日常登记管理中发现涉及事业单位、民办非企业单位违规线索的，及时移送，做好相关配合工作。

国务院办公厅关于规范校外培训机构发展的意见（节录）

1. 2018年8月6日

2. 国办发〔2018〕80号

三、依法审批登记

（五）确保证照齐全。校外培训机构必须经审批取得办学许可证后，登记取得营业执照（或事业单位法人证书、民办非企业单位登记证书，下同），才能开展培训。已取得办学许可证和营业执照的，如不符合设置标准，应当按标准要求整改，整改不到位的要依法吊销办学许可证，终止培训活动，并依法办理变更或注销登记。

（六）严格审批登记。校外培训机构审批登记实行属地化管理。县级教育部门负责审批颁发办学许可证，未经教育部门批准，任何校外培训机构不得以家教、咨询、文化传播等名义面向中小学生开展培训业务。校外培训机构在同一县域设立分支机构或培训点的，均须经过批准；跨县域设立分支机构或培训点的，需到分支机构或培训点所在地县级教育部门审批。中小学校不得举办或参与举办校外培训机构。

五、强化监督管理

（十）完善日常监管。各地要切实加强对校外培训机构办学行为的日常监管，坚持谁审批谁监管、谁主管谁监管，防止重审批轻监管，健全监管责任体系和工作机制，切实加强监管队伍建设。教育部门负责查处未取得办学许可证违法经营的机构，并在做好办学许可证审批工作基础上，重点做好培训内容、培训班次、招生对象、教师资格及培训行为的监管工作，牵头组织校外培训市场综合执法；市场监管部门重点做好相关登记、收费、广告宣传、反垄断等方面的监管工作；人力资源社会保障部门重点做好职业培训机构未经批准面向中小学生开展培训的监管工作；机构编制、民政部门重点做好校外培训机构违反相关登记管理规定的监管工作；公安、应急管理、卫生、食品监管部门重点做好校外培训机构的安全、卫生、食品条件保障的监管工作；网信、文化、工业和信息化、广电部门在各自职责范围内配合教育部门做好线上教育监管工作。

（十一）落实年检年报制度。县级教育部门要会同有关部门按照校外培训机构设置标准、审批条件、办学行为要求和登记管理有关规定完善管理办法，认真组织开展年检和年度报告公示工作。在境外上市的校外培训机构向境外公开披露的定期报告及对公司经营活动有重大不利影响的临时报告等信息，应以中文文本在公司网站（如无公司网站，应在证券信息披露平台）向境内同步公开、接受监督。对经年检和年报公示信息抽查检查发现校外培训机构隐瞒实情、弄虚作假、违法违规办学，或不接受年检、不报送年度报告的，要依法依规严肃处理，直至吊销办学许可证，追究有关人员的法律责任。

（十二）公布黑白名单。全面推行白名单制度，对通过审批登记的，在政府网站上公布校外培训机构的名单及主要信息，并根据日常监管和年检、年度报告公示情况及时更新。各地可根据校外培训机构的设置和管理要求，建立负面清单。对已经审批登记，但有负面清单所列行为的校外培训机构，应当及时将其从白名单上清除并列入黑名单；对未经批准登记、违法违规举办的校外培训机构，予以严肃查处并列入黑名单。将黑名单信息纳入全国信用信息共享平台，按有关规定实施联合惩戒。将营利性校外培训机构的行政许可信息、行政处罚信息、黑名单信息、抽查检查结果等归集至国家企业信用信息公示系统，记于相对应企业名下并依法公示。对于非营利性校外培训机构的失信行为，依据社会组织信用信息管理有关规定进行信用管理并依法公示。

国家发展改革委、民政部、自然资源部、生态环境部、住房城乡建设部、卫生健康委、应急部、市场监管总局、中医药局关于优化社会办医疗机构跨部门审批工作的通知

1. 2018年8月2日

2. 发改社会〔2018〕1147号

各省、自治区、直辖市发展改革委、民政厅（局）、自然资源主管部门、生态环境主管部门、住房城乡建设主管部门、卫生健康主管部门、消防主管部门、工商（市场监管）主管部门、中医药主管部门，新疆生产建设兵团发展改革委、公安局、民政局、国土资源局、建设局（环保局）、卫生局、工商局：

为进一步落实“放管服”改革要求，支持社会办医发展，加快形成多元办医格局，现就优化社会办医疗机构跨部门审批工作通知如下。

一、总体要求和指导原则

优化社会办医疗机构跨部门审批工作的总体要求是：全面贯彻党的十九大和十九届二中、三中全会精神，以习近平新时代中国特色社会主义思想为指导，坚持以人民为中心，坚持问题导向，以改革为动力，创新工作思路，发挥部门合力，降低社会力量举办医疗机构的制度性成本，营造公平规范的发展环境，进一步调动社会力量办医积极性。

指导原则是：

——流程规范透明。与医疗机构准入管理改革相协调，明确社会办医疗机构准入跨部门审批流程和事项清单，优化审批工作程序。

——审批依法合规。严格遵循法律法规，坚持运用法治思维和法治方式规范社会办医疗机构审批工作，营造良好准入环境。

——工作衔接顺畅。强化跨部门审批工作衔接，促进各项政策相互衔接、落地管用，切实解决重点难点问题，提高审批效率。

——服务便捷高效。加强审批信息公开，提高服务意识，建立评估机制，让社会办医的办事更方便、创业更顺畅。

二、制定社会办医疗机构准入跨部门审批流程和事项清单

省级发展改革部门会同卫生健康、中医药、工商（市场监管）、民政、生态环境、消防等主管部门制定本省（区、市）社会办医疗机构（仅指内资，下同）准入跨部门审批流程和事项清单，督促和指导地方依据审批流程和事项清单，进一步规范审批工作程序，压减审批工作日。省级社会办医疗机构准入跨部门审批流程和事项清单内容包括：审批事项、流程关系及审批事项的受理部门、法律法规依据、受理条件、审查要求、办理时限、需要提交的材料目录和申请书示范文本等。

制定审批流程和事项清单基于但不限于以下基本流程框架。

（一）营利性医疗机构准入跨部门审批基本流程框架。

第一步，工商（市场监管）主管部门对医疗机构进行工商登记。

第二步，卫生健康、中医药主管部门根据行业准入管理相关规定，对医疗机构进行设置审批（备案管理）。按规定实行设置审批与执业登记“两证合一”的医疗机构，卫生健康、中医药主管部门在执业登记前提供准入政策咨询。

第三步，卫生健康、中医药主管部门对医疗机构进行执业登记。消防主管部门对医疗机构进行消防设计审核（备案）、验收（备案抽查），生态环境主管部门对医疗机构进行环境影响评价审批（备案管理），与医疗机构执业登记并联开展。

（二）非营利性医疗机构准入跨部门审批基本流程框架。

第一步，卫生健康、中医药主管部门根据行业准入管理相关规定，对医疗机构进行设置审批（备案管理）。按规定实行设置审批与执业登记“两证合一”的医疗机构，卫生健康、中医药主管部门在执业登记前提供准入政策咨询。

第二步，卫生健康、中医药主管部门对医疗机构进行执业登记。消防主管部门对医疗机构进行消防设计审核（备案）、验收（备案抽查），生态环境主管部门对医疗机构进行环境影响评价审批（备案管理），与医疗机构执业登记并联开展。

第三步，民政部门对医疗机构进行社会服务机构登记。

三、进一步简化优化项目建设相关审批条件

（一）做好社会办医疗机构投资项目核准（备案）。

地方投资主管部门要认真落实国务院发布的《政府核准的投资项目目录（2016 年本）》和《企业投资项目核准和备案管理办法》（国家发展和改革委员会令第 2 号），规

范开展社会办医疗机构投资项目核准（备案），凡是缺乏法律法规依据的前置条件和申请材料一律取消。

（二）取消部分医疗机构设置审批作为前置条件。

对卫生健康、中医药主管部门规定实行设置审批、执业登记“两证合一”的社会办医疗机构，其他部门履行审批手续时均不以取得卫生健康、中医药主管部门的设置批准文件作为前置条件。

（三）推进医疗机构项目环境影响评价分类管理。

根据建设项目对环境的影响程度，对可能造成环境影响的医疗机构项目实行环境影响报告书或者环境影响报告表审批管理。对环境影响很小、不需要进行环境影响评价的医疗机构项目实行环境影响登记表备案管理。

（四）简化部分医疗机构设施消防设计审核和验收。

建筑面积在300平方米以下或投资30万元（或省级住房城乡建设主管部门确定的可以不申请办理施工许可证的限额）以下的医疗机构设施，不需要办理消防设计、竣工验收备案手续。

（五）实行医疗机构工程建设项目区域评估。

凡是符合已经批复的控制性详细规划的区域，各地可不再对区域内100张床位或地方自行确定床位数以下的具体医疗机构工程建设项目进行交通影响、水影响、地震安全性等方面的评估审查。

四、加强跨部门审批过程的工作衔接

各部门要加强工作配合，提高信息共享水平，做好相关联的审批事项之间的工作衔接，避免审批互为前置、反复跑腿的现象，降低社会办医的审批成本和政策风险。地方能够自行协调解决政策操作障碍的，要不等不靠、尽早解决。

对有关选址、划拨用地等审批过程，落实以下要求：

（一）选址。

卫生健康、中医药主管部门要与自然资源、生态环境、消防等主管部门加强配合，做好选址相关政策信息公开和咨询服务，指导社会办医疗机构依据政策规定，对设置医疗机构的可行性和对周边的影响进行深入研究，合理设计医疗机构的选址布局。已经设立综合行政审批部门的地方，有关部门可依托综合行政审批部门就医疗机构选址合规性提供“一站式”咨询服务，有关部门要对依法受限用于举办特定医疗机构、开展特定医疗服务的地点和场所尽早作风险提示，咨询意见作为医疗机构选择经营场所的参考，不作为最终审批结论。鼓励地方在公开医疗机构设置规划的基础上，探索制定多部门“负面清单”形式的医疗机构选址规定，便于医疗机构举办者掌握政策。

城市、县人民政府自然资源主管部门依据法律法规和经批准的城乡规划，制定暂不改作医疗服务相关规划用途的现有房屋设施用于举办医疗机构的要求细则，并明确办事流程。

（二）划拨用地。

社会力量申请划拨国有建设用地用于建设非营利性医疗机构的，因尚不能完成医疗机构执业登记、社会服务机构登记，自然资源、卫生健康、民政、中医药主管部门要积极协调落实划拨用地相关政策。民政部门对除经营场所外的相关资质作初步审查后，可向自然资源主管部门提供有条件的初审意见。自然资源主管部门可将民政部门的意见作为参考依据，按法定程序受理划拨用地申请。

上述有条件初审意见作申请划拨用地的参考依据使用，不作为最终审批结论。社会办非营利性医疗机构须具备全部规定条件后再依法完成社会服务机构登记，由此延长的审批时间不纳入审批时限考核。

五、提高审批服务水平

（一）公开审批流程和事项清单。

地方卫生健康、中医药主管部门要在办事服务窗口及政务网站公开社会办医疗机构跨部门审批流程和事项清单，并负责汇总和公开国家、本地区对社会办医的规划预留空间、发展支持政策、审批改革措施、卫生领域相关法律法规和政策规定等信息，提供社会办医综合指南服务。其他部门要公开本部门负责审批的事项清单。工商（市场监管）主管部门要向社会公开关于社会办营利性医疗机构工商登记的法律、行政法规，依法办理登记，并通过国家企业信用信息公示系统向社会公示社会办营利性医疗机构登记信息，提供开放查询。

（二）加强综合审批服务。

已经设立综合行政审批部门的地方，可充分发挥综合行政审批部门窗口作用和综合协调功能，“一站式”提供社会办医疗机构审批、办事、征求意见、政策咨询等服务，缩短办事时间，提高办事效率。有条件的地方可探索引入第三方监督，由综合行政审批部门代表政府对各部门办理情况进行留痕管理、监督分析、主动监管，对办事群众进行回访，督促部门主动接受监督，主动改进工作。

（三）推广“最多跑一次”改革。

参与社会办医疗机构审批和办事服务的部门要认真梳理业务流程和常见问题，畅通咨询渠道，积极向社会解答本部门的审批和办事规定。努力做到群众和企业向政府咨询一件事情，能够一次性全部告知；群众和企业到政府办理一件事情，在申请材料齐全、符合法定受理条件时，从受理申请到形成办理结果全过程只需一次上门或零上门。

（四）探索实施信用承诺制度。

参与社会办医疗机构审批和办事服务的部门可结合实际制定标准化的信用承诺书格式文本，组织引导社会办医疗机构就申报材料真实性完整性、依法依规诚信经营等内容，向社会做出公开承诺。信用承诺书及其执行情况纳入社会办医疗机构信用记录，在“信用中国”网站公示，并作为事中事后监管的重要参考。

（五）持续优化审批工作。

卫生健康、中医药主管部门要会同有关部门将持续优化社会办医疗机构跨部门审批作为落实“放管服”改革的重要任务，按年度对本地区社会办医疗机构审批工作情况进行评估，畅通社会监督渠道，听取社会办医疗机构举办者等各方的意见建议，及时发现审批工作中的新情况、新问题，对存在的问题立行立改。

六、认真组织实施

各地区、各有关部门要充分认识优化社会办医疗机构跨部门审批工作的重要意义。省级发展改革部门要会同省级卫生健康、中医药主管部门，组织研究制定优化社会办医疗机构跨部门审批工作的省级落实办法。省级落实办法公布时间原则上不晚于本通知印发后的9个月内，并于公布1个月内报备国家发展改革委、卫生健康委、中医药局。国家各有关部门要及时调整相关的部门规章和政策规定，细化操作规定，指导本系统单位改进审批工作，同步完善事中事后监管措施。

地方发展改革、卫生健康、中医药主管部门要组织加强对社会办医疗机构审批工作的研究，尊重和发扬基层首创精神，不断总结和推广行之有效的改革经验，着力解决好审批政策落实不到位、规定相互制约、流程互为前置等突出难点问题，及时解答和回应公众关切，在全社会营造理解和支持社会办医的良好氛围。各有关部门要各负其责、协同配合，保障工作顺利推进。国家发展改革委、卫生健康委、中医药局将适时组织对地方落实情况的督查，对支持社会办医和优化审批工作积极主动、成效明显的地区给予宣传和激励。

托育机构登记和备案办法（试行）

1. 2019年12月19日国家卫生健康委办公厅、中央编办综合局、民政部办公厅、市场监管总局办公厅印发
2. 国卫办人口发〔2019〕25号

第一条 为贯彻落实《国务院办公厅关于促进3岁以下婴幼儿照护服务发展的指导意见》（国办发〔2019〕15号）精神，规范托育机构的登记和备案管理，依据《国家卫生健康委关于印发托育机构设置标准（试行）和托育机构管理规范（试行）的通知》（国卫人口发〔2019〕58号）及相关规定，制定本办法。

第二条 本办法适用于为3岁以下婴幼儿提供全日托、半日托、计时托、临时托等服务的托育机构。

第三条 举办托育机构的，应当按照本办法规定办理登记和备案。

法律、行政法规另有规定的，依照有关规定执行。

第四条 举办事业单位性质的托育机构的，向县级以上机构编制部门申请审批和登记。

举办社会服务机构性质的托育机构的，向县级以上民政部门申请注册登记。

举办营利性托育机构的，向县级以上市场监督管理部门申请注册登记。

第五条 托育机构申请登记时，应当在业务范围（或经营范围）中明确托育服务内容。

托育机构申请登记的名称中可包含“托育”字样。

第六条 登记机关应当及时将托育机构登记信息通过共享、交换等方式推送至同级卫生健康部门。

第七条 县级卫生健康部门负责辖区内已登记托育机构的备案。

第八条 托育机构应当及时向机构所在地的县级卫生健康部门备案，登录托育机构备案信息系统，在线填写托育机构备案书、备案承诺书，并提交以下材料扫描件：

（一）营业执照或其他法人登记证书；

（二）托育机构场地证明；

（三）托育机构工作人员专业资格证明及健康合格证明；

（四）评价为“合格”的《托幼机构卫生评价报告》；

（五）消防安全检查合格证明；

（六）法律法规规定的其他相关材料。

提供餐饮服务的，应当提交《食品经营许可证》。

第九条 卫生健康部门在收到托育机构备案材料后，应当在5个工作日内提供备案回执和托育机构基本条件告知书。

卫生健康部门发现托育机构备案内容不符合设置标准和管理规范的，应当自接收备案材料之日起15个工作日内通知备案机构，说明理由并向社会公开。

第十条 托育机构变更登记、注销登记后，应当及时登录托育机构备案信息系统向卫生健康部门变更备案信息或报送注销信息。

第十一条 卫生健康、编制、民政、市场监管等部门应当将托育服务有关政策规定、托育机构登记和备案要求、托育机构有关信息在官方网站公开，接受社会查询和监督。

第十二条 省级卫生健康、编制、民政、市场监管部门可结合当地实际情况制定实施细则。

第十三条 本办法自印发之日起施行。

国家卫生健康委、国家发展改革委、科技部、财政部、人力资源社会保障部、自然资源部、住房城乡建设部、市场监管总局、国家医保局、中国银保监会关于促进社会办医持续健康规范发展的意见

1. 2019年6月10日

2. 国卫医发〔2019〕42号

社会办医疗机构（以下简称社会办医）是我国医疗卫生服务体系的重要组成部分，是满足不同人群医疗卫生服务需求并为全社会提供更多医疗服务供给的重要力量。党中央、国务院高度重视发展社会办医，近年来出台了一系列政策措施，不断深化改革、改善办医环境，取得了积极成效，但政策落实不到位、监管不完善、社会整体信任度不高等问题依然存在。为深化“放管服”改革，推动“非禁即入”、审批应减尽减和清理妨碍公平竞争各种规定做法的落实，解决重点难点问题，进一步促进社会办医持续健康规范发展，经国务院同意，现提出以下意见。

一、加大政府支持社会办医力度

（一）拓展社会办医空间。落实“十三五”期间医疗服务体系规划要求，严格控制公立医院数量和规模，为社会办医留足发展空间。各地在新增或调整医疗卫生资源时，要首先考虑由社会力量举办或运营有关医疗机构。社会力量在医疗资源薄弱区域和康复、护理、精神卫生等短缺专科领域举办的非营利性医疗机构，当地政府可与公立医疗机构同等提供场地或租金补贴和其他支持政策。规范和引导社会力量举办康复医疗中心、护理中心、健康体检中心、眼科医院、妇儿医院等医疗机构和连锁化、集团化经营的医学检验实验室、病理诊断中心、医学影像中心、血液透析中心等独立设置医疗机构，加强规范化管理和质量控制，提高同质化水平。（国家发展改革委、财政部、国家卫生健康委等部门会同各地负责落实）

（二）扩大用地供给。各地在安排国有建设用地年度供应计划时，本地区医疗设施不足的，要在供地计划中落实并优先保障医疗卫生用地。社会力量可以通过政府划拨、协议出让、租赁等方式取得医疗卫生用地使用权，新供医疗卫生用地在出让信息公开披露的合理期限内只有一个意向用地者的，依法可按协议方式供应。经土地和房屋所有法定权利人及其他产权人同意后，对闲置商业、办公、工业等用房作必要改造用于举办医疗机构的，可适用过渡期政策，在 5 年内继续按原用途和权利类型使用土地，但原土地有偿使用合同约定或划拨决定书规定不得改变土地用途或改变用途由政府收回土地使用权的除外。（自然资源部、国家卫生健康委、住房城乡建设部等部门会同各地负责落实）

（三）推广政府购买服务。创新政府提供公共卫生服务方式，进一步加大政府购买服务力度。各地要于 2019 年底前制定政府购买医疗卫生服务实施办法，明确购买服务的主体、内容、方式、程序和监督管理等细则。按照公平竞争择优的原则，支持向社会办基层医疗机构购买服务，为社区居民提供家庭医生签约和有关公共卫生服务，通过开展养老照护、家庭病床、上门诊疗等服务方便居民。（国家卫生健康委、财政部等部门会同各地负责落实）

（四）落实税收优惠政策。营利性社会办医，包括诊所等小型医疗机构，可按规定享受小微企业税收优惠政策。社会办医可按规定申请认定高新技术企业，享受相应税收优惠。（科技部、财政部、税务总局等部门会同各地负责落实）

二、推进“放管服”，简化准入审批服务

（五）提高准入审批效率。各地要按照党中央、国务院深化“放管服”改革要求，于 2019 年底前出台省、市、县优化社会办医跨部门联动审批实施办法，明确跨部门医疗机构设置申请审批首家受理窗口负责工作机制，明确各审批环节时限要求。加强运用信息化手段，推动部门审批信息共享联动，减轻行政管理相对人负担。设置 20 张床位以下或环境影响很小、不需要进行环境影响评价的医疗机构，可实行环境影响登记表备案管理。2020 年 6 月底前，各省（区、市）要出台简化不同类型医疗机构设施消防设计审查验收的相关配套政策。（国家发展改革委、国家卫生健康委、生态环境部、住房城乡建设部、市场监管总局等部门会同各地负责落实）

（六）规范审核评价。各级卫生健康行政部门（含中医药主管部门，下同）依法实时受理医疗机构级别、诊疗科目变更申请，在法定时间内办结，提高审批效率。审批过程相关信息要依法公开，新办医疗机构专家审核结果要同时送审批部门和申请人。支持和鼓励社会办医参加医院等级评审，卫生健康行政部门应当及时受理相关申请，在 3 个月内反馈评审结果，并及时认定。将社会办医纳入医疗服务和医疗质量管理控制及评价体系，促进社会办医医疗质量安全水平不断提高。（国家卫生健康委等部门会同各地负责落实）

（七）进一步放宽规划限制。政府对社会办医区域总量和空间布局不作规划限制。乙类大型医用设备配置实行告知承诺制，取消床位规模要求。（国家卫生健康委等部门会同各地负责落实）

（八）试点诊所备案管理。2019—2020 年，在北京、上海、沈阳、南京、杭州、武汉、广州、深圳、成都、西安等 10 个城市开展诊所备案管理试点。试点城市跨行政区域经营的连锁化、集团化诊所由上一级卫生健康行政部门统一备案，跨省级行政区划经营的，由所在省份卫生健康行政部门分别备案。（国家卫生健康委、国家中医药局等部门会同各地负责落实）

三、公立医疗机构与社会办医分工合作

（九）发挥三级公立医院带动作用。各地要完善医联体网格化布局，社会办医可以选择加入，综合力量或者专科服务能力较强的社会办医可牵头组建医联体，鼓励适度竞争。支持公办和社会办医按照平等自愿原则组建专科联盟。支持社会办医参加远程医疗协作网，提高诊疗服务能力。支持社会办医优先承接三级公立医院下转康复、护理、安宁疗护等业务，促进降低三级医院的平均住院日和运营成本，提高医疗服务效率，使其聚焦三级医院医疗主业，建立医疗机构间合理的社会分工。对在社区提供康复、护理服务的机构，各地要依法给予税费减免、资金支持、水电气热价格优惠等扶持。支持三级公立医院与社会办医共享医学影像、医学检验、病理诊断等服务，形成全社会医疗合作管理体系，有关服务协议可以作为社会办医相关诊疗科目登记依据。（国家卫生健康委、

国家发展改革委、财政部、税务总局等部门会同各地负责落实）

（十）探索医疗机构多种合作模式。支持社会办医与公立医院开展医疗业务、学科建设、人才培养等合作，倡导开展各类医疗机构广泛协作、联动、支持模式试点，并建立合理的分工与分配机制，各地要出台规范合作的具体办法，国务院有关部门要加强指导。引导和规范社会力量通过多种形式参与公立医院改制重组，完善改制重组过程中涉及的资产招拍挂、人员身份转换、无形资产评估等配套政策。（国家卫生健康委、财政部、人力资源社会保障部、自然资源部、住房城乡建设部、国务院国资委等部门会同各地负责落实）

（十一）拓展人才服务。全面实行医师、护士执业电子化注册制度。全面实施医师区域注册制度，推进护士区域注册管理。制定多机构执业医师与主要执业医疗机构聘用（劳动）合同参考范本和其他医疗机构的劳务协议参考范本，合理约定执业期限、时间安排、工作任务、医疗责任、薪酬、相关保险等，明确双方人事（劳动）关系和权利义务，支持和规范医师多机构执业。允许符合条件的在职、停薪留职医务人员申请设置医疗机构。完善“互联网+护理”服务标准，扩大优质医疗护理服务供给。（国家卫生健康委、人力资源社会保障部等部门会同各地负责落实）

四、优化运营管理服务

（十二）优化校验服务。卫生健康行政部门依法依规校验医疗机构，重点审查医疗服务能力和医疗质量。在保证医疗质量安全的前提下，多机构执业医师可以按实际执业情况纳入所执业医疗机构校验的医师基数。鼓励有条件的地方探索实行三级医院分阶段执业登记，并制定具体实施办法，在医疗机构设置批准书有效期内，允许先行登记不少于基本标准60%的床位并执业运行，在医疗机构设置批准书有效期满前，应当完成所有核准床位数的登记。推动医疗机构校验工作重点聚焦医疗质量安全等关键要素。（国家卫生健康委等部门负责落实）

（十三）优化职称评审。优化医学类专业技术职称评审制度，医师申报临床类高级职称时，对外语成绩不作统一要求，对论文、科研等不作硬性规定，侧重评价临床工作能力和服务质量。各地社会办医专业技术人员与公立医疗机构专业技术人员一样同等参与职称评审，且不受岗位比例限制。面向社会组建的卫生系列高级职称评审委员会和医疗机构评审委员会中要有一定比例的社会办医行业组织和社会办医人员。（国家卫生健康委、人力资源社会保障部等部门会同各地负责落实）

（十四）提升临床服务和学术水平。各地从2019年开始，在遴选住院医师规范化培训基地、医学院校临床教学基地以及推进临床服务能力建设时，对符合条件的医疗机构同等对待，并向社会办医适当倾斜。医学类科研项目承担单位的选择坚持公开平等择优原则，一律不得对拟作为项目承担单位医疗机构的性质进行限制。（国家卫生健康委、财政部、教育部、科技部等部门会同各地负责落实）

（十五）加大培训力度。各地政府使用财政性资金开展或以各级卫生健康行政部门名义组织的相关业务和人才培训，要为符合条件的各类医疗机构平等提供名额，并作为培训项目评价的重要内容。（国家卫生健康委、财政部等部门会同各地负责落实）

五、完善医疗保险支持政策

（十六）优化医保管理服务。基本医疗保险、工伤保险、生育保险、医疗救助等社会保障的定点医疗机构实行动态化管理，将更多符合条件的社会办医纳入定点，进一步扩大社会办医纳入医保定点的覆盖面，社会办医正式运营3个月后即可提出定点申请，定点评估完成时限不得超过3个月时间。医保部门要加强指导，为医疗机构改造信息系统提供支持和便利，方便定点医疗机构尽快为参保人提供服务。未能通过申请的，必须在3个月的评估期限结束后告知其缘由和整改内容，以方便其再次申请。鼓励医保定点社会办医在省级药品集中采购平台带量采购药品，自主议价，医保部门按不高于集中采购平台价格制定支付标准进行支付。依法设立的各类医疗机构均可自愿提出基本医疗保险和跨省异地就医直接结算定点申请，不得将医疗机构的举办主体、经营性质、规模和等级作为定点的前置条件，与医保管理和基金使用无关的处罚一律不得与定点申请挂钩。营利性医疗机构使用符合规定的发票，可作为医疗保险基金支付凭证。

医保部门要研究加强监督执法的政策和管理措施，不断完善总额控制管理，提高总额控制指标的科学性、合理性，保障基金安全。各地要对基本医疗保险定点医疗机构管理政策开展全面规范清理，按照公立医疗机构与社会办医一视同仁要求调整完善政策，优化医保定点前置条件，缩短申请等待和审核时间。（国家医保局会同各地负责落实）

（十七）支持社会办医发展“互联网＋医疗健康”。2019年9月底前，制定出台互联网诊疗收费政策和医保支付政策，形成合理的利益分配机制。鼓励公立医院与社会办医按规定合作开展远程医疗服务。支持社会办医之间通过“互联网＋”开展跨区域医疗协作，与医联体开展横向资源共享、信息互通。鼓励医疗机构应用互联网等信息技术拓展医疗服务空间，构建一体化医疗服务模式。支持医疗卫生机构、符合条件的第三方机构搭建互联网信息平台，开展远程医疗、健康咨询、健康管理服务。（国家医保局、国

家卫生健康委等部门会同各地负责落实）

（十八）支持商业健康保险发展。鼓励商业保险机构与社会办医联合开发多样化、个性化健康保险产品，与基本医疗保险形成互补。鼓励商业保险机构参与基本医疗保险经办服务，做好城乡居民大病保险承办服务工作，提高基金使用效率。支持商业保险机构信息系统与社会办医信息系统对接，方便为商业保险患者就医提供一站式直付结算服务。鼓励商业保险机构投资社会办医。（银保监会、国家医保局、国家卫生健康委等部门负责落实）

六、完善综合监管体系

（十九）落实部门监管责任。切实贯彻“谁审批、谁监管，谁主管、谁监管”和“双随机、一公开”原则，卫生健康行政部门和有关部门要根据医疗卫生行业综合监管部门职责分工，严格落实部门监管责任。各级卫生健康行政部门要做好对社会办医的行业监管工作与服务，加强医疗卫生服务投诉举报平台建设，加大对举报违法行为的奖励力度，提高行业服务和监管水平，促进社会办医健康规范发展。严厉打击医疗机构价格违法行为。强化定点医疗机构协议管理，医保经办机构对违反协议的医疗机构实行退出机制。严厉打击欺诈骗取医保基金行为。发挥医疗保险对医疗行为制约监督作用。加大医疗行业违规行为处罚力度，要让严重违规者付出沉重代价，真正形成震慑。对发现问题多、社会反映强烈、监管效果不明显的地方和人员严肃问责。（国家卫生健康委、市场监管总局、国家医保局等部门会同各地负责落实）

（二十）加强医疗质量安全管理。综合运用日常监督管理、医疗机构校验、医师定期考核、不良执业行为记分管理等手段，加强对医疗执业活动的评估和监管。卫生健康行政部门要将社会办医纳入医疗质量监测体系，建设完善医疗服务监管信息平台，建立医疗服务全程实时监管机制，监管结果及时反馈医疗机构，并以适当方式向社会公布。医疗机构要建立医疗信息系统，并按照规定及标准要求，将诊疗信息上传至医疗服务监管信息系统。加强医疗健康信息安全防护，保障个人隐私，对非法买卖、泄露个人信息行为依法依规严厉惩处。（国家卫生健康委等部门会同各地负责落实）

（二十一）建立健全信用体系。卫生健康行政部门要按照国务院有关规定公开区域内医疗机构、医务人员处罚等信息。建立医疗机构医疗保障信用评价体系和信息披露制度。各部门相关处罚信息统一纳入全国信用信息共享平台，形成可免费公开查阅的公共信用记录。其中，在市场监管部门登记设立的医疗机构，各相关部门应当将对其作出的行政处罚信息按规定统一归集至国家企业信用信息公示系统并依法向社会公示。制定实施联合惩戒备忘录，对严重失信主体依法实施行业终身禁入。（国家卫生健康委、国家发展改革委、市场监管总局、国家医保局等部门按职责负责落实）

（二十二）发挥行业组织自律作用。中华医学会等行业组织要协助主管部门做好相关工作，完善行业标准，开展医疗机构医疗质量、服务能力等评价，评价结果向社会公开，维护行业信誉。全国性和地方性医学相关社会团体要同等吸纳社会办医及其医务人员，做到一视同仁。开展社会办医示范行动。（国家卫生健康委、民政部等部门按职责负责落实）

各地区、各部门要高度重视，把发展社会办医摆在重要位置，加强沟通协调，密切协作配合，及时制定或完善配套措施，细化工作举措，确保政策全面兑现。鼓励各地加大社会办医政策改革探索，国家发展改革委、国家卫生健康委发布地方实践经验典型案例。国家卫生健康委、国家发展改革委等部门要对各地负责落实情况进行督导检查和跟踪分析，确保各项政策措施取得实效。

国家文物局办公室、民政部办公厅关于进一步规范非国有博物馆备案登记管理工作的意见（节录）

1．2020年11月2日

2．办博发〔2020〕6号

近年来，全国非国有博物馆快速发展，质量显著提升，在优化博物馆体系布局、满足人民精神文化需求等方面发挥了积极作用。2019年12月，国家文物局、民政部联合开展了非国有博物馆登记备案检查工作，发现部分非国有博物馆在登记备案、可持续运营、高质量发展等方面尚需进一步完善。为进一步促进非国有博物馆健康有序发展，依据《博物馆条例》《民办非企业单位登记管理暂行条例》等有关法律法规及政策文件，现提出如下意见：

一、进一步明确非国有博物馆管理权责

（一）民政部门是非国有博物馆的登记管理机关，负责非国有博物馆的成立、变更、注销登记；对非国有博物馆实施年度检查；对非国有博物馆违反社会组织登记管理相关法律法规的行为进行监督检查，并依法予以行政处罚。

（二）文物部门是非国有博物馆的业务主管部门，负责非国有博物馆成立、变更、注销登记前的审查；监督、指导非国有博物馆遵守宪法、法律、法规和国家政策，按照章程开展活动；负责非国有博物馆年度检查的初审。省级文物部门负责非国有博物馆的设立、变更、终止的备案工作。

二、进一步理顺非国有博物馆备案登记程序

（一）申请。非国有博物馆举办者应向馆址所在地县级以上文物部门申请其作为业务主管单位。县级以上文物部门对非国有博物馆名称、宗旨、业务范围、发起人和拟任责任人审查把关，并出具同意作为业务主管单位的证明文件。

（二）备案。非国有博物馆举办者应凭县级以上文物部门的证明文件、设立备案所需材料，向省级文物部门提出备案申请。省级文物部门审核确定是否予以备案，出具博物馆备案文件或不予备案通知，并抄送出具证明文件的县级以上文物部门。

（三）登记。县级以上文物部门接到省级文物部门的备案文件后，在《民办非企业单位法人登记申请表》等非国有博物馆登记申请材料上加盖印章。非国有博物馆举办者凭县级以上文物部门同意成立登记的相关文件及其他相关材料，向同级民政部门申请民办非企业单位法人登记。登记完成后，依法办理印章刻制、税务登记、开立银行账户，办理完毕后报申请登记的民政部门备案。

（四）变更。非国有博物馆登记事项需要变更的，应当经业务主管的文物部门审查同意之日起 30 日内，向申请登记的民政部门申请变更登记，并向馆址所在地省级文物部门备案。非国有博物馆修改章程，应当经业务主管的文物部门审查同意之日起 30 日内，报办理登记的民政部门核准。

（五）终止。非国有博物馆终止的，应当向办理登记的民政部门申请注销。办理注销前，应在业务主管的文物部门和其他有关机关指导下，成立清算组织，完成清算工作。清算期间不得开展清算以外的活动。在清算完成之日起 15 日内，向办理登记的民政部门办理注销登记，并向馆址所在地省级文物部门备案。

三、进一步健全非国有博物馆管理制度

（一）规范名称管理。民政部门应按照《民办非企业单位名称管理暂行规定》（民发〔1999〕129 号）要求进行名称审查。非国有博物馆名称应包含县级以上行政区划（或地名）、字号、行（事）业或业务领域和“博物馆”（或博物院）字样，不得冠以“中国”“中华”“全国”或“世界”“国际”等字样，不得含有全国性社会组织或国际性组织等可能引起公众误解字样。

（二）严格备案审查。省级文物部门应按照《关于民办博物馆设立的指导意见》（文物博发〔2014〕21号）要求进行设立备案。设立非国有博物馆的，应具有必要的办馆资金和稳定的经费来源，办馆注册资金不低于50万元人民币；具有固定适宜的办馆场所，符合《博物馆建筑设计规范》等国家和行业颁布的有关标准和规范的要求，设置专用的展厅、库房、符合国家规定的安防和消防设施；展厅面积与展览规模相适应，不低于400平方米，不低于建筑面积的40%，适宜对公众开放；具有与办馆宗旨相符合、构成体系的藏品及必要的研究资料，原则上不少于300件（套），藏品应确保真实可靠且来源合法；具有基本陈列计划，展览内容科学准确。

（三）健全理事会制度。各级文物部门要指导非国有博物馆依照《非国有博物馆章程示范文本》（文物博发〔2016〕29号）建立健全以理事会为核心的法人治理结构，对理事会的人员构成、决策事项、议事规则、表决程序等予以规范，切实发挥理事会在博物馆运营中的作用。结合实际情况探索完善非国有博物馆监事会和监督机制建设。

（五）健全退出机制。鼓励非国有博物馆设立以永久性为目标。确需终止时，不得向出资人、设立人分配剩余财产。剩余财产应当按照法人章程的规定或者业务主管单位的决议用于公益目的；无法按照法人章程的规定或者权力机构的决议处理的，由省级文物部门主持转给宗旨相同或者相近的法人，并向社会公告。藏品属于国家禁止买卖的文物的，应当依照有关文物保护法律、行政法规的规定处理。

“十四五”社会组织发展规划（节录）

1. 2021年9月30日民政部印发

2. 民发〔2021〕78号

为深入学习贯彻习近平新时代中国特色社会主义思想，全面贯彻党的十九大和十九届二中、三中、四中、五中全会精神，进一步规范社会组织登记管理，推动我国社会组织高质量发展，根据《中共中央办公厅 国务院办公厅关于改革社会组织管理制度 促进社会组织健康有序发展的意见》、《中华人民共和国国民经济和社会发展第十四个五年规划和2035年远景目标纲要》、《“十四五”民政事业发展规划》及相关法规政策，结合民政职责，制定本规划。

一、发展背景

——制度改革不断深化。全国人大及其常委会制定《中华人民共和国民法典》、《中华人民共和国慈善法》、《中华人民共和国境外非政府组织境内活动管理法》；国务院制定《志愿服务条例》，将《社会组织登记管理条例》列入立法工作计划。各级民政部门稳妥推进社会组织直接登记试点等工作；行业协会商会与行政机关脱钩改革基本完成，7.11 万家行业协会商会实现脱钩。

——监管执法不断强化。建立民政部门牵头的社会组织资金监管机制和联合执法机制，重点加强对社会组织违规设立分支机构、开展评比达标表彰、涉企收费等行为的监管。出台信用管理、抽查检查、投诉举报等规章制度，建立全国数据联通的社会组织信息系统，开通网上投诉举报系统，畅通社会监督渠道。联合公安机关开展打击整治非法社会组织专项行动，全国依法查处非法社会组织 1.4 万个。

——扶持政策不断完善。民政部印发《关于大力培育发展社区社会组织的意见》，社区社会组织发展成为各地加强和创新社会治理的生动实践。财政部、民政部印发《关于通过政府购买服务支持社会组织培育发展的指导意见》；中央财政设立支持社会组织参与社会服务项目，累计投入资金 15.8 亿元，直接受益对象 1300 多万人次。财政、税务等部门出台非营利组织免税资格认定、公益性捐赠税前扣除、公益股权捐赠不视同销售征收所得税、社会团体会费免征增值税等政策。

——发展成效不断显现。截至 2020 年底，全国社会组织固定资产 4785.5 亿元，吸纳就业 1061.8 万人。全国性社会组织参与制定 3.3 万项国家标准、2100 多项国际标准。各类社会组织广泛参与脱贫攻坚，实施扶贫项目超过 9.2 万个，投入各类资金 1245 亿元；积极参与疫情防控和复工复产，累计接受社会各界捐赠资金约 396.27 亿元、物资约 10.9 亿件。广大社区社会组织在促进居民参与、提供社区服务、丰富社区文化、化解基层矛盾等方面发挥积极作用。相关社会组织积极参与国际经济交流、推广中华传统文化，增进了中外民间交流沟通。

"十三五"期间，社会组织登记管理工作取得长足进步，但也存在一些问题和不足，如"重登记、轻监管"、"重规模、轻质量"的现象在基层一些地区依然存在；适应社会组织特点的党建工作模式有待进一步探索，党组织作用发挥机制有待进一步完善；社会组织执法力量薄弱，综合监管合力有待增强，信息化、大数据治理有待落地；各级社会组织登记管理机关规范化、标准化、制度化建设有待进一步加强；社会组织行为失范、违法违规现象时有发生，非法社会组织活动隐蔽性增强，维护国家安全、清朗发展空间任重道远。

进入“十四五”，国内外环境变化既为社会组织健康有序发展提供有利条件，也带来一系列新挑战。各级社会组织登记管理机关必须坚持党的基本理论、基本路线、基本方略，立足新发展阶段，完整、准确、全面贯彻新发展理念，服务构建新发展格局，进一步担当作为、不懈努力，进一步增强忧患意识、始终居安思危，统筹发展和安全，把提质增效、防范风险放到更加突出位置，做严做实做细做好社会组织登记管理、执法监督等各项工作，推动社会组织高质量发展。

二、总体要求

（一）指导思想。

以习近平新时代中国特色社会主义思想为指导，坚持党的全面领导，增强“四个意识”、坚定“四个自信”、做到“两个维护”，坚持稳中求进工作总基调，以推进社会组织高质量发展为主题，以优化社会组织结构布局为主线，以满足人民日益增长的美好生活需要为根本目的，统筹积极引导发展和严格依法管理，进一步加强社会组织登记管理机关能力建设，进一步健全社会组织综合监管服务体系，推动社会组织发展从“多不多”、“快不快”向“稳不稳”、“好不好”转变，从注重数量增长、规模扩张向能力提升、作用发挥转型，推动社会组织在全面建设社会主义现代化国家新征程中发挥积极作用。

（二）基本原则。

——坚持党建引领，保证发展方向。加强党对社会组织的全面领导，持续深入学习贯彻习近平新时代中国特色社会主义思想。健全完善党建工作机制，有效实现党的组织和党的工作全覆盖，将党建工作融入社会组织运行和发展全过程，确保社会组织正确发展方向。

——坚持政治属性，履行法定职责。强化社会组织登记管理机关的政治机关属性，既履行法定职责，更突出政治功能。健全完善内部治理和活动管理，坚定不移引领社会组织走好中国特色发展之路，引导社会组织感党恩、听党话、跟党走。

——坚持人民至上，加强能力建设。落实以人民为中心的发展思想，严格社会组织登记审查和执法监督，切实维护最广大人民群众的利益。引导社会组织践行初心使命，积极回应人民群众对美好生活新期待，不断提升服务能力与水平，充分发挥社会组织在服务国家、服务社会、服务群众、服务行业中的积极作用。

——坚持居安思危，统筹发展安全。增强风险意识，强化底线思维，健全社会组织法规制度体系，以制度稳定性应对外部环境不确定性，有效防范化解社会组织领域风险挑战。坚持守正创新，稳妥推进社会组织领域改革，实现发展与安全有机统一。

（三）主要目标。

到 2025 年，协同推动社会组织党建工作管理体制和工作机制更加完善，社会组织党的组织和党的工作有效覆盖；党建引领、统一登记、各司其职、协调配合、分级负责、依法监管的中国特色社会组织管理体制更加健全；政社分开、权责明确、依法自治的社会组织制度更加完善；结构合理、功能完善、竞争有序、诚信自律、充满活力的社会组织发展格局更加定型。

（四）相关发展预期指标。

到 2025 年，在社会组织登记数量严格保持合理规模基础上，社会组织专职工作人员数量达到 1250 万人，社会组织固定资产达到 5900 亿元，获得 3A（含）以上评估等级的全国性、省本级登记的社会组织占其登记社会组织比例达到 25%，法人治理结构健全、无不良信用信息记录的社会组织占全部社会组织比例超过 80%，社会组织发展质量得到明显改善与提升。

三、主要任务

（一）加强社会组织党的建设。

以党的政治建设为统领，持续落实《中共中央办公厅关于加强社会组织党的建设工作的意见（试行）》、《中共中央办公厅 国务院办公厅关于改革社会组织管理制度 促进社会组织健康有序发展的意见》，推动社会组织党建工作水平全面提升。

推进社会组织党的组织和党的工作全覆盖。在社会组织登记管理立法中进一步明确党建工作要求，在社会组织章程中载明党的建设和社会主义核心价值观，健全完善党建工作、业务工作融合发展机制。严格落实登记时同步采集党员信息、年检年报时同步检查报告党建工作、评估时同步将党建工作纳入重要指标的“三同步”要求。加大社会组织党组织组建力度，做好发展党员工作，健全党组织有效参与决策管理的工作机制。

（二）完善社会组织法律制度。

加强顶层制度设计。深入推进科学立法、民主立法、依法立法，按照条件成熟、突出重点、先易后难、统筹兼顾的原则，分步骤推进社会组织领域相关立法。推动出台《社会组织登记管理条例》，同步健全配套政策制度。落实党中央、国务院关于行业协会商会改革重大决策部署，会同有关部门研究论证行业协会商会立法。推动修订《中华人民共和国慈善法》，推动相关领域立法增加社会组织条款，进一步明确社会组织法律地位和激励保障措施。

发挥地方立法先行先试作用。鼓励各地在立法权限内，因地制宜制定与社会组织相关的地方性法规、规章及其他规范性文件。探索建立社会组织立法工作交流平台，及时总结推广各地经验做法。

（三）规范社会组织登记。

强化社会组织登记审查。推动健全登记管理机关、业务主管单位、行业管理部门联合审核制度，完善业务主管单位前置审查，强化社会组织发起人责任。严格执行党政机关领导干部、离退休领导干部在社会组织兼职的规定。依法推进社会组织直接登记改革。严格全国性社会组织登记审查。从严控制社会组织名称冠以“中国”、“中华”、“世界”、“国际”等字样。结合国家区域发展战略，推动建立公开、透明、科学、衔接的全国性和跨省（自治区、直辖市）社会组织登记审核机制。

优化社会组织结构布局。会同党建工作机构、业务主管单位、行业管理部门，提高进入门槛，完善退出机制，优化社会组织层级分布、区域分布、行业分布、类型分布。提高慈善组织在社会组织中的占比。持续整治“僵尸型”社会组织，加快低效、无效社会组织出清，形成社会组织登记“有进有出”工作局面。依据《中华人民共和国民法典》，推动完善社会组织清算注销制度，健全主管机关申请人民法院强制清算制度，畅通社会组织注销登记渠道。

提升社会组织登记服务效能。依托全国一体化政务服务平台、全国社会组织法人库建设，完善权责清单，加强政务信息公开，强化登记审批权力运行监督。完善社会组织登记窗口功能，细化办事指南，优化操作程序，简化证明事项，推行登记服务“好差评”，提升社会组织登记规范化水平和便民利民程度。

（四）健全社会组织监管体系。

推进制度化监管。建立健全社会组织监管制度，强化社会组织非营利性、非行政性监管。持续深化行业协会商会改革，完善行业治理、行业自律、行业服务功能，重点治理依托公权力强制入会、乱收会费、违规开展评比达标表彰、党政领导干部违规兼职等问题。严格执行国家有关社会组织财务会计制度和票据管理使用制度。落实社会组织按期换届法定要求。规范社会组织投资设立企业行为，严禁违法开展关联交易、涉企收费、对外投资、募捐和捐赠等行为。

推进精细化监管。落实《中华人民共和国民法典》关于非营利法人的规定，针对社会团体法人、捐助法人不同特点进行差异化管理。进一步加强与行业管理部门沟通协调，针对不同行业、领域、层级、类型的社会组织，推进分类指导、分类监管。

推进多元化监管。健全完善登记管理机关、业务主管单位、党建工作机构、行业管理部门、相关职能部门各司其职、协调配合、依法监管的综合监管体制。规范和强化对社会组织的政治监督、行政监督、纪检监督、执法监督、财会监督、税务监督、审计监督、金融监管、行业监督以及社会监督。加大社会组织抽查审计力度，实现社会组织法定代表人离任审计全覆盖。

推进专业化监管。探索建立专业化、社会化第三方监督机制。健全社会组织年检年报制度，规范社会组织年度报告内容和信息公开方式。提升慈善组织透明度。加强社会组织信用信息管理、共享与公开，健全社会组织“异常活动名录”、“严重违法失信名单”制度，推动信用联合奖惩。采用互联网、大数据等手段，加强社会组织网上活动管理，提升数字化治理社会组织能力。进一步健全社会组织等级评估机制，引导社会组织“以评促建”，不断完善法人治理结构，提升内部治理水平和业务活动能力。

（六）加强社会组织自身建设。

加强内部治理。完善社会组织章程示范文本，进一步规范社会组织议事规则、选举程序、监督机制。推动社会组织建立健全财务、人事、资产、档案印章证书、活动、分支机构和代表机构管理等制度，规范开展民主选举、民主决策和民主管理，健全内部监督机制。推动社会组织依法依章程建立健全内部纠纷解决机制。推行社会组织人民调解员制度，引导当事人通过司法途经依法解决纠纷。

加强品牌建设。加强品牌研究，引导社会组织依据章程、业务范围和自身专长优势，开展专业化、差异化、个性化特色服务，形成更多有竞争力的服务品牌。推动社会组织加强诚信自律建设，贯彻落实诚信承诺制度。支持社会组织建立社会责任标准体系，加强团体标准建设。

加强数字赋能。加快社会组织数字化能力建设，推广社会组织智能化办公系统。落实社会组织线上线下信息公开机制，加强社会组织新闻发言人制度建设，提高社会组织舆情应对能力，提升社会组织的“互联网＋”服务水平。

（七）引导支持社会组织发展。

按照国家有关规定对政治过硬、作用明显、贡献突出的社会组织进行表彰奖励。积极协调配合行业管理部门将政府部门不宜行使、适合市场和社会提供的事务性管理工作及公共服务，通过适当方式交由符合要求的社会组织承担。

深化落实财政部、民政部《关于通过政府购买服务支持社会组织培育发展的指导意见》，提高政府购买服务项目资金使用效益，增强受众获得感、幸福感、安全感。指引社会组织依法申报纳税，落实非营利组织免税资格、公益性捐赠税前扣除资格等税收优惠政策。

深化社会组织人才资源开发，建立健全社会组织负责人能力提升制度，重点提升社会组织负责人政治能力和专业素养。加强与教育部门沟通协调，鼓励支持有条件的院校举办社会组织管理与服务专业，开设社会组织课程，编写社会组织教材，加强社会组织管理与服务学科和专业体系建设。完善社会组织人才继续教育制度，加大社会组织培训微课开发推送力度，不断提升培训质量，扩大培训覆盖面和影响力。推动社会组织开发社会工作专业岗位，加大社会工作专业人才培养使用力度，鼓励有条件的社会组织优先聘用持有社会工作者职业资格证书人员。

（八）发挥社会组织积极作用。

推动社会组织服务大局。引导和支持各级各类社会组织发挥自身优势，量力而行、尽力而为，助力解决经济社会发展现实问题和人民群众急难愁盼问题。支持全国性社会组织重点围绕科教兴国、人才强国、创新驱动发展、乡村振兴、区域协调发展、可持续发展、积极应对人口老龄化等国家战略提供专业服务。支持区域性和省级社会组织重点围绕西部大开发、振兴东北等老工业基地、推动中部地区高质量发展、东部地区率先发展、京津冀协同发展、粤港澳大湾区建设、长三角一体化发展、雄安新区建设、海南自由贸易港建设、长江经济带发展、黄河流域生态保护和高质量发展等区域发展战略提供针对性服务。稳妥实施社会组织“走出去”，有序开展境外合作，增强我国社会组织参与全球治理能力，提高中华文化影响力和中国“软实力”。

推动社会组织服务基层。聚焦实现巩固拓展脱贫攻坚成果同乡村振兴有效衔接，发挥社会组织在动员社会力量、链接各方资源、提供专业服务等方面的积极作用。聚焦特殊群体，动员社会组织参与养老、育幼、助残等公益事业。聚焦群众关切，发挥社会组织在扩大公众参与、推动民主协商、化解社会矛盾、传播法治文化等方面的积极作用，更好参与基层社会治理。

实施“培育发展社区社会组织专项行动”。加快发展社区社会组织，引导各地将政策、资金、人才等资源更多用于社区社会组织建设。发挥社区社会组织联合会、社区社会组织服务中心等枢纽型社会组织作用，深入开展“邻里守望”关爱行动，引导社区社会组织联动社会工作者、志愿者参与社区治理、提供社区服务、培育社区文化、开展社区协商、化解社区矛盾、促进社区和谐。

实施“社会组织治理体系和治理能力建设工程”。加强社会组织孵化基地建设，加大专业技能培训、管理经验交流、经费场地提供、人才队伍建设等支持力度，重点培育行业性、公益性、枢纽型社会组织和提供养老、助残、儿童福利和未成年人保护等方面服务的社会组织，支持社会组织更好发挥在服务基本民生保障、基层社会治理、基本社会服务中的积极作用。

发挥民政部部管社会组织示范作用。实施部管社会组织质量提升工程，完善党组织参与部管社会组织重大决策及监督机制。规范和加强社会组织负责人人选审核。完善部管社会组织法人治理结构和活动管理。加大部管社会组织负责人及关键岗位人员培训力度，不断强化政治意识、法治意识和规则意识。推进部管社会组织党组织巡察制度化、规范化和经常化，实现部管社会组织巡察和内部审计全覆盖。

四、保障措施

（二）完善投入机制。围绕基层社会治理与服务急需，鼓励地方政府支持社会组织参与社会服务。引导社会资金参与社会组织发展项目，形成多元化投入机制。

二、税收法规及政策

（一）综合性规定

中共中央、国务院
关于深化医药卫生体制改革的意见（节录）

2009年3月17日

四、完善体制机制，保障医药卫生体系有效规范运转

（十）建立政府主导的多元卫生投入机制。明确政府、社会与个人的卫生投入责任。确立政府在提供公共卫生和基本医疗服务中的主导地位。公共卫生服务主要通过政府筹资，向城乡居民均等化提供。基本医疗服务由政府、社会和个人三方合理分担费用。特需医疗服务由个人直接付费或通过商业健康保险支付。

鼓励和引导社会资本发展医疗卫生事业。积极促进非公立医疗卫生机构发展，形成投资主体多元化、投资方式多样化的办医体制。抓紧制定和完善有关政策法规，规范社会资本包括境外资本办医疗机构的准入条件，完善公平公正的行业管理政策。鼓励社会资本依法兴办非营利性医疗机构。国家制定公立医院改制的指导性意见，积极引导社会资本以多种方式参与包括国有企业所办医院在内的部分公立医院改制重组。稳步推进公立医院改制的试点，适度降低公立医疗机构比重，形成公立医院与非公立医院相互促进、共同发展的格局。支持有资质人员依法开业，方便群众就医。完善医疗机构分类管理政策和税收优惠政策。依法加强对社会力量办医的监管。

大力发展医疗慈善事业。制定相关优惠政策，鼓励社会力量兴办慈善医疗机构，或向医疗救助、医疗机构等慈善捐赠。

国务院办公厅转发发展改革委、卫生部等部门关于进一步鼓励和引导社会资本举办医疗机构意见的通知（节录）

1. 2010年11月26日

2. 国办发〔2010〕58号

各省、自治区、直辖市人民政府，国务院各部委、各直属机构：

发展改革委、卫生部、财政部、商务部、人力资源社会保障部《关于进一步鼓励和引导社会资本举办医疗机构的意见》已经国务院同意，现转发给你们，请认真贯彻执行。

鼓励和引导社会资本举办医疗机构，有利于增加医疗卫生资源，扩大服务供给，满足人民群众多层次、多元化的医疗服务需求；有利于建立竞争机制，提高医疗服务效率和质量，完善医疗服务体系。各地区、各有关部门要解放思想、转变观念，充分认识鼓励和引导社会资本举办医疗机构的重要意义。要抓紧清理和修改涉及非公立医疗机构准入、执业、监管等方面的文件，结合实际制定和完善鼓励引导社会资本举办医疗机构的实施细则和配套文件，消除阻碍非公立医疗机构发展的政策障碍，促进非公立医疗机构持续健康发展。要加强政策解读，引导社会各界正确认识非公立医疗机构在医疗卫生服务体系中的重要地位和作用，为社会资本举办医疗机构营造良好氛围。

关于进一步鼓励和引导社会资本举办医疗机构的意见

（发展改革委、卫生部、财政部、商务部、人力资源社会保障部）

坚持公立医疗机构为主导、非公立医疗机构共同发展，加快形成多元化办医格局，是医药卫生体制改革的基本原则和方向。为贯彻落实《中共中央国务院关于深化医药卫生体制改革的意见》（中发〔2009〕6号）、《国务院关于印发医药卫生体制改革近期重点实施方案（2009－2011年）的通知》（国发〔2009〕12号）精神，完善和落实优惠政策，消除阻碍非公立医疗机构发展的政策障碍，确保非公立医疗机构在准入、执业等方面与公立医疗机构享受同等待遇，现就鼓励和引导社会资本举办医疗机构提出以下意见：

一、放宽社会资本举办医疗机构的准入范围

（一）鼓励和支持社会资本举办各类医疗机构。社会资本可按照经营目的，自主申办营利性或非营利性医疗机构。卫生、民政、工商、税务等相关部门要依法登记，分类管理。鼓励社会资本举办非营利性医疗机构，支持举办营利性医疗机构。鼓励有资质人员依法开办个体诊所。

（二）调整和新增医疗卫生资源优先考虑社会资本。非公立医疗机构的设置应符合本地区区域卫生规划和区域医疗机构设置规划。各地在制定和调整本地区区域卫生规划、医疗机构设置规划和其他医疗卫生资源配置规划时，要给非公立医疗机构留有合理空间。需要调整和新增医疗卫生资源时，在符合准入标准的条件下，优先考虑由社会资本举办医疗机构。

（三）合理确定非公立医疗机构执业范围。卫生部门负责对非公立医疗机构的类别、诊疗科目、床位等执业范围进行审核，确保非公立医疗机构执业范围与其具备的服务能力相适应。对符合申办条件、具备相应资质的，应予以批准并及时发放相应许可，不得无故限制非公立医疗机构执业范围。

（四）鼓励社会资本参与公立医院改制。要根据区域卫生规划，合理确定公立医院改制范围。引导社会资本以多种方式参与包括国有企业所办医院在内的公立医院改制，积极稳妥地把部分公立医院转制为非公立医疗机构，适度降低公立医院的比重，促进公立医院合理布局，形成多元化办医格局。要优先选择具有办医经验、社会信誉好的非公立医疗机构参与公立医院改制。公立医院改制可在公立医院改革试点地区以及部分国有企业所办医院先行试点，卫生部门要会同有关部门及时总结经验，制定出台相关办法。在改制过程中，要按照严格透明的程序和估价标准对公立医院资产进行评估，加强国有资产处置收益管理，防止国有资产流失；按照国家政策规定制定改制单位职工安置办法，保障职工合法权益。

（五）允许境外资本举办医疗机构。进一步扩大医疗机构对外开放，将境外资本举办医疗机构调整为允许类外商投资项目。允许境外医疗机构、企业和其他经济组织在我国境内与我国的医疗机构、企业和其他经济组织以合资或合作形式设立医疗机构，逐步取消对境外资本的股权比例限制。对具备条件的境外资本在我国境内设立独资医疗机构进行试点，逐步放开。境外资本既可举办营利性医疗机构，也可以举办非营利性医疗机构。鼓励境外资本在我国中西部地区举办医疗机构。

香港、澳门特别行政区和台湾地区的资本在内地举办医疗机构，按有关规定享受优

先支持政策。

（六）简化并规范外资办医的审批程序。中外合资、合作医疗机构的设立由省级卫生部门和商务部门审批，其中设立中医、中西医结合、民族医医院的应征求省级中医药管理部门意见。外商独资医疗机构的设立由卫生部和商务部审批，其中设立中医、中西医结合、民族医医院的应征求国家中医药局意见。具体办法由相关部门另行制定。

二、进一步改善社会资本举办医疗机构的执业环境

（七）落实非公立医疗机构税收和价格政策。社会资本举办的非营利性医疗机构按国家规定享受税收优惠政策，用电、用水、用气、用热与公立医疗机构同价，提供的医疗服务和药品要执行政府规定的相关价格政策。营利性医疗机构按国家规定缴纳企业所得税，提供的医疗服务实行自主定价，免征营业税。

（十三）鼓励对社会资本举办的非营利性医疗机构进行捐赠。鼓励企业、事业单位、社会团体以及个人等对社会资本举办的非营利性医疗机构进行捐赠，并落实相关税收优惠政策。鼓励红十字会、各类慈善机构、基金会等出资举办非营利性医疗机构，或与社会资本举办的非营利性医疗机构建立长期对口捐赠关系。

（十四）完善非公立医疗机构土地政策。有关部门要将非公立医疗机构用地纳入城镇土地利用总体规划和年度用地计划，合理安排用地需求。社会资本举办的非营利性医疗机构享受与公立医疗机构相同的土地使用政策。非营利性医疗机构不得擅自改变土地用途，如需改变，应依法办理用地手续。

（十五）畅通非公立医疗机构相关信息获取渠道。要保障非公立医疗机构在政策知情和信息、数据等公共资源共享方面与公立医疗机构享受同等权益。要提高信息透明度，按照信息公开的有关规定及时公布各类卫生资源配置规划、行业政策、市场需求等方面的信息。

（十六）完善非公立医疗机构变更经营性质的相关政策。社会资本举办的非营利性医疗机构原则上不得转变为营利性医疗机构，确需转变的，需经原审批部门批准并依法办理相关手续；社会资本举办的营利性医疗机构转换为非营利性医疗机构，可提出申请并依法办理变更手续。变更后，按规定分别执行国家有关价格和税收政策。

（十七）完善非公立医疗机构退出的相关政策。非公立医疗机构如发生产权变更，可按有关规定处置相关投资。非公立医疗机构如发生停业或破产，按照有关规定执行。

三、促进非公立医疗机构持续健康发展

（十九）促进非公立医疗机构守法经营。非公立医疗机构要严格按照登记的经营性质开展经营活动，使用税务部门监制的符合医疗卫生行业特点的票据，执行国家规定的财务会计制度，依法进行会计核算和财务管理，并接受相关部门的监督检查。非营利性医疗机构所得收入除规定的合理支出外，只能用于医疗机构的继续发展。对违反经营目的、收支结余用于分红或变相分红的，卫生部门要责令限期改正；情节严重的，按规定责令停止执业，并依法追究法律责任。营利性医疗机构所得收益可用于投资者经济回报。非公立医疗机构要按照临床必需的原则为患者提供适当的服务，严禁诱导医疗和过度医疗。对不当谋利、损害患者合法权益的，卫生部门要依法惩处并追究法律责任。财政、卫生等相关部门要进一步完善和落实营利性和非营利性医疗机构财务、会计制度及登记管理办法。充分发挥会计师事务所对非公立医疗机构的审计监督作用。

关于医疗卫生机构有关税收政策的通知①

1. 2000年7月10日财政部、税务总局发布

2. 财税〔2000〕42号

各省、自治区、直辖市、计划单列市财政厅（局）、国家税务局、地方税务局：

为了贯彻落实《国务院办公厅转发国务院体改办等部门关于城镇医药卫生体制改革指导意见的通知》（国办发〔2000〕16号），促进我国医疗卫生事业的发展，经国务院批准，现将医疗卫生机构有关税收政策通知如下：

一、关于非营利性医疗机构的税收政策

（一）对非营利性医疗机构按照国家规定的价格取得的医疗服务收入，免征各项税收。不按照国家规定价格取得的医疗服务收入不得享受这项政策。

医疗服务是指医疗服务机构对患者进行检查、诊断、治疗、康复和提供预防保健、接生、计划生育方面的服务，以及与这些服务有关的提供药品、医用材料器具、救护车、病房住宿和伙食的业务（下同）。

（二）对非营利性医疗机构从事非医疗服务取得的收入，如租赁收入、财产转让收

① 根据《财政部、国家税务总局关于公布若干废止和失效的营业税规范性文件的通知》（财税〔2009〕61号），《关于医疗卫生机构有关税收政策的通知》（财税〔2000〕42号）有关营业税规定废止。

入、培训收入、对外投资收入等应按规定征收各项税收。非营利性医疗机构将取得的非医疗服务收入，直接用于改善医疗卫生服务条件的部分，经税务部门审核批准可抵扣其应纳税所得额，就其余额征收企业所得税。

（三）对非营利性医疗机构自产自用的制剂，免征增值税。

（四）非营利性医疗机构的药房分离为独立的药品零售企业，应按规定征收各项税收。

（五）对非营利性医疗机构自用的房产、土地、车船，免征房产税、城镇土地使用税和车船使用税。

二、关于营利性医疗机构的税收政策。

（一）对营利性医疗机构取得的收入，按规定征收各项税收。但为了支持营利性医疗机构的发展，对营利性医疗机构取得的收入，直接用于改善医疗卫生条件的，自其取得执业登记之日起，3 年内给予下列优惠：对其取得的医疗服务收入免征营业税；对其自产自用的制剂免征增值税；对营利性医疗机构自用的房产、土地、车船免征房产税、城镇土地使用税和车船使用税。3 年免税期满后恢复征税。

（二）对营利性医疗机构的药房分离为独立的药品零售企业，应按规定征收各项税收。

三、关于疾病控制机构和妇幼保健机构等卫生机构的税收政策。

（一）对疾病控制机构和妇幼保健机构等卫生机构按照国家规定的价格取得的卫生服务收入（含疫苗接种和调拨、销售收入），免征各项税收。不按照国家规定的价格取得的卫生服务收入不得享受这项政策。对疾病控制机构和妇幼保健等卫生机构取得的其他经营收入如直接用于改善本卫生机构卫生服务条件的，经税务部门审核批准可抵扣其应纳税所得额，就其余额征收企业所得税。

（二）对疾病控制机构和妇幼保健机构等卫生机构自用的房产、土地、车船，免征房产税、城镇土地使用税和车船使用税。

医疗机构需要书面向卫生行政主管部门申明其性质，按《医疗机构管理条例》进行设置审批和登记注册，并由接受其登记注册的卫生行政部门核定，在执业登记中注明“非营利性医疗机构”和“营利性医疗机构”。

上述医疗机构具体包括：各级各类医院、门诊部（所）、社区卫生服务中心（站）、急救中心（站）、城乡卫生院、护理院（所）、疗养院、临床检验中心等。上述疾病控制、妇幼保健等卫生机构具体包括：各级政府及有关部门举办的卫生防疫站（疾病控制中心）、各种专科疾病防治站（所），各级政府举办的妇幼保健所（站）、母婴保健机构、儿童保健机构等，各级政府举办的血站（血液中心）。

本通知自发布之日起执行。

财政部、海关总署、税务总局关于“十四五”期间支持科技创新进口税收政策的通知

1．2021年4月15日

2．财关税〔2021〕23号

各省、自治区、直辖市、计划单列市财政厅（局）、新疆生产建设兵团财政局，海关总署广东分署、各直属海关，国家税务总局各省、自治区、直辖市、计划单列市税务局，财政部各地监管局，国家税务总局驻各地特派员办事处：

为深入实施科教兴国战略、创新驱动发展战略，支持科技创新，现将有关进口税收政策通知如下：

一、对科学研究机构、技术开发机构、学校、党校（行政学院）、图书馆进口国内不能生产或性能不能满足需求的科学研究、科技开发和教学用品，免征进口关税和进口环节增值税、消费税。

二、对出版物进口单位为科研院所、学校、党校（行政学院）、图书馆进口用于科研、教学的图书、资料等，免征进口环节增值税。

三、本通知第一、二条所称科学研究机构、技术开发机构、学校、党校（行政学院）、图书馆是指：

（一）从事科学研究工作的中央级、省级、地市级科研院所（含其具有独立法人资格的图书馆、研究生院）。

（二）国家实验室，国家重点实验室，企业国家重点实验室，国家产业创新中心，国家技术创新中心，国家制造业创新中心，国家临床医学研究中心，国家工程研究中心，国家工程技术研究中心，国家企业技术中心，国家中小企业公共服务示范平台（技术类）。

（三）科技体制改革过程中转制为企业和进入企业的主要从事科学研究和技术开发

工作的机构。

（四）科技部会同民政部核定或者省级科技主管部门会同省级民政、财政、税务部门和社会研发机构所在地直属海关核定的科技类民办非企业单位性质的社会研发机构；省级科技主管部门会同省级财政、税务部门和社会研发机构所在地直属海关核定的事业单位性质的社会研发机构。

（五）省级商务主管部门会同省级财政、税务部门和外资研发中心所在地直属海关核定的外资研发中心。

（六）国家承认学历的实施专科及以上高等学历教育的高等学校及其具有独立法人资格的分校、异地办学机构。

（七）县级及以上党校（行政学院）。

（八）地市级及以上公共图书馆。

四、本通知第二条所称出版物进口单位是指中央宣传部核定的具有出版物进口许可的出版物进口单位，科研院所是指第三条第一项规定的机构。

五、本通知第一、二条规定的免税进口商品实行清单管理。免税进口商品清单由财政部、海关总署、税务总局征求有关部门意见后另行制定印发，并动态调整。

六、经海关审核同意，科学研究机构、技术开发机构、学校、党校（行政学院）、图书馆可将免税进口的科学研究、科技开发和教学用品用于其他单位的科学研究、科技开发和教学活动。

对纳入国家网络管理平台统一管理、符合本通知规定的免税进口科研仪器设备，符合科技部会同海关总署制定的纳入国家网络管理平台免税进口科研仪器设备开放共享管理有关规定的，可以用于其他单位的科学研究、科技开发和教学活动。

经海关审核同意，科学研究机构、技术开发机构、学校以科学研究或教学为目的，可将免税进口的医疗检测、分析仪器及其附件、配套设备用于其附属、所属医院的临床活动，或用于开展临床实验所需依托的其分立前附属、所属医院的临床活动。其中，大中型医疗检测、分析仪器，限每所医院每 3 年每种 1 台。

七、“十四五”期间支持科技创新进口税收政策管理办法由财政部、海关总署、税务总局会同有关部门另行制定印发。

八、本通知有效期为 2021 年 1 月 1 日至 2025 年 12 月 31 日。

财政部、中央宣传部、国家发展改革委、教育部、科技部、工业和信息化部、民政部、商务部、文化和旅游部、海关总署、税务总局关于“十四五”期间支持科技创新进口税收政策管理办法的通知

1. 2021年4月16日

2. 财关税〔2021〕24号

各省、自治区、直辖市、计划单列市财政厅（局）、党委宣传部、发展改革委、教育厅（局）、科技厅（委、局）、工业和信息化主管部门、民政厅（局）、商务厅（委、局）、文化和旅游厅（委、局），新疆生产建设兵团财政局、党委宣传部、发展改革委、教育局、科技局、工业和信息化局、民政局、商务局、文体广旅局，海关总署广东分署、各直属海关，国家税务总局各省、自治区、直辖市、计划单列市税务局，财政部各地监管局，国家税务总局驻各地特派员办事处：

为落实《财政部 海关总署 税务总局关于“十四五”期间支持科技创新进口税收政策的通知》（财关税〔2021〕23号，以下简称《通知》），现将政策管理办法通知如下：

一、科技部核定从事科学研究工作的中央级科研院所名单，函告海关总署，抄送财政部、税务总局。省级（包括省、自治区、直辖市、计划单列市、新疆生产建设兵团，下同）科技主管部门会同省级财政、税务部门和科研院所所在地直属海关核定从事科学研究工作的省级、地市级科研院所名单，核定结果由省级科技主管部门函告科研院所所在地直属海关，抄送省级财政、税务部门，并报送科技部。

本办法所称科研院所名单，包括科研院所所属具有独立法人资格的图书馆、研究生院名单。

二、科技部核定国家实验室、国家重点实验室、企业国家重点实验室、国家技术创新中心、国家临床医学研究中心、国家工程技术研究中心名单，国家发展改革委核定国家产业创新中心、国家工程研究中心、国家企业技术中心名单，工业和信息化部核定国家制造业创新中心、国家中小企业公共服务示范平台（技术类）名单。核定结果分别由科技部、国家发展改革委、工业和信息化部函告海关总署，抄送财政部、税务总局。

科技部核定根据《国务院办公厅转发科技部等部门关于深化科研机构管理体制改革实施意见的通知》（国办发〔2000〕38号），国务院部门（单位）所属科研机构已转制为企业或进入企业的主要从事科学研究和技术开发工作的机构名单，函告海关总署，抄送财政部、税务总局。省级科技主管部门会同省级财政、税务部门和机构所在地直属海关核定根据国办发〔2000〕38号文件，各省、自治区、直辖市、计划单列市所属已转制为企业或进入企业的主要从事科学研究和技术开发工作的机构名单，核定结果由省级科技主管部门函告机构所在地直属海关，抄送省级财政、税务部门，并报送科技部。

科技部会同民政部核定或者省级科技主管部门会同省级民政、财政、税务部门和社会研发机构所在地直属海关核定科技类民办非企业单位性质的社会研发机构名单。科技部牵头的核定结果，由科技部函告海关总署，抄送民政部、财政部、税务总局。省级科技主管部门牵头的核定结果，由省级科技主管部门函告社会研发机构所在地直属海关，抄送省级民政、财政、税务部门，并报送科技部。享受政策的科技类民办非企业单位性质的社会研发机构条件见附件1。

省级科技主管部门会同省级财政、税务部门和社会研发机构所在地直属海关核定事业单位性质的社会研发机构名单，核定结果由省级科技主管部门函告社会研发机构所在地直属海关，抄送省级财政、税务部门，并报送科技部。享受政策的事业单位性质的社会研发机构，应符合科技部和省级科技主管部门规定的事业单位性质的社会研发机构（新型研发机构）条件。

省级商务主管部门会同省级财政、税务部门和外资研发中心所在地直属海关核定外资研发中心名单，核定结果由省级商务主管部门函告外资研发中心所在地直属海关，抄送省级财政、税务部门，并报送商务部。享受政策的外资研发中心条件见附件2。

本条上述函告文件中，凡不具有独立法人资格的单位、机构，应一并函告其依托单位；有关单位、机构具有有效期限的，应一并函告其有效期限。

三、教育部核定国家承认学历的实施专科及以上高等学历教育的高等学校及其具有独立法人资格的分校、异地办学机构名单，函告海关总署，抄送财政部、税务总局。

四、文化和旅游部核定省级以上公共图书馆名单，函告海关总署，抄送财政部、税务总局。省级文化和旅游主管部门会同省级财政、税务部门和公共图书馆所在地直属海关核定省级、地市级公共图书馆名单，核定结果由省级文化和旅游主管部门函告公共图书馆所在地直属海关，抄送省级财政、税务部门，并报送文化和旅游部。

五、中央宣传部核定具有出版物进口许可的出版物进口单位名单，函告海关总署，抄送中央党校（国家行政学院）、教育部、科技部、财政部、文化和旅游部、税务总局。

出版物进口单位免税进口图书、资料等商品的销售对象为中央党校（国家行政学院）和省级、地市级、县级党校（行政学院）以及本办法第一、三、四条中经核定的单位。牵头核定部门应结合实际需要，将核定的有关单位名单告知有关出版物进口单位。

六、中央党校（国家行政学院）和省级、地市级、县级党校（行政学院）以及按照本办法规定经核定的单位或机构（以下统称进口单位），应按照海关有关规定，办理有关进口商品的减免税手续。

七、本办法中相关部门函告海关的进口单位名单和《通知》第五条所称的免税进口商品清单应注明批次。其中，第一批名单、清单自2021年1月1日实施，至第一批名单印发之日后30日内已征的应免税款，准予退还；以后批次的名单、清单，分别自其印发之日后第20日起实施。中央党校（国家行政学院）和省级、地市级、县级党校（行政学院）自2021年1月1日起具备免税进口资格，至本办法印发之日后30日内已征的应免税款，准予退还。

前款规定的已征应免税款，依进口单位申请准予退还。其中，已征税进口且尚未申报增值税进项税额抵扣的，应事先取得主管税务机关出具的《"十四五"期间支持科技创新进口税收政策项下进口商品已征进口环节增值税未抵扣情况表》（见附件3），向海关申请办理退还已征进口关税和进口环节增值税手续；已申报增值税进项税额抵扣的，仅向海关申请办理退还已征进口关税手续。

八、进口单位可向主管海关提出申请，选择放弃免征进口环节增值税。进口单位主动放弃免征进口环节增值税后，36个月内不得再次申请免征进口环节增值税。

九、进口单位发生名称、经营范围变更等情形的，应在《通知》有效期限内及时将有关变更情况说明报送核定其名单的牵头部门。牵头部门按照本办法规定的程序，核定变更后的单位自变更登记之日起能否继续享受政策，注明变更登记日期。核定结果由牵头部门函告海关（核定结果较多时，每年至少分两批函告），抄送同级财政、税务及其他有关部门。其中，牵头部门为省级科技、商务、文化和旅游主管部门的，核定结果应相应报送科技部、商务部、文化和旅游部。

十、进口单位应按有关规定使用免税进口商品，如违反规定，将免税进口商品擅自转让、移作他用或者进行其他处置，被依法追究刑事责任的，在《通知》剩余有效期限内停止享受政策。

十一、进口单位如存在以虚报情况获得免税资格，由核定其名单的牵头部门查实后函告海关，自函告之日起，该单位在《通知》剩余有效期限内停止享受政策。

十二、中央宣传部、国家发展改革委、教育部、科技部、工业和信息化部、民政部、商务部、文化和旅游部加强政策评估工作。

十三、本办法印发之日后90日内，省级科技主管部门应会同省级民政、财政、税务部门和社会研发机构所在地直属海关制定核定享受政策的科技类民办非企业单位性质、事业单位性质的社会研发机构名单的具体实施办法，省级商务主管部门应会同省级财政、税务部门和外资研发中心所在地直属海关制定核定享受政策的外资研发中心名单的具体实施办法。

十四、财政等有关部门及其工作人员在政策执行过程中，存在违反执行免税政策规定的行为，以及滥用职权、玩忽职守、徇私舞弊等违法违纪行为的，依照国家有关规定追究相应责任；涉嫌犯罪的，依法追究刑事责任。

十五、本办法有效期为2021年1月1日至2025年12月31日。

附件：1. 享受“十四五”期间支持科技创新进口税收政策的科技类民办非企业单位性质的社会研发机构条件（略）

2. 享受“十四五”期间支持科技创新进口税收政策的外资研发中心条件（略）

3. “十四五”期间支持科技创新进口税收政策项下进口商品已征进口环节增值税未抵扣情况表（略）

财政部、税务总局
关于企业投入基础研究税收优惠政策的公告

2022年9月30日财政部、税务总局公告2022年第32号公布

为鼓励企业加大创新投入，支持我国基础研究发展，现就企业投入基础研究相关税收政策公告如下：

一、对企业出资给非营利性科学技术研究开发机构（科学技术研究开发机构以下简称科研机构）、高等学校和政府性自然科学基金用于基础研究的支出，在计算应纳税所得额时可按实际发生额在税前扣除，并可按100%在税前加计扣除。

对非营利性科研机构、高等学校接收企业、个人和其他组织机构基础研究资金收入，免征企业所得税。

二、第一条所称非营利性科研机构、高等学校包括国家设立的科研机构和高等学校、民办非营利性科研机构和高等学校，具体按以下条件确定：

（一）国家设立的科研机构和高等学校是指利用财政性资金设立的、取得《事业单位法人证书》的科研机构和公办高等学校，包括中央和地方所属科研机构和高等学校。

（二）民办非营利性科研机构和高等学校，是指同时满足以下条件的科研机构和高等学校：

1. 根据《民办非企业单位登记管理暂行条例》在民政部门登记，并取得《民办非企业单位（法人）登记证书》。

2. 对于民办非营利性科研机构，其《民办非企业单位（法人）登记证书》记载的业务范围应属于科学研究与技术开发、成果转让、科技咨询与服务、科技成果评估范围。对业务范围存在争议的，由税务机关转请县级（含）以上科技行政主管部门确认。

对于民办非营利性高等学校，应取得教育主管部门颁发的《民办学校办学许可证》，记载学校类型为“高等学校”。

3. 经认定取得企业所得税非营利组织免税资格。

三、第一条所称政府性自然科学基金是指国家和地方政府设立的自然科学基金委员会管理的自然科学基金。

四、第一条所称基础研究是指通过对事物的特性、结构和相互关系进行分析，从而阐述和检验各种假设、原理和定律的活动。具体依据以下内容判断：

（一）基础研究不预设某一特定的应用或使用目的，主要是为获得关于现象和可观察事实的基本原理的新知识，可针对已知或具有前沿性的科学问题，或者针对人们普遍感兴趣的某些广泛领域，以未来广泛应用为目标。

（二）基础研究可细分为两种类型，一是自由探索性基础研究，即为了增进知识，不追求经济或社会效益，也不积极谋求将其应用于实际问题或把成果转移到负责应用的部门。二是目标导向（定向）基础研究，旨在获取某方面知识、期望为探索解决当前已知或未来可能发现的问题奠定基础。

（三）基础研究成果通常表现为新原理、新理论、新规律或新知识，并以论文、著作、研究报告等形式为主。同时，由于基础研究具有较强的探索性、存在失败的风险，论文、著作、研究报告等也可以体现为试错或证伪等成果。

上述基础研究不包括在境外开展的研究，也不包括社会科学、艺术或人文学方面的研究。

五、企业出资基础研究应签订相关协议或合同，协议或合同中需明确资金用于基础研究领域。

六、企业和非营利性科研机构、高等学校和政府性自然科学基金管理单位应将相关资料留存备查，包括企业出资协议、出资合同、相关票据等，出资协议、出资合同和出资票据应包含出资方、接收方、出资用途（注明用于基础研究）、出资金额等信息。

七、非营利性科研机构、高等学校和政府性自然科学基金管理单位应做好企业投入基础研究的资金管理，建立健全监督机制，确保资金用于基础研究，提高资金使用效率。

八、本公告自2022年1月1日起执行。

特此公告。

（二）增　值　税

国家税务总局关于纳税人资产重组有关增值税问题的公告

2011年2月18日国家税务总局公告2011年第13号公布

根据《中华人民共和国增值税暂行条例》及其实施细则的有关规定，现将纳税人资产重组有关增值税问题公告如下：

纳税人在资产重组过程中，通过合并、分立、出售、置换等方式，将全部或者部分实物资产以及与其相关联的债权、负债和劳动力一并转让给其他单位和个人，不属于增值税的征税范围，其中涉及的货物转让，不征收增值税。

本公告自2011年3月1日起执行。此前未作处理的，按照本公告的规定执行。《国家税务总局关于转让企业全部产权不征收增值税问题的批复》（国税函〔2002〕420号）、《国家税务总局关于纳税人资产重组有关增值税政策问题的批复》（国税函〔2009〕585号）、《国家税务总局关于中国直播卫星有限公司转让全部产权有关增值税问题的通知》（国税函〔2010〕350号）同时废止。

特此公告。

国家税务总局关于纳税人资产重组有关增值税问题的公告

2013年11月19日国家税务总局公告2013年第66号公布

现将纳税人资产重组有关增值税问题公告如下：

纳税人在资产重组过程中，通过合并、分立、出售、置换等方式，将全部或者部分实物资产以及与其相关联的债权、负债经多次转让后，最终的受让方与劳动力接收方为同一单位和个人的，仍适用《国家税务总局关于纳税人资产重组有关增值税问题的公告》（国家税务总局公告2011年第13号）的相关规定，其中货物的多次转让行为均不征收增值税。资产的出让方需将资产重组方案等文件资料报其主管税务机关。

本公告自2013年12月1日起施行。纳税人此前已发生并处理的事项，不再做调整；未处理的，按本公告规定执行。

特此公告。

国家税务总局关于纳税人资产重组增值税留抵税额处理有关问题的公告①

2012年12月13日国家税务总局公告2012年第55号公布

现将纳税人资产重组中增值税留抵税额处理有关问题公告如下：

一、增值税一般纳税人（以下称“原纳税人”）在资产重组过程中，将全部资产、负债和劳动力一并转让给其他增值税一般纳税人（以下称“新纳税人”），并按程序办理注销税务登记的，其在办理注销登记前尚未抵扣的进项税额可结转至新纳税人处继续抵扣。

---

① 《国家税务总局关于修改部分税收规范性文件的公告》（国家税务总局公告2018年第31号）对本文进行了修改。将“（编号：×××县（市、区）国税资产重组留抵通知××号）”修改为“（编号：×××县（市、区）税务资产重组留抵通知××号）”。

二、原纳税人主管税务机关应认真核查纳税人资产重组相关资料，核实原纳税人在办理注销税务登记前尚未抵扣的进项税额，填写《增值税一般纳税人资产重组进项留抵税额转移单》（见附件）。

《增值税一般纳税人资产重组进项留抵税额转移单》一式三份，原纳税人主管税务机关留存一份，交纳税人一份，传递新纳税人主管税务机关一份。

三、新纳税人主管税务机关应将原纳税人主管税务机关传递来的《增值税一般纳税人资产重组进项留抵税额转移单》与纳税人报送资料进行认真核对，对原纳税人尚未抵扣的进项税额，在确认无误后，允许新纳税人继续申报抵扣。

本公告自2013年1月1日起施行。

特此公告。

附件：增值税一般纳税人资产重组进项留抵税额转移单（略）

（三）企业所得税

财政部、国家税务总局关于企业重组业务企业所得税处理若干问题的通知①

1．2009年4月30日

2．财税〔2009〕59号

各省、自治区、直辖市、计划单列市财政厅（局）、国家税务局、地方税务局，新疆生产建设兵团财务局：

根据《中华人民共和国企业所得税法》第二十条和《中华人民共和国企业所得税法实施条例》（国务院令第512号）第七十五条规定，现就企业重组所涉及的企业所得税

① 《财政部、国家税务总局关于促进企业重组有关企业所得税处理问题的通知》（财税〔2014〕109号）将本通知第六条第二项中有关“股权收购，收购企业购买的股权不低于被收购企业全部股权的75%”的规定调整为“股权收购，收购企业购买的股权不低于被收购企业全部股权的50%”。

具体处理问题通知如下：

一、本通知所称企业重组，是指企业在日常经营活动以外发生的法律结构或经济结构重大改变的交易，包括企业法律形式改变、债务重组、股权收购、资产收购、合并、分立等。

（一）企业法律形式改变，是指企业注册名称、住所以及企业组织形式等的简单改变，但符合本通知规定其他重组的类型除外。

（二）债务重组，是指在债务人发生财务困难的情况下，债权人按照其与债务人达成的书面协议或者法院裁定书，就其债务人的债务作出让步的事项。

（三）股权收购，是指一家企业（以下称为收购企业）购买另一家企业（以下称为被收购企业）的股权，以实现对被收购企业控制的交易。收购企业支付对价的形式包括股权支付、非股权支付或两者的组合。

（四）资产收购，是指一家企业（以下称为受让企业）购买另一家企业（以下称为转让企业）实质经营性资产的交易。受让企业支付对价的形式包括股权支付、非股权支付或两者的组合。

（五）合并，是指一家或多家企业（以下称为被合并企业）将其全部资产和负债转让给另一家现存或新设企业（以下称为合并企业），被合并企业股东换取合并企业的股权或非股权支付，实现两个或两个以上企业的依法合并。

（六）分立，是指一家企业（以下称为被分立企业）将部分或全部资产分离转让给现存或新设的企业（以下称为分立企业），被分立企业股东换取分立企业的股权或非股权支付，实现企业的依法分立。

二、本通知所称股权支付，是指企业重组中购买、换取资产的一方支付的对价中，以本企业或其控股企业的股权、股份作为支付的形式；所称非股权支付，是指以本企业的现金、银行存款、应收款项、本企业或其控股企业股权和股份以外的有价证券、存货、固定资产、其他资产以及承担债务等作为支付的形式。

三、企业重组的税务处理区分不同条件分别适用一般性税务处理规定和特殊性税务处理规定。

四、企业重组，除符合本通知规定适用特殊性税务处理规定的外，按以下规定进行税务处理：

（一）企业由法人转变为个人独资企业、合伙企业等非法人组织，或将登记注册地转移至中华人民共和国境外（包括港澳台地区），应视同企业进行清算、分配，股东重新投资成立新企业。企业的全部资产以及股东投资的计税基础均应以公允价值为基础确定。

企业发生其他法律形式简单改变的，可直接变更税务登记，除另有规定外，有关企业所得税纳税事项（包括亏损结转、税收优惠等权益和义务）由变更后企业承继，但因住所发生变化而不符合税收优惠条件的除外。

（二）企业债务重组，相关交易应按以下规定处理：

1. 以非货币资产清偿债务，应当分解为转让相关非货币性资产、按非货币性资产公允价值清偿债务两项业务，确认相关资产的所得或损失。

2. 发生债权转股权的，应当分解为债务清偿和股权投资两项业务，确认有关债务清偿所得或损失。

3. 债务人应当按照支付的债务清偿额低于债务计税基础的差额，确认债务重组所得；债权人应当按照收到的债务清偿额低于债权计税基础的差额，确认债务重组损失。

4. 债务人的相关所得税纳税事项原则上保持不变。

（三）企业股权收购、资产收购重组交易，相关交易应按以下规定处理：

1. 被收购方应确认股权、资产转让所得或损失。

2. 收购方取得股权或资产的计税基础应以公允价值为基础确定。

3. 被收购企业的相关所得税事项原则上保持不变。

（四）企业合并，当事各方应按下列规定处理：

1. 合并企业应按公允价值确定接受被合并企业各项资产和负债的计税基础。

2. 被合并企业及其股东都应按清算进行所得税处理。

3. 被合并企业的亏损不得在合并企业结转弥补。

（五）企业分立，当事各方应按下列规定处理：

1. 被分立企业对分立出去资产应按公允价值确认资产转让所得或损失。

2. 分立企业应按公允价值确认接受资产的计税基础。

3. 被分立企业继续存在时，其股东取得的对价应视同被分立企业分配进行处理。

4. 被分立企业不再继续存在时，被分立企业及其股东都应按清算进行所得税处理。

5. 企业分立相关企业的亏损不得相互结转弥补。

五、企业重组同时符合下列条件的，适用特殊性税务处理规定：

（一）具有合理的商业目的，且不以减少、免除或者推迟缴纳税款为主要目的。

（二）被收购、合并或分立部分的资产或股权比例符合本通知规定的比例。

（三）企业重组后的连续 12 个月内不改变重组资产原来的实质性经营活动。

（四）重组交易对价中涉及股权支付金额符合本通知规定比例。

（五）企业重组中取得股权支付的原主要股东，在重组后连续12个月内，不得转让所取得的股权。

六、企业重组符合本通知第五条规定条件的，交易各方对其交易中的股权支付部分，可以按以下规定进行特殊性税务处理：

（一）企业债务重组确认的应纳税所得额占该企业当年应纳税所得额50%以上，可以在5个纳税年度的期间内，均匀计入各年度的应纳税所得额。

企业发生债权转股权业务，对债务清偿和股权投资两项业务暂不确认有关债务清偿所得或损失，股权投资的计税基础以原债权的计税基础确定。企业的其他相关所得税事项保持不变。

（二）股权收购，收购企业购买的股权不低于被收购企业全部股权的75%，且收购企业在该股权收购发生时的股权支付金额不低于其交易支付总额的85%，可以选择按以下规定处理：

1. 被收购企业的股东取得收购企业股权的计税基础，以被收购股权的原有计税基础确定。

2. 收购企业取得被收购企业股权的计税基础，以被收购股权的原有计税基础确定。

3. 收购企业、被收购企业的原有各项资产和负债的计税基础和其他相关所得税事项保持不变。

（三）资产收购，受让企业收购的资产不低于转让企业全部资产的75%，且受让企业在该资产收购发生时的股权支付金额不低于其交易支付总额的85%，可以选择按以下规定处理：

1. 转让企业取得受让企业股权的计税基础，以被转让资产的原有计税基础确定。

2. 受让企业取得转让企业资产的计税基础，以被转让资产的原有计税基础确定。

（四）企业合并，企业股东在该企业合并发生时取得的股权支付金额不低于其交易支付总额的85%，以及同一控制下且不需要支付对价的企业合并，可以选择按以下规定处理：

1. 合并企业接受被合并企业资产和负债的计税基础，以被合并企业的原有计税基础确定。

2. 被合并企业合并前的相关所得税事项由合并企业承继。

3. 可由合并企业弥补的被合并企业亏损的限额 = 被合并企业净资产公允价值 × 截至合并业务发生当年年末国家发行的最长期限的国债利率。

4. 被合并企业股东取得合并企业股权的计税基础，以其原持有的被合并企业股权的计税基础确定。

（五）企业分立，被分立企业所有股东按原持股比例取得分立企业的股权，分立企业和被分立企业均不改变原来的实质经营活动，且被分立企业股东在该企业分立发生时取得的股权支付金额不低于其交易支付总额的85%，可以选择按以下规定处理：

1. 分立企业接受被分立企业资产和负债的计税基础，以被分立企业的原有计税基础确定。

2. 被分立企业已分立出去资产相应的所得税事项由分立企业承继。

3. 被分立企业未超过法定弥补期限的亏损额可按分立资产占全部资产的比例进行分配，由分立企业继续弥补。

4. 被分立企业的股东取得分立企业的股权（以下简称“新股”），如需部分或全部放弃原持有的被分立企业的股权（以下简称“旧股”），“新股”的计税基础应以放弃“旧股”的计税基础确定。如不需放弃“旧股”，则其取得“新股”的计税基础可从以下两种方法中选择确定：直接将“新股”的计税基础确定为零；或者以被分立企业分立出去的净资产占被分立企业全部净资产的比例先调减原持有的“旧股”的计税基础，再将调减的计税基础平均分配到“新股”上。

（六）重组交易各方按本条（一）至（五）项规定对交易中股权支付暂不确认有关资产的转让所得或损失的，其非股权支付仍应在交易当期确认相应的资产转让所得或损失，并调整相应资产的计税基础。

非股权支付对应的资产转让所得或损失 =（被转让资产的公允价值 - 被转让资产的计税基础）×（非股权支付金额 ÷ 被转让资产的公允价值）

七、企业发生涉及中国境内与境外之间（包括港澳台地区）的股权和资产收购交易，除应符合本通知第五条规定的条件外，还应同时符合下列条件，才可选择适用特殊性税务处理规定：

（一）非居民企业向其100%直接控股的另一非居民企业转让其拥有的居民企业股权，没有因此造成以后该项股权转让所得预提税负担变化，且转让方非居民企业向主管税务机关书面承诺在3年（含3年）内不转让其拥有受让方非居民企业的股权；

（二）非居民企业向与其具有100%直接控股关系的居民企业转让其拥有的另一居民企业股权；

（三）居民企业以其拥有的资产或股权向其100%直接控股的非居民企业进行投资；

（四）财政部、国家税务总局核准的其他情形。

八、本通知第七条第（三）项所指的居民企业以其拥有的资产或股权向其100%直接控股关系的非居民企业进行投资，其资产或股权转让收益如选择特殊性税务处理，可以在10个纳税年度内均匀计入各年度应纳税所得额。

九、在企业吸收合并中，合并后的存续企业性质及适用税收优惠的条件未发生改变的，可以继续享受合并前该企业剩余期限的税收优惠，其优惠金额按存续企业合并前一年的应纳税所得额（亏损计为零）计算。

在企业存续分立中，分立后的存续企业性质及适用税收优惠的条件未发生改变的，可以继续享受分立前该企业剩余期限的税收优惠，其优惠金额按该企业分立前一年的应纳税所得额（亏损计为零）乘以分立后存续企业资产占分立前该企业全部资产的比例计算。

十、企业在重组发生前后连续12个月内分步对其资产、股权进行交易，应根据实质重于形式原则将上述交易作为一项企业重组交易进行处理。

十一、企业发生符合本通知规定的特殊性重组条件并选择特殊性税务处理的，当事各方应在该重组业务完成当年企业所得税年度申报时，向主管税务机关提交书面备案资料，证明其符合各类特殊性重组规定的条件。企业未按规定书面备案的，一律不得按特殊重组业务进行税务处理。

十二、对企业在重组过程中涉及的需要特别处理的企业所得税事项，由国务院财政、税务主管部门另行规定。

十三、本通知自2008年1月1日起执行。

财政部、国家税务总局关于非营利组织企业所得税免税收入问题的通知

1．2009年11月11日

2．财税〔2009〕122号

各省、自治区、直辖市、计划单列市财政厅（局）、国家税务局、地方税务局，新疆生产建设兵团财务局：

根据《中华人民共和国企业所得税法》第二十六条及《中华人民共和国企业所得税

法实施条例》（国务院令第512号）第八十五条的规定，现将符合条件的非营利组织企业所得税免税收入范围明确如下：

一、非营利组织的下列收入为免税收入：

（一）接受其他单位或者个人捐赠的收入；

（二）除《中华人民共和国企业所得税法》第七条规定的财政拨款以外的其他政府补助收入，但不包括因政府购买服务取得的收入；

（三）按照省级以上民政、财政部门规定收取的会费；

（四）不征税收入和免税收入孳生的银行存款利息收入；

（五）财政部、国家税务总局规定的其他收入。

二、本通知从2008年1月1日起执行。

财政部、国家税务总局关于中国（上海）自由贸易试验区内企业以非货币性资产对外投资等资产重组行为有关企业所得税政策问题的通知

1．2013年11月15日

2．财税〔2013〕91号

各省、自治区、直辖市、计划单列市财政厅（局）、国家税务局、地方税务局，新疆生产建设兵团财务局：

根据《国务院关于印发中国（上海）自由贸易试验区总体方案的通知》（国发〔2013〕38号）有关规定，现就中国（上海）自由贸易试验区（简称试验区）非货币性资产投资资产评估增值企业所得税政策通知如下：

一、注册在试验区内的企业，因非货币性资产对外投资等资产重组行为产生资产评估增值，据此确认的非货币性资产转让所得，可在不超过5年期限内，分期均匀计入相应年度的应纳税所得额，按规定计算缴纳企业所得税。

二、企业以非货币性资产对外投资，应于投资协议生效且完成资产实际交割并办理股权登记手续时，确认非货币性资产转让收入的实现。

企业以非货币性资产对外投资，应对非货币性资产进行评估并按评估后的公允价值

扣除计税基础后的余额，计算确认非货币性资产转让所得。

三、企业以非货币性资产对外投资，其取得股权的计税基础应以非货币性资产的原计税基础为基础，加上每年计入的非货币性资产转让所得，逐年进行调整。

被投资企业取得非货币性资产的计税基础，可以非货币性资产的公允价值确定。

四、企业在对外投资5年内转让上述股权或投资收回的，应停止执行递延纳税政策，并将递延期内尚未计入的非货币性资产转让所得，在转让股权或投资收回当年的企业所得税年度汇算清缴时，一次性计算缴纳企业所得税；企业在计算股权转让所得时，可按本通知第三条第一款规定将股权的计税基础一次调整到位。

企业在对外投资5年内注销的，应停止执行递延纳税政策，并将递延期内尚未计入的非货币性资产转让所得，在歇业当年的企业所得税年度汇算清缴时，一次性计算缴纳企业所得税。

五、企业应于投资协议生效且完成资产实际交割并办理股权登记手续30日内，持相关资料向主管税务机关办理递延纳税备案登记手续。

主管税务机关应对报送资料进行审核，在规定时间内将备案登记结果回复企业。

六、企业应在确认收入实现的当年，以项目为单位，做好相应台账，准确记录应予确认的非货币性资产转让所得，并在相应年度的企业所得税汇算清缴时对当年计入额及分年结转额的情况做出说明。

主管税务机关应在备案登记结果回复企业的同时，将相关信息纳入系统管理，并及时做好企业申报信息与备案信息的比对工作。

七、主管税务机关在组织开展企业所得税汇算清缴后续管理工作时，应将企业递延纳税的执行情况纳入后续管理体系，并视风险高低情况，适时纳入纳税服务提醒平台或风险监控平台进行管理。

八、本通知所称注册在试验区内的企业，是指在试验区注册并在区内经营，实行查账征收的居民企业。

本通知所称非货币性资产对外投资等资产重组行为，是指以非货币性资产出资设立或注入公司，限于以非货币性资产出资设立新公司和符合《财政部 国家税务总局关于企业重组业务企业所得税处理若干问题的通知》（财税〔2009〕59号）第一条规定的股权收购、资产收购。

九、本通知自印发之日起执行。

财政部、国家税务总局关于促进企业重组有关企业所得税处理问题的通知

1. 2014年12月25日

2. 财税〔2014〕109号

各省、自治区、直辖市、计划单列市财政厅（局）、国家税务局、地方税务局，新疆生产建设兵团财务局：

为贯彻落实《国务院关于进一步优化企业兼并重组市场环境的意见》（国发〔2014〕14号），根据《中华人民共和国企业所得税法》及其实施条例有关规定，现就企业重组有关企业所得税处理问题明确如下：

一、关于股权收购

将《财政部、国家税务总局关于企业重组业务企业所得税处理若干问题的通知》（财税〔2009〕59号）第六条第（二）项中有关“股权收购，收购企业购买的股权不低于被收购企业全部股权的75%”规定调整为“股权收购，收购企业购买的股权不低于被收购企业全部股权的50%”。

二、关于资产收购

将财税〔2009〕59号文件第六条第（三）项中有关“资产收购，受让企业收购的资产不低于转让企业全部资产的75%”规定调整为“资产收购，受让企业收购的资产不低于转让企业全部资产的50%”。

三、关于股权、资产划转

对100%直接控制的居民企业之间，以及受同一或相同多家居民企业100%直接控制的居民企业之间按账面净值划转股权或资产，凡具有合理商业目的、不以减少、免除或者推迟缴纳税款为主要目的，股权或资产划转后连续12个月内不改变被划转股权或资产原来实质性经营活动，且划出方企业和划入方企业均未在会计上确认损益的，可以选择按以下规定进行特殊性税务处理：

1. 划出方企业和划入方企业均不确认所得。

2. 划入方企业取得被划转股权或资产的计税基础，以被划转股权或资产的原账面净

值确定。

3. 划入方企业取得的被划转资产，应按其原账面净值计算折旧扣除。

四、本通知自2014年1月1日起执行。本通知发布前尚未处理的企业重组，符合本通知规定的可按本通知执行。

财政部、税务总局关于非营利组织免税资格认定管理有关问题的通知

1. 2018年2月7日

2. 财税〔2018〕13号

各省、自治区、直辖市、计划单列市财政厅（局）、国家税务局、地方税务局，新疆生产建设兵团财政局：

根据《中华人民共和国企业所得税法》第二十六条及《中华人民共和国企业所得税法实施条例》第八十四条的规定，现对非营利组织免税资格认定管理有关问题明确如下：

一、依据本通知认定的符合条件的非营利组织，必须同时满足以下条件：

（一）依照国家有关法律法规设立或登记的事业单位、社会团体、基金会、社会服务机构、宗教活动场所、宗教院校以及财政部、税务总局认定的其他非营利组织；

（二）从事公益性或者非营利性活动；

（三）取得的收入除用于与该组织有关的、合理的支出外，全部用于登记核定或者章程规定的公益性或者非营利性事业；

（四）财产及其孳息不用于分配，但不包括合理的工资薪金支出；

（五）按照登记核定或者章程规定，该组织注销后的剩余财产用于公益性或者非营利性目的，或者由登记管理机关采取转赠给与该组织性质、宗旨相同的组织等处置方式，并向社会公告；

（六）投入人对投入该组织的财产不保留或者享有任何财产权利，本款所称投入人是指除各级人民政府及其部门外的法人、自然人和其他组织；

（七）工作人员工资福利开支控制在规定的比例内，不变相分配该组织的财产，其

中：工作人员平均工资薪金水平不得超过税务登记所在地的地市级（含地市级）以上地区的同行业同类组织平均工资水平的两倍，工作人员福利按照国家有关规定执行；

（八）对取得的应纳税收入及其有关的成本、费用、损失应与免税收入及其有关的成本、费用、损失分别核算。

二、经省级（含省级）以上登记管理机关批准设立或登记的非营利组织，凡符合规定条件的，应向其所在地省级税务主管机关提出免税资格申请，并提供本通知规定的相关材料；经地市级或县级登记管理机关批准设立或登记的非营利组织，凡符合规定条件的，分别向其所在地的地市级或县级税务主管机关提出免税资格申请，并提供本通知规定的相关材料。

财政、税务部门按照上述管理权限，对非营利组织享受免税的资格联合进行审核确认，并定期予以公布。

三、申请享受免税资格的非营利组织，需报送以下材料：

（一）申请报告；

（二）事业单位、社会团体、基金会、社会服务机构的组织章程或宗教活动场所、宗教院校的管理制度；

（三）非营利组织注册登记证件的复印件；

（四）上一年度的资金来源及使用情况、公益活动和非营利活动的明细情况；

（五）上一年度的工资薪金情况专项报告，包括薪酬制度、工作人员整体平均工资薪金水平、工资福利占总支出比例、重要人员工资薪金信息（至少包括工资薪金水平排名前10的人员）；

（六）具有资质的中介机构鉴证的上一年度财务报表和审计报告；

（七）登记管理机关出具的事业单位、社会团体、基金会、社会服务机构、宗教活动场所、宗教院校上一年度符合相关法律法规和国家政策的事业发展情况或非营利活动的材料；

（八）财政、税务部门要求提供的其他材料。

当年新设立或登记的非营利组织需提供本条第（一）项至第（三）项规定的材料及本条第（四）项、第（五）项规定的申请当年的材料，不需提供本条第（六）项、第（七）项规定的材料。

四、非营利组织免税优惠资格的有效期为五年。非营利组织应在免税优惠资格期满后六个月内提出复审申请，不提出复审申请或复审不合格的，其享受免税优惠的资格到期自动失效。

非营利组织免税资格复审，按照初次申请免税优惠资格的规定办理。

五、非营利组织必须按照《中华人民共和国税收征收管理法》及《中华人民共和国税收征收管理法实施细则》等有关规定，办理税务登记，按期进行纳税申报。取得免税资格的非营利组织应按照规定向主管税务机关办理免税手续，免税条件发生变化的，应当自发生变化之日起十五日内向主管税务机关报告；不再符合免税条件的，应当依法履行纳税义务；未依法纳税的，主管税务机关应当予以追缴。取得免税资格的非营利组织注销时，剩余财产处置违反本通知第一条第五项规定的，主管税务机关应追缴其应纳企业所得税款。

有关部门在日常管理过程中，发现非营利组织享受优惠年度不符合本通知规定的免税条件的，应提请核准该非营利组织免税资格的财政、税务部门，由其进行复核。

核准非营利组织免税资格的财政、税务部门根据本通知规定的管理权限，对非营利组织的免税优惠资格进行复核，复核不合格的，相应年度不得享受税收优惠政策。

六、已认定的享受免税优惠政策的非营利组织有下述情形之一的，应自该情形发生年度起取消其资格：

（一）登记管理机关在后续管理中发现非营利组织不符合相关法律法规和国家政策的；

（二）在申请认定过程中提供虚假信息的；

（三）纳税信用等级为税务部门评定的C级或D级的；

（四）通过关联交易或非关联交易和服务活动，变相转移、隐匿、分配该组织财产的；

（五）被登记管理机关列入严重违法失信名单的；

（六）从事非法政治活动的。

因上述第（一）项至第（五）项规定的情形被取消免税优惠资格的非营利组织，财政、税务部门自其被取消资格的次年起一年内不再受理该组织的认定申请；因上述第（六）项规定的情形被取消免税优惠资格的非营利组织，财政、税务部门将不再受理该组织的认定申请。

被取消免税优惠资格的非营利组织，应当依法履行纳税义务；未依法纳税的，主管税务机关应当自其存在取消免税优惠资格情形的当年起予以追缴。

七、各级财政、税务部门及其工作人员在认定非营利组织免税资格工作中，存在违法违纪行为的，按照《公务员法》《行政监察法》等国家有关规定追究相应责任；涉嫌犯罪的，移送司法机关处理。

八、本通知自 2018 年 1 月 1 日起执行。《财政部 国家税务总局关于非营利组织免税资格认定管理有关问题的通知》（财税〔2014〕13 号）同时废止。

（四）个人所得税

财政部、国家税务总局关于个人非货币性资产投资有关个人所得税政策的通知

1．2015 年 3 月 30 日

2．财税〔2015〕41 号

各省、自治区、直辖市、计划单列市财政厅（局）、地方税务局，新疆生产建设兵团财务局：

为进一步鼓励和引导民间个人投资，经国务院批准，将在上海自由贸易试验区试点的个人非货币性资产投资分期缴税政策推广至全国。现就个人非货币性资产投资有关个人所得税政策通知如下：

一、个人以非货币性资产投资，属于个人转让非货币性资产和投资同时发生。对个人转让非货币性资产的所得，应按照“财产转让所得”项目，依法计算缴纳个人所得税。

二、个人以非货币性资产投资，应按评估后的公允价值确认非货币性资产转让收入。非货币性资产转让收入减除该资产原值及合理税费后的余额为应纳税所得额。

个人以非货币性资产投资，应于非货币性资产转让、取得被投资企业股权时，确认非货币性资产转让收入的实现。

三、个人应在发生上述应税行为的次月 15 日内向主管税务机关申报纳税。纳税人一次性缴税有困难的，可合理确定分期缴纳计划并报主管税务机关备案后，自发生上述应税行为之日起不超过 5 个公历年度内（含）分期缴纳个人所得税。

四、个人以非货币性资产投资交易过程中取得现金补价的，现金部分应优先用于缴税；现金不足以缴纳的部分，可分期缴纳。

个人在分期缴税期间转让其持有的上述全部或部分股权，并取得现金收入的，该现金收入应优先用于缴纳尚未缴清的税款。

五、本通知所称非货币性资产，是指现金、银行存款等货币性资产以外的资产，包括股权、不动产、技术发明成果以及其他形式的非货币性资产。

本通知所称非货币性资产投资，包括以非货币性资产出资设立新的企业，以及以非货币性资产出资参与企业增资扩股、定向增发股票、股权置换、重组改制等投资行为。

六、本通知规定的分期缴税政策自2015年4月1日起施行。对2015年4月1日之前发生的个人非货币性资产投资，尚未进行税收处理且自发生上述应税行为之日起期限未超过5年的，可在剩余的期限内分期缴纳其应纳税款。

国家税务总局关于个人非货币性资产投资有关个人所得税征管问题的公告

1. 2015年4月8日国家税务总局公告2015年第20号公布

2. 根据2018年6月15日国家税务总局公告2018年第31号《关于修改部分税收规范性文件的公告》修正

为落实国务院第83次常务会议决定，鼓励和引导民间个人投资，根据《中华人民共和国个人所得税法》及其实施条例、《中华人民共和国税收征收管理法》及其实施细则、《财政部 国家税务总局关于个人非货币性资产投资有关个人所得税政策的通知》（财税〔2015〕41号）规定，现就落实个人非货币性资产投资有关个人所得税征管问题公告如下：

一、非货币性资产投资个人所得税以发生非货币性资产投资行为并取得被投资企业股权的个人为纳税人。

二、非货币性资产投资个人所得税由纳税人向主管税务机关自行申报缴纳。

三、纳税人以不动产投资的，以不动产所在地税务机关为主管税务机关；纳税人以其持有的企业股权对外投资的，以该企业所在地税务机关为主管税务机关；纳税人以其他非货币资产投资的，以被投资企业所在地税务机关为主管税务机关。

四、纳税人非货币性资产投资应纳税所得额为非货币性资产转让收入减除该资产原值及合理税费后的余额。

五、非货币性资产原值为纳税人取得该项资产时实际发生的支出。

纳税人无法提供完整、准确的非货币性资产原值凭证，不能正确计算非货币性资产原值的，主管税务机关可依法核定其非货币性资产原值。

六、合理税费是指纳税人在非货币性资产投资过程中发生的与资产转移相关的税金及合理费用。

七、纳税人以股权投资的，该股权原值确认等相关问题依照《股权转让所得个人所得税管理办法（试行）》（国家税务总局公告2014年第67号发布）有关规定执行。

八、纳税人非货币性资产投资需要分期缴纳个人所得税的，应于取得被投资企业股权之日的次月15日内，自行制定缴税计划并向主管税务机关报送《非货币性资产投资分期缴纳个人所得税备案表》（见附件）、纳税人身份证明、投资协议、非货币性资产评估价格证明材料、能够证明非货币性资产原值及合理税费的相关资料。

2015年4月1日之前发生的非货币性资产投资，期限未超过5年，尚未进行税收处理且需要分期缴纳个人所得税的，纳税人应于本公告下发之日起30日内向主管税务机关办理分期缴税备案手续。

九、纳税人分期缴税期间提出变更原分期缴税计划的，应重新制定分期缴税计划并向主管税务机关重新报送《非货币性资产投资分期缴纳个人所得税备案表》。

十、纳税人按分期缴税计划向主管税务机关办理纳税申报时，应提供已在主管税务机关备案的《非货币性资产投资分期缴纳个人所得税备案表》和本期之前各期已缴纳个人所得税的完税凭证。

十一、纳税人在分期缴税期间转让股权的，应于转让股权之日的次月15日内向主管税务机关申报纳税。

十二、被投资企业应将纳税人以非货币性资产投入本企业取得股权和分期缴税期间纳税人股权变动情况，分别于相关事项发生后15日内向主管税务机关报告，并协助税务机关执行公务。

十三、纳税人和被投资企业未按规定备案、缴税和报送资料的，按照《中华人民共和国税收征收管理法》及有关规定处理。

十四、本公告自2015年4月1日起施行。

特此公告。

附件：《非货币性资产投资分期缴纳个人所得税备案表》及填报说明（略）

财政部、税务总局关于权益性投资经营所得个人所得税征收管理的公告

2021年12月30日财政部、税务总局公告2021年第41号公布

为贯彻落实中央办公厅、国务院办公厅《关于进一步深化税收征管改革的意见》有关要求，深化“放管服”改革，现就权益性投资经营所得个人所得税征收管理有关问题公告如下：

一、持有股权、股票、合伙企业财产份额等权益性投资的个人独资企业、合伙企业（以下简称独资合伙企业），一律适用查账征收方式计征个人所得税。

二、独资合伙企业应自持有上述权益性投资之日起30日内，主动向税务机关报送持有权益性投资的情况；公告实施前独资合伙企业已持有权益性投资的，应当在2022年1月30日前向税务机关报送持有权益性投资的情况。税务机关接到核定征收独资合伙企业报送持有权益性投资情况的，调整其征收方式为查账征收。

三、各级财政、税务部门应做好服务辅导工作，积极引导独资合伙企业建立健全账簿、完善会计核算和财务管理制度、如实申报纳税。独资合伙企业未如实报送持有权益性投资情况的，依据税收征收管理法相关规定处理。

四、本公告自2022年1月1日起施行。

特此公告。

（五）土地增值税

财政部、税务总局关于继续实施企业改制重组有关土地增值税政策的公告

2023年9月22日财政部、税务总局公告2023年第51号公布

为支持企业改制重组，优化市场环境，现就继续执行有关土地增值税政策公告如下：

一、企业按照《中华人民共和国公司法》有关规定整体改制，包括非公司制企业改制为有限责任公司或股份有限公司，有限责任公司变更为股份有限公司，股份有限公司变更为有限责任公司，对改制前的企业将国有土地使用权、地上的建筑物及其附着物（以下称房地产）转移、变更到改制后的企业，暂不征收土地增值税。

本公告所称整体改制是指不改变原企业的投资主体，并承继原企业权利、义务的行为。

二、按照法律规定或者合同约定，两个或两个以上企业合并为一个企业，且原企业投资主体存续的，对原企业将房地产转移、变更到合并后的企业，暂不征收土地增值税。

三、按照法律规定或者合同约定，企业分设为两个或两个以上与原企业投资主体相同的企业，对原企业将房地产转移、变更到分立后的企业，暂不征收土地增值税。

四、单位、个人在改制重组时以房地产作价入股进行投资，对其将房地产转移、变更到被投资的企业，暂不征收土地增值税。

五、上述改制重组有关土地增值税政策不适用于房地产转移任意一方为房地产开发企业的情形。

六、改制重组后再转让房地产并申报缴纳土地增值税时，对“取得土地使用权所支付的金额”，按照改制重组前取得该宗国有土地使用权所支付的地价款和按国家统一规定缴纳的有关费用确定；经批准以国有土地使用权作价出资入股的，为作价入股时县级及以上自然资源部门批准的评估价格。按购房发票确定扣除项目金额的，按照改制重组前购房发票所载金额并从购买年度起至本次转让年度止每年加计5%计算扣除项目金额，购买年度是指购房发票所载日期的当年。

七、纳税人享受上述税收政策，应按相关规定办理。

八、本公告所称不改变原企业投资主体、投资主体相同，是指企业改制重组前后出资人不发生变动，出资人的出资比例可以发生变动；投资主体存续，是指原企业出资人必须存在于改制重组后的企业，出资人的出资比例可以发生变动。

九、本公告执行至2027年12月31日。

特此公告。

（六）契　　税

财政部、税务总局关于继续实施企业、事业单位改制重组有关契税政策的公告

2023年9月22日财政部、税务总局公告2023年第49号公布

为支持企业、事业单位改制重组，优化市场环境，现就继续实施有关契税政策公告如下：

一、企业改制

企业按照《中华人民共和国公司法》有关规定整体改制，包括非公司制企业改制为有限责任公司或股份有限公司，有限责任公司变更为股份有限公司，股份有限公司变更为有限责任公司，原企业投资主体存续并在改制（变更）后的公司中所持股权（股份）比例超过75%，且改制（变更）后公司承继原企业权利、义务的，对改制（变更）后公司承受原企业土地、房屋权属，免征契税。

二、事业单位改制

事业单位按照国家有关规定改制为企业，原投资主体存续并在改制后企业中出资（股权、股份）比例超过50%的，对改制后企业承受原事业单位土地、房屋权属，免征契税。

三、公司合并

两个或两个以上的公司，依照法律规定、合同约定，合并为一个公司，且原投资主

体存续的，对合并后公司承受原合并各方土地、房屋权属，免征契税。

四、公司分立

公司依照法律规定、合同约定分立为两个或两个以上与原公司投资主体相同的公司，对分立后公司承受原公司土地、房屋权属，免征契税。

五、企业破产

企业依照有关法律法规规定实施破产，债权人（包括破产企业职工）承受破产企业抵偿债务的土地、房屋权属，免征契税；对非债权人承受破产企业土地、房屋权属，凡按照《中华人民共和国劳动法》等国家有关法律法规政策妥善安置原企业全部职工规定，与原企业全部职工签订服务年限不少于三年的劳动用工合同的，对其承受所购企业土地、房屋权属，免征契税；与原企业超过30%的职工签订服务年限不少于三年的劳动用工合同的，减半征收契税。

六、资产划转

对承受县级以上人民政府或国有资产管理部门按规定进行行政性调整、划转国有土地、房屋权属的单位，免征契税。

同一投资主体内部所属企业之间土地、房屋权属的划转，包括母公司与其全资子公司之间，同一公司所属全资子公司之间，同一自然人与其设立的个人独资企业、一人有限公司之间土地、房屋权属的划转，免征契税。

母公司以土地、房屋权属向其全资子公司增资，视同划转，免征契税。

七、债权转股权

经国务院批准实施债权转股权的企业，对债权转股权后新设立的公司承受原企业的土地、房屋权属，免征契税。

八、划拨用地出让或作价出资

以出让方式或国家作价出资（入股）方式承受原改制重组企业、事业单位划拨用地的，不属上述规定的免税范围，对承受方应按规定征收契税。

九、公司股权（股份）转让

在股权（股份）转让中，单位、个人承受公司股权（股份），公司土地、房屋权属不发生转移，不征收契税。

十、有关用语含义

本公告所称企业、公司，是指依照我国有关法律法规设立并在中国境内注册的企业、公司。

本公告所称投资主体存续，企业改制重组的，是指原改制重组企业的出资人必须存在于改制重组后的企业；事业单位改制的，是指履行国有资产出资人职责的单位必须存在于改制后的企业。出资人的出资比例可以发生变动。

本公告所称投资主体相同，是指公司分立前后出资人不发生变动，出资人的出资比例可以发生变动。

十一、本公告执行期限为 2024 年 1 月 1 日至 2027 年 12 月 31 日。

特此公告。

（七）印　花　税

中华人民共和国印花税法

1．2021 年 6 月 10 日第十三届全国人民代表大会常务委员会第二十九次会议通过

2．2021 年 6 月 10 日中华人民共和国主席令第 89 号公布

3．自 2022 年 7 月 1 日起施行

第一条　在中华人民共和国境内书立应税凭证、进行证券交易的单位和个人，为印花税的纳税人，应当依照本法规定缴纳印花税。

在中华人民共和国境外书立在境内使用的应税凭证的单位和个人，应当依照本法规定缴纳印花税。

第二条　本法所称应税凭证，是指本法所附《印花税税目税率表》列明的合同、产权转移书据和营业账簿。

第三条　本法所称证券交易，是指转让在依法设立的证券交易所、国务院批准的其他全国性证券交易场所交易的股票和以股票为基础的存托凭证。

证券交易印花税对证券交易的出让方征收，不对受让方征收。

第四条　印花税的税目、税率，依照本法所附《印花税税目税率表》执行。

第五条　印花税的计税依据如下：

（一）应税合同的计税依据，为合同所列的金额，不包括列明的增值税税款；

（二）应税产权转移书据的计税依据，为产权转移书据所列的金额，不包括列明的增值税税款；

（三）应税营业账簿的计税依据，为账簿记载的实收资本（股本）、资本公积合计金额；

（四）证券交易的计税依据，为成交金额。

第六条 应税合同、产权转移书据未列明金额的，印花税的计税依据按照实际结算的金额确定。

计税依据按照前款规定仍不能确定的，按照书立合同、产权转移书据时的市场价格确定；依法应当执行政府定价或者政府指导价的，按照国家有关规定确定。

第七条 证券交易无转让价格的，按照办理过户登记手续时该证券前一个交易日收盘价计算确定计税依据；无收盘价的，按照证券面值计算确定计税依据。

第八条 印花税的应纳税额按照计税依据乘以适用税率计算。

第九条 同一应税凭证载有两个以上税目事项并分别列明金额的，按照各自适用的税目税率分别计算应纳税额；未分别列明金额的，从高适用税率。

第十条 同一应税凭证由两方以上当事人书立的，按照各自涉及的金额分别计算应纳税额。

第十一条 已缴纳印花税的营业账簿，以后年度记载的实收资本（股本）、资本公积合计金额比已缴纳印花税的实收资本（股本）、资本公积合计金额增加的，按照增加部分计算应纳税额。

第十二条 下列凭证免征印花税：

（一）应税凭证的副本或者抄本；

（二）依照法律规定应当予以免税的外国驻华使馆、领事馆和国际组织驻华代表机构为获得馆舍书立的应税凭证；

（三）中国人民解放军、中国人民武装警察部队书立的应税凭证；

（四）农民、家庭农场、农民专业合作社、农村集体经济组织、村民委员会购买农业生产资料或者销售农产品书立的买卖合同和农业保险合同；

（五）无息或者贴息借款合同、国际金融组织向中国提供优惠贷款书立的借款合同；

（六）财产所有权人将财产赠与政府、学校、社会福利机构、慈善组织书立的产权转移书据；

（七）非营利性医疗卫生机构采购药品或者卫生材料书立的买卖合同；

（八）个人与电子商务经营者订立的电子订单。

根据国民经济和社会发展的需要，国务院对居民住房需求保障、企业改制重组、破产、支持小型微型企业发展等情形可以规定减征或者免征印花税，报全国人民代表大会常务委员会备案。

第十三条 纳税人为单位的，应当向其机构所在地的主管税务机关申报缴纳印花税；纳税人为个人的，应当向应税凭证书立地或者纳税人居住地的主管税务机关申报缴纳印花税。

不动产产权发生转移的，纳税人应当向不动产所在地的主管税务机关申报缴纳印花税。

第十四条 纳税人为境外单位或者个人，在境内有代理人的，以其境内代理人为扣缴义务人；在境内没有代理人的，由纳税人自行申报缴纳印花税，具体办法由国务院税务主管部门规定。

证券登记结算机构为证券交易印花税的扣缴义务人，应当向其机构所在地的主管税务机关申报解缴税款以及银行结算的利息。

第十五条 印花税的纳税义务发生时间为纳税人书立应税凭证或者完成证券交易的当日。

证券交易印花税扣缴义务发生时间为证券交易完成的当日。

第十六条 印花税按季、按年或者按次计征。实行按季、按年计征的，纳税人应当自季度、年度终了之日起十五日内申报缴纳税款；实行按次计征的，纳税人应当自纳税义务发生之日起十五日内申报缴纳税款。

证券交易印花税按周解缴。证券交易印花税扣缴义务人应当自每周终了之日起五日内申报解缴税款以及银行结算的利息。

第十七条 印花税可以采用粘贴印花税票或者由税务机关依法开具其他完税凭证的方式缴纳。

印花税票粘贴在应税凭证上的，由纳税人在每枚税票的骑缝处盖戳注销或者画销。

印花税票由国务院税务主管部门监制。

第十八条 印花税由税务机关依照本法和《中华人民共和国税收征收管理法》的规定征收管理。

第十九条 纳税人、扣缴义务人和税务机关及其工作人员违反本法规定的，依照《中华人民共和国税收征收管理法》和有关法律、行政法规的规定追究法律责任。

第二十条 本法自 2022 年 7 月 1 日起施行。1988 年 8 月 6 日国务院发布的《中华人民共和国印花税暂行条例》同时废止。

附：

印花税税目税率表

税目		税率	备注
合同（指书面合同）	借款合同	借款金额的万分之零点五	指银行业金融机构、经国务院银行业监督管理机构批准设立的其他金融机构与借款人（不包括同业拆借）的贷款合同
	融资租赁合同	租金的万分之零点五	
	买卖合同	价款的万分之三	指动产买卖合同（不包括个人书立的动产买卖合同）
	承揽合同	报酬的万分之三	
	建设工程合同	价款的万分之三	
	运输合同	运输费用的万分之三	指货运合同和多式联运合同（不包括管道运输合同）
	技术合同	价款、报酬或者使用费的万分之三	不包括专利权、专有技术使用权转让书据
	租赁合同	租金的千分之一	
	保管合同	保管费的千分之一	
	仓储合同	仓储费的千分之一	
	财产保险合同	保险费的千分之一	不包括再保险合同
产权转移书据	土地使用权出让书据	价款的万分之五	转让包括买卖（出售）、继承、赠与、互换、分割
	土地使用权、房屋等建筑物和构筑物所有权转让书据（不包括土地承包经营权和土地经营权转移）	价款的万分之五	

续表

税目		税率	备注
	股权转让书据（不包括应缴纳证券交易印花税的）	价款的万分之五	
	商标专用权、著作权、专利权、专有技术使用权转让书据	价款的万分之三	
营业账簿		实收资本（股本）、资本公积合计金额的万分之二点五	
证券交易		成交金额的千分之一	

财政部、国家税务总局关于企业改制过程中有关印花税政策的通知

1．2003年12月8日

2．财税〔2003〕183号

各省、自治区、直辖市、计划单列市财政厅（局）、地方税务局，新疆生产建设兵团财务局：

为贯彻落实国务院关于支持企业改制的指示精神，规范企业改制过程中有关税收政策，现就经县级以上人民政府及企业主管部门批准改制的企业，在改制过程中涉及的印花税政策通知如下：

一、关于资金帐簿的印花税

（一）实行公司制改造的企业在改制过程中成立的新企业（重新办理法人登记的），其新启用的资金帐簿记载的资金或因企业建立资本纽带关系而增加的资金，凡原已贴花的部分可不再贴花，未贴花的部分和以后新增加的资金按规定贴花。

公司制改造包括国有企业依《公司法》整体改造成国有独资有限责任公司；企业通

过增资扩股或者转让部分产权，实现他人对企业的参股，将企业改造成有限责任公司或股份有限公司；企业以其部分财产和相应债务与他人组建新公司；企业将债务留在原企业，而以其优质财产与他人组建的新公司。

（二）以合并或分立方式成立的新企业，其新启用的资金帐簿记载的资金，凡原已贴花的部分可不再贴花，未贴花的部分和以后新增加的资金按规定贴花。

合并包括吸收合并和新设合并。分立包括存续分立和新设分立。

（三）企业债权转股权新增加的资金按规定贴花。

（四）企业改制中经评估增加的资金按规定贴花。

（五）企业其他会计科目记载的资金转为实收资本或资本公积的资金按规定贴花。

二、关于各类应税合同的印花税

企业改制前签订但尚未履行完的各类应税合同，改制后需要变更执行主体的，对仅改变执行主体、其余条款未作变动且改制前已贴花的，不再贴花。

三、关于产权转移书据的印花税

企业因改制签订的产权转移书据免予贴花。